国家级教学成果奖

中国人民大学会计系列教材

《基础会计（原初级会计学）（第11版·立体化数字教材版）》学习指导书

朱小平　秦玉熙　编著

Study Guide to Fundamentals of Accounting

中国人民大学出版社
·北京·

总 序

中国人民大学会计系列教材（简称系列教材）自1993年推出至今，已近30年。这期间我国经济高速发展，会计制度与会计准则发生巨大变化，大学会计教育无论规模还是质量都有了长足进步。回顾近30年的发展历程，系列教材中的每一本每一版，都在努力适应会计环境和教育环境的变化，尽可能满足高校会计教学的需要。

系列教材第1版是由我国当时的重大会计改革催生的。编写时关注两个重点：一是适应我国会计制度的变化，遵循1992年颁布的“两则两制”的要求；二是教材之间尽可能避免重复。系列教材包括：《初级会计学》《财务会计学》《成本会计学》《经营决策会计学》《责任会计学》《高级会计学》《财务管理学》《审计学》《计算机会计学》。

自1997年10月起，系列教材陆续推出第2版。为适应各院校的课程开设需要，将《经营决策会计学》与《责任会计学》合并为《管理会计学》。

自2001年11月起，系列教材陆续推出第3版。根据国家修订的《会计法》、国务院颁布的《企业财务会计报告条例》、财政部修订和颁布的企业具体会计准则以及颁布的《企业会计制度》等进行修订。

自2006年7月起，系列教材陆续推出第4版。进一步修订了教材与2007年1月1日开始实施的《企业会计准则》和中国注册会计师审计准则之间的不协调之处，并将《计算机会计学》变更为《会计信息系统》。

自2009年6月起，系列教材陆续推出第5版。对《高级会计学》《财务管理学》《财务会计学》等的框架结构做了较大调整，新增《会计学（非专业用）》一书。

自2012年6月起，系列教材陆续推出第6版。针对教育部强化本科教育实务性、应用性的要求，新增“简明版”和“模拟实训”两个子系列，并为《初级会计学》和《成本会计学》配备实训资料。

自2014年4月起，系列教材陆续推出第7版。深入阐释了财政部自2014年1月先后发布或修订的多个会计准则。新增《财务报表分析》一书。为适应会计准则的变化，《财务会计学》修订加快，推出第8版。

自2017年8月起，系列教材陆续推出第8版。体现了营改增、会计准则、增值税税率变化等最新动态，其中《初级会计学》修订至第10版，《财务会计学》修订至第12版，并新增《政府与非营利组织会计》，在"简明版"中新增《会计学》《中级财务会计》。为适应数字化对教学的影响，《财务会计学》率先推出"立体化数字教材版"。

自2020年11月起，系列教材陆续推出第9版。根据《普通高等学校教材管理办法》《高等学校课程思政建设指导纲要》对教材的要求，以及数字时代线上线下教学相结合的特点，重点体现立体化数字教材、课程思政内容。此外，为了应对人工智能、大数据等技术对会计实践和教学的影响，拟新增《智能会计》。至此，形成了如下课程体系：

主教材（11本）	学习指导书（7本）	模拟实训（5本）	简明版（8本）
《会计学（非专业用）》	√		《会计学》
《初级会计学》	√	√	
《财务会计学》	√	√	《中级财务会计》
《财务管理学》	√	√	《财务管理》
《成本会计学》	√	√	《成本与管理会计》
《管理会计学》	√	√	
《审计学》			《审计学》
《会计信息系统》			《会计电算化》
《高级会计学》	√		
《财务报表分析》			
《政府与非营利组织会计》			《政府会计》
			《会计专业英语》

系列教材在近30年的出版历程中，以高品质荣获众多奖项，也多次入选国家级规划教材。2001年，系列教材入选由教育部评选的"经济类、管理类专业和法学专业部分主干课程推荐教材"；2003年，系列教材入选"普通高等教育'十五'国家级规划教材"；2008年，系列教材入选"普通高等教育'十一五'国家级规划教材"，其中《会计信息系统》被教育部确认为2008年度普通高等教育精品教材，《审计学》被教育部确认为2009年度普通高等教育精品教材，"简明版"中的《财务管理》被教育部确认为2011年度普通高等教育精品教材；2012年，系列教材入选"'十二五'普通高等教育本科国家级规划教材"；2014年，系列教材以"以立体化教材建设支撑会计学专业教学改革（教材）"荣获"2014年国家级教学成果奖

（高教类）二等奖”。

当前中国高等教育，培养什么人、怎样培养人、为谁培养人是根本问题，立德树人成效是检验高校一切工作的根本标准。具体到会计学专业，在会计准则国际趋同的大背景下，要着力培养既能立足祖国大地又有国际视野的时代新人。基于此，系列教材积极融入习近平新时代中国特色社会主义思想，深刻把握会计专业学生培养目标，积极应对数字化对教学的冲击和挑战，更加重视学生的长远发展，以及学生基本素质和能力的培养，尤其是培养学生发现问题、分析问题和解决问题的能力。

系列教材是在我国著名会计学家阎达五教授等老一辈会计学者的精心呵护下诞生，在广大兄弟院校的大力支持下逐渐成长的。我们衷心希望系列教材能够继续得到大家的认可，也诚恳地希望大家多提改进建议，以便我们在今后的修订中不断完善。

中国人民大学会计系

前　言

如何编写一本既能让学生更快、更好地吸收书本专业知识，又将课程思政内容尽快落地的学习指导书，一直是我们思考的问题。为了充分贯彻主教材的编写理念和思路，引导学生学原理、学思想、学逻辑、学会计程序和方法所蕴含的智慧，掌握基本概念、基本方法和基本技能，从而为后续课程打下坚实基础，本书在借鉴上一版优点的基础上，为配合《基础会计（原初级会计学（第 11 版・立体化数字教材版）的学习，做了如下修改：

第一，围绕教材每章章前"价值塑造、知识传递和能力培养"的课程思政及二维码呈现的延展知识，为每章设计了课程思政思考题，共计 63 题。

第二，为全书及各章新绘思维导图，便于学生快速掌握全书结构和各章的知识点和逻辑。

第三，为第 8 章新增案例"点亮心灵的成本"和第 13 章新增案例"康美药业虚增收入和资产"给出了较为详尽的答案 。

第四，为第 11 章新增的 E11－5 练习题（资料为第 5 章大美同心口罩有限公司的 45 笔经济业务），提供了完整的丁字账和结账后试算平衡表参考答案。

需要特别强调的是，学习指导书中的思考题与教材中的思考题维度不同。教材中的思考题只是针对各章知识点提出的问题，没有进一步拓展和深化。学习指导书中的思考题则是更为本质的问题，值得学完本教材和会计专业的学生回过头来深入思考。

此外，新增的 60 多道课程思政思考题，是密切围绕立德树人的教育目标，结合会计专业和会计初级知识的特点设计的，目的是希望学生在进入会计专业学习伊始就树立正确的世界观、人生观和价值观，为自己的职业生涯搭好桥、铺好路，坚定地走在中国特色社会主义道路上，为中华民族的伟大复兴勤奋学习。

会计作为社会学科，它的每一个概念、每一项原则、每一种方法背后都有其内在逻辑，有些方法为什么要这样规定，不那样规定，不仅体现在会计处理方法上的不同，更多的是透露出立法者、管理者的意图和目的。如何选用会计方法，如实反映企业的财务状况和经营成果，做出合理、有道德、合法的商业决策，需要对每一个问题都抽丝剥茧地进行分析和思考，只有这样才能牢牢地“掌握”而不仅仅是浮在表面地“知道”会计！

培养思考的能力是大学教育的首要责任，只有不断思考，不断提出问题，人类才会不断创新和进步。如果每个问题都有答案，也就意味着问题或者话题的结束，没有答案的问题才是值得进一步研究的问题。

会计是理论与实践并重的学科，需要大量的练习和实践。练习和实践分两部分：一是针对各章知识点，教材每章后有思考题、练习题和案例题；指导书上有判断题、单项选择题和多项选择题。二是较为系统的知识运用，如本指导书第12章“账务处理程序”和配套的模拟实训小册子。

模拟实训的练习，可拆开配合第4章“会计凭证”的学习，将外来原始凭证按要素填制完整，以备学完第12章“账务处理程序”后的一次大课堂练习。以小组为单位（5人一组），各成员承担相应角色（会计主管、会计人员、出纳、审核），通过分工来共同完成将企业经济信息转化为会计信息的过程，体验从填制和审核原始凭证、编制记账凭证、登记会计账簿、编制试算平衡表到最后出具财务报表的完整过程，以及会计凭证的装订、传递程序，培养各组成员之间相互交流、沟通、组织、协调和配合的能力，实现会计从理论到实务的一次华丽转身。

会计是一门古老的学科。那些刻于泥版、誊写于莎草纸、书写于竹简、镌刻于石头、铸于青铜上的珍贵会计史料，有别于传记性质的重大历史事件和历史人物，也有别于通过诗词歌赋得以流传下来的神话和歌谣，它通过直白的记录留下了人类经济活动的轨迹，让我们重新感知历史的演变过程，铭记会计在人类历史长河中所起到的安邦治国的历史贡献。

会计是一门美丽的学科，它有最简洁的语言——会计分录，最优美的等式——会计等式，最清晰的对应关系——丁字形账户，最有说服力的证据——财务报表。它为我们勾画出企业的相貌和特征，引领我们进入商业的美妙世界。如果会计能为你打开一扇企业的大门，我们愿做牵你走进大门的引路人！

目　录

全书思维导图

信达天下诚为贵

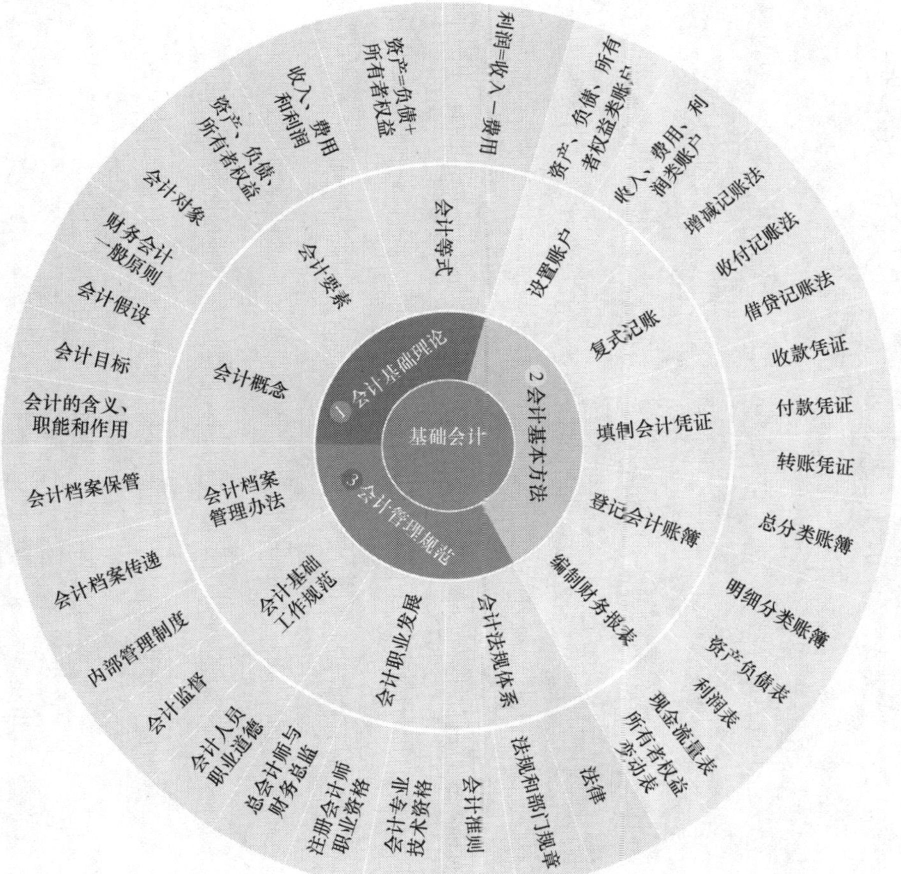

德法兼修济世民

第 1 章 Chapter 1 总　论

思维导图

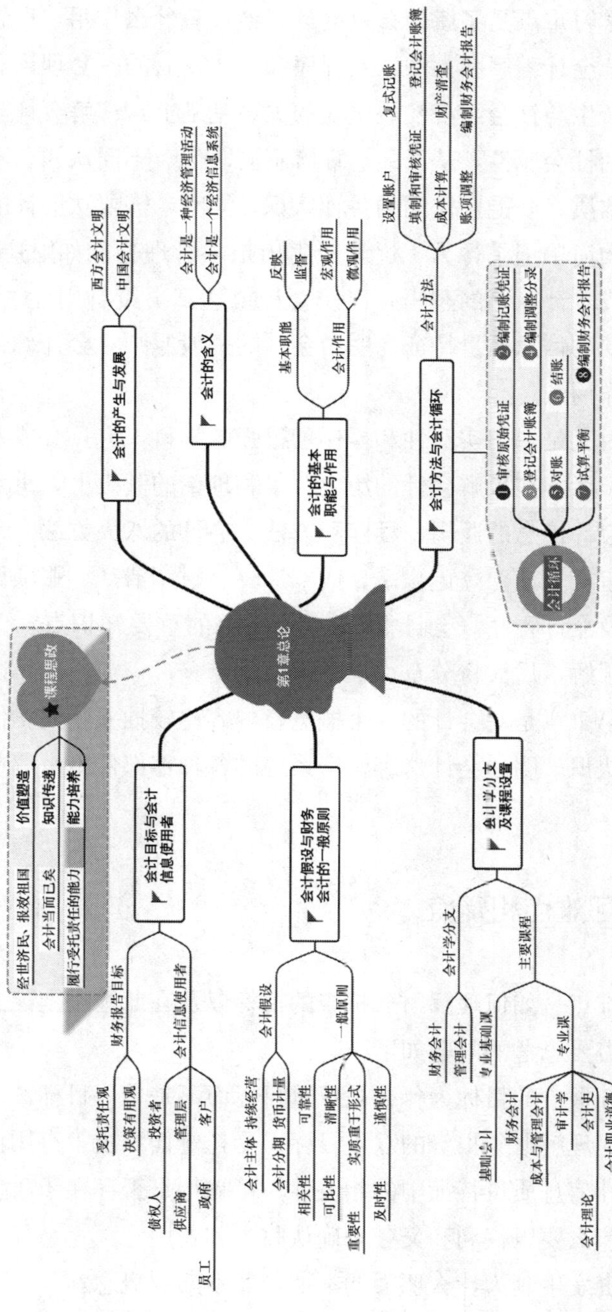

1.1 学习指导

1.1.1 学习重点

本章的学习重点是**了解什么是会计，会计有什么作用**。理解以财务报告为目标建立的一套会计程序和方法以及程序和方法背后的一套理论和原则。这需要在了解会计的产生与社会经济发展之间的关系基础上，理解会计学作为一门经济管理学科具有的社会属性，从而能够理解不同时代、不同认知、不同信息掌握下人们对会计的本质、职能及作用的各种认识。同时，需要从会计的演化历程中了解会计从最初的简单记录行为，逐渐产生出很多管理功能如财产分配、利润分配、税收缴纳、成本计算等的逻辑，以及会计要达到决策有用性（相关性）、考核受托责任所需要的信息质量特征。明白会计的一般原则对会计确认、计量、记录和报告的指引作用。

会计同时又是一门实践性和操作性很强的学科，有一套成熟的会计方法和程序，作为初学者，在了解会计的历史背景和理论的基础上，重点掌握会计将经济信息转化为会计信息的**逻辑、程序和方法**。会计的八大方法（设置账户、复式记账、填制和审核凭证、登记账簿、成本计算、财产清产、账项调整和编制财务会计报告）以及会计程序（会计循环），是本书的重要知识点，但在第 1 章只需有一个初步的了解，后面将分章详细学习。

总之，第 1 章是对会计的一个概览，内容比较抽象，同学们只要大致对会计有一个初步认识，明白会计这个精密系统的各种零部件是由哪些组成的以及背后的理论支持。

1.1.2 学习难点和疑点

本章的难点是**如何理解财务报告的目标以及在此基础上建立的一套逻辑、程序和方法**。需要思考的问题如下：

（1）财务报告的目标为什么是双重目标而不是单一目标？

（2）如何理解财务报告的双重目标：受托责任和决策有用性？

（3）会计信息质量特征中的相关性与可靠性是否存在矛盾？

（4）为什么要以权利和义务来确认收入和费用？

（5）权责发生制为什么要强调本期与非本期的概念？

(6) 为什么要将当期的收入与当期的费用进行配比?

(7) 资本性支出与收益性支出的内涵是什么?

(8) 为什么要有会计假设?

(9) 会计循环中的每一个环节对于信息加工的意义是什么?

只有将这些基础性问题思考清楚以后，才能融会贯通，真正理解和掌握会计作为一门学科、会计作为一种职业、会计作为一项工作的内涵以及需要掌握的知识结构。

1.1.3 疑难解答

1. 财务会计报告目标是现代财务会计建立的逻辑起点

从会计几千年的演化历史来看，会计最初是为了记录，再发展为对财产物资的管理，进而寻求最大的经济效益。到了近代，特别是股份有限公司的建立，出现了所有权与经营权的分离，投资者不再直接参与企业的经营，从而催生了对高质量会计信息的需求，现代会计围绕决策有用性，不断修改会计的确认、计量、记录和报告的方法以满足投资者的决策需求。慢慢地将重心转移到以决策有用性为目标来建立会计的逻辑和框架，最典型的就是对公允价值的全面推行。

关于会计的逻辑起点，即会计的本源和开端问题，学术界有过很多观点，归纳起来主要有:(1) 会计假设起点;(2) 会计环境起点;(3) 财务报告目标起点;(4) 会计本质起点;(5) 会计对象起点等。最有影响的是会计假设逻辑起点和财务报告目标逻辑起点。现行财务会计系统则是建立在财务报告目标逻辑起点之上的，这也是资本市场发展到一定程度之后的一种选择，当股票市值超过一国的 GDP，甚至是倍数关系时，为经济服务的会计必然会选择有利于投资者做出是否投资、投资多少、何时退出投资等决策需要的信息。会计信息的相关性就显得特别重要，会计计量基础也逐渐转向公允价值计量。

以财务报告目标为逻辑起点，主要是基于对会计是一个信息系统的认识。作为信息系统，必须要先设立目标（知道做什么），再围绕目标建立起一系列的方法和程序，以引导和制约会计的行为（如何做）。在会计准则没有建立之前，目标成为指引和判断会计行为的标准。目标对于系统的重要性决定了以会计目标作为逻辑起点的客观必然性。

事实上，会计目标的确定还受政治、经济、法律、法规等环境的影响，尤其是经济环境的影响。比如，资本市场上上市公司的股权越来越分散，委托代理关系越来越模糊，受托责任观在慢慢淡化，决策有用观则变得更为紧迫和重要。当然，这主要是从会计服务于资本市场这个角度来理解的。

从加强企业内部管理、提高经济效益这个角度来理解会计，则又会出现不同的理论和评价方法。因此，具有社会科学属性的会计要服务于不同的目的。请同学们学会辩证思考问题。

会计是一门非常典型的先有实践后有理论的学科。由于决策有用观在西方占据主导地位，倒推出的概念框架就不断去迎合决策有用观的目标，包括会计的基本概念、计量属性的选择、财务报表的列报等都围绕财务会计报告的目标进行设计，也相对形成了一个具有内在逻辑一致的会计准则体系。

2018年3月29日，国际会计准则理事会（International Accounting Standards Board）发布了全面修订后的《财务报告概念框架》，主要包括：（1）通用目的财务报告的目标；（2）有用信息的财务质量特征；（3）财务报表和报告主体；（4）财务报表要素；（5）确认和终止确认；（6）计量；（7）列报和披露；（8）资本和资本保持的概念。其中，将通用财务报告的目标确定为“提供有关报告主体，对现有和潜在的投资者、债权人以及其他信贷者做出向主体提供资源决策有用的财务信息”。

概念框架是准则中的准则，具有指导规范具体会计准则的作用。财务会计概念框架的第一层就是财务报告的目标。将财务报告目标作为财务会计概念框架的逻辑起点有其内在的逻辑。要进行会计理论研究，先要构建概念框架，因此财务会计概念框架又是财务会计理论研究的逻辑起点。

2. 财务报告的双重目标

事实上，财务报告很难做到单一目标，因为社会本身就是一个复杂的集合体，会计信息需要满足不同层次的需要，从企业经营和管理角度，需要会计提供更加客观、真实、可靠的数据进行经营决策，否则会对市场做出误判，影响企业的发展。因而对受托责任的评价和考核同样具有重要的意义，也许这会更加接近会计本质。会计信息的有用性只是会计信息作用的一部分，不能作为会计信息作用的全部，毕竟企业的生死存亡更是问题的根本，当然这又是一个“蛋与鸡”的哲学命题。这在一定程度上丰富了我们看待问题的思路与看法，为了兼顾各方需求，尽量披露更多高质量的财务会计信息。

3. 会计信息的相关性与可靠性

会计信息的相关性主要是指会计信息的有用性，如果会计信息能够影响会计信息使用者进行判断、决策，就说明该信息具有相关性，否则就不具有相关性。会计信息的可靠性是指会计提供的信息要具备真实性、准确性和可验证性。可靠性要求企业应当以实际发生的交易或者事项为依据进行确认、计量、记录和报告，如实反映各项符合确认和计量要求的会计要素及其他相关信息，保证会计信息真实可靠、内容完整。如果会计信息不能被证实，则不具有可靠性。不具有可靠性的信息，无论是考核管理层的受托责任，还是帮助会计信息使用者做出决策，都会产生误导并引发混乱。

会计信息有时很难做到既可靠又相关，特别是在物价不断变动的情况下，历史成本信息相对客观、可靠，但相关性又不够。比如10年前的房屋成交价是客观的、真实的，但不能据以指导今天进行购置房屋的决策。

4. 会计假设是会计核算的前提

假设是若干理论的原始命题，是进行演绎推理或科学论证的前提条件（裘宗舜，2009）。会计假设是指会计运用思维、想象，对所要从事的会计确认、计量、记录和报告中可能遇到的不确定性问题事先设定的前提。会计需要在相对稳定的环境中进行确认、计量、记录和报告。

会计在确认、计量、记录和报告的过程中，首先要解决为谁核算的问题，即会计服务的主体，为其限定一个空间范围；对外进行报告时，要限定一个报告范围。这就会涉及一个会计主体的概念与法律主体的概念，每个公司都是一个独立的法律主体，可以像自然人一样独立承担民事责任和法律责任，一个法律主体可以是一个独立的会计主体，一个独立的法律实体也可以划分为若干进行独立核算的经济实体，形成若干独立的会计主体。此外，由于企业规模的扩大，一个集团控制一个子公司或若干子公司时，需要将母子公司的财务报表进行合并，以合并报表的方式对外披露信息，也就是将若干独立的法律主体或者会计主体的活动变成一个报告主体对外进行报告。

其次是持续经营假设。由于企业从事经营活动的客观环境具有不确定性，加之企业经营管理不善，企业停业、关闭、破产，与自然人会衰老病死一样是很正常的一件事情，如果不对企业的经营活动做出持续经营假设，则很多业务无法进行处理，特别是对长期资产的处理，如对厂房、机器设备计提折旧等。所以需要一个持续经营的假设，即假设企业在可预见的将来不会被清算、停业破产。

再次是会计分期假设。由于企业的经济业务是持续不断的，何时计算成本、何时计算利润、何时对外进行报告又成了需要加以假设的问题。为了定期对外提供财务报告，会计人为地将企业持续不断的经营过程切分为相等的期间，按年、半年、一个季度、一个月等进行一次结账，算出企业在这个期间的经营成果（利润或是亏损），并对外进行报告。

最后是货币计量假设。核算和报告的数据必须是能够用货币计量的，因为货币是统一的价值尺度，能够进行汇总，进行加减乘除，因此又需要一个货币计量的假设。由于货币本身的价值是波动的，又必须假设币值是稳定的。

总之，会计假设是会计进行确认、计量、记录和报告的前提，为企业在持续经营条件下进行会计核算限定了**空间范围、时间长度和计量手段**。如果没有这些限定，就不能在一个默认的前提下客观、真实、准确地反映企业的财务状况、经营成果和现金流量的信息。

此外，会计期间假设还是会计技术方法（如折旧方法）产生的前提。

5. 权利与义务是收入和费用的确认标准

权利与义务是一对相辅相成的概念。例如，作为销货方，有按合同交付商品或提供服务的义务（责任），当然也有收取货币资金或者收取货款的权利（应收账款）。作为购货方，有权利得到你所购买的商品或服务，当然，也要承担支付货款的责任（义务）。

会计在确认收入和费用时，也强调权利与义务的关系，主要是强调**收入和费用之间的因果关系，费用是因，收入是果**。为获取收入而付出的代价就是费用，换句话说，这笔费用对收入是有贡献的，费用创造了收入。收入与费用抵减以后就是利润。因此需要将相关的收入与相关的费用进行配比，计算出一个期间的利润，或者一项商品或服务上获得的利润。

按照会计分期假设，企业利润事实上是按照时间来计算的，这就会导致现金的收付期与权利的受益期不在一个期间，常常导致错配。表面上看收入与费用的配比是为了符合会计期间假设的规定，有时将收入推迟确认，是为了判断**义务是否得到履行，风险是否得到控制，证据是否充足，控制权是否转移**。只有符合收入确认条件以后才能确认收入，所以才会有收到现金但不确认收入，没有收到现金反而可以确认收入的处理结果。与之相对应的费用才能与之进行配比。费用与当期收入进行匹配，资本性支出则与未来期间的收入进行匹配，因此，在会计上，划分哪些收入和费用属于本期或是非本期就显得尤其重要。

6. 如何理解会计循环中每一个环节对于信息加工的意义

会计循环是指将企业**经济信息转化为会计信息**的程序或步骤。对会计循环的理解可以从两个方面进行：第一，从会计期间的角度理解会计循环，或者从广义的角度理解会计循环，是从交易或事项的确认开始，依次经过计量、记录，实现对交易或事项的会计处理，到最后编制财务会计报表（从学术层面可将其归纳为确认、计量、记录和报告），完成一个会计期间的会计循环，下一会计期间依然按此顺序进行会计循环；第二，从实际操作层面来理解会计循环，或者从狭义的角度理解会计循环，是从填制和审核凭证开始，依次经过登记账簿、成本计算、财产清查等加工程序，到最后编制财务会计报表，完成一次会计循环，可简称为凭证、账簿和报表三个主要环节。

会计信息的收集和进入会计系统是从确认、计量开始的，从具体记录方法来看，是从填制和审核凭证开始的。会计信息的进一步加工是通过登记账簿、成本计算、财产清查进行的，从凭证、账簿到财务报表，会计信息逐步系统化，按照会计信息使用者的要求加工整理，进行再次确认。**会计循环的每一个环节都是会计信息不断浓缩、会计信息质量不断提高的过程**。

7. 从经济信息到将会计信息提供给使用者这一过程需要经过哪些环节

从经济信息（企业发生的经济业务）到将会计信息提供给使用者（编制并公布财务会计报告）这一过程需要经过以下环节：

(1) 初次确认。以能否用货币计量为标准分析发生的经济业务，将能够以货币计量的经济业务纳入会计核算系统，并确定经济业务的发生对会计要素的具体影响。

(2) 入账。通过审核原始凭证分析具体的经济业务，编制会计分录，填制记账凭证或登记日记账，将能够以货币表现的经济业务记录到会计信息的载体上。

(3) 过账。根据已编制的记账凭证或日记账登入总分类账和明细分类账的过程称为过账。

(4) 结账。结账分狭义结账和广义结账。狭义结账是指将各种收入类账户和成本费用类账户结转到“本年利润”（一个暂时性、临时性的账户），以结清收入和成本费用类账户，计算出本期的经营成果（赚钱还是亏损）。广义结账是指将所有账户的本期发生额（借方发生额和贷方发生额）和期末余额计算出来，以方便编制财务报表。因此，结账工作一般在会计期末进行。

(5) 编制调整前的试算平衡表。根据账簿中记载的余额、发生额等编制试算平衡表，以检验账簿记录的正确性。

(6) 编制期末调整分录并过账。依据权责发生制原则对分类账户的有关记录进行调整，以便正确计算当期损益；对未入账的经济业务编制调整分录，以使各账户反映最新的情况。

(7) 编制调整后的试算平衡表。由于编制了期末调整分录并过账，需要编制调整后的试算平衡表，再次检验账簿记录的正确性。

(8) 编制正式的财务会计报表。根据调整后的试算平衡表编制正式的资产负债表、利润表、现金流量表和所有者权益变动表。

1.2 练习题

1.2.1 判断题

T1-1 会计的产生和发展是随着社会经济的发展而发展的，经济越发展，

会计越重要。（　　）

T1－2 管理活动论认为会计是一项经济管理工作。（　　）

T1－3 管理活动论和信息系统论对会计本质的看法存在分歧，信息系统论认为会计只为决策咨询服务。（　　）

T1－4 会计的核算职能即是会计的管理职能。（　　）

T1－5 会计的基本职能一是反映，二是监督。（　　）

T1－6 会计监督主要从交易活动和会计核算两个层面进行。（　　）

T1－7 从会计演进的历史中可以发现，会计进行核算和监督的目的主要是提高企业的经济效益。（　　）

T1－8 不论会计的宏观作用还是微观作用，都是通过会计提供的信息来发挥的。（　　）

T1－9 会计核算方法是指对会计对象进行连续、系统、全面、综合的确认、计量、记录和报告所采用的各种方法。（　　）

T1－10 分析和考核也是会计核算的方法之一。（　　）

T1－11 我国《企业会计准则——基本准则》将财务报告目标确定为双重目标，财务报告信息既要反映受托责任，又要决策相关。（　　）

T1－12 只有单位才是企业的利益相关者。（　　）

T1－13 企业的利益相关者既与企业存在经济利益关系，同时又是会计信息的需求者。（　　）

T1－14 会计假设是会计核算的前提。（　　）

T1－15 会计主体一定是法律主体，法律主体大于会计主体。（　　）

T1－16 会计分期假设是持续经营假设的前提。（　　）

T1－17 凡是不能进行货币计量的交易或事项，都无法确认为会计上的资产、负债、所有者权益、收入和费用。（　　）

T1－18 谨慎性原则是指在有可供选择的方法时，尽量选择不高估费用和损失的方法。（　　）

T1－19 由于资本性支出的受益期是跨期的，因此需先将该支出计入资产，待该资产被消耗时再转换为费用。（　　）

T1－20 由于收益性支出的受益期是当期，因此，会计将其支出直接作为当期的费用处理。（　　）

1.2.2 单项选择题

S1－1 会计学之父卢卡·帕乔利（　　）年出版了《算术、几何、比与比例概要》一书，在计算与记录要论这一章中全面总结了当时流行的威尼斯复式记账法。

A. 1492　　B. 1494　　C. 1202　　D. 1594

S1-2　(　　)年，世界上第一个会计职业团体——爱丁堡特许会计师协会成立，使会计的作用获得了社会的认可。

A. 1494　　B. 1654　　C. 1754　　D. 1854

S1-3　在中国，(　　)的诞生标志着中式簿记由单式记账向复式记账的转变。

A. 龙门账　　B. 四脚账

C. 朱出墨入记账法　　D. 结绳记账法

S1-4　我国在20世纪80年代对会计的认识有两种比较有代表性的观点，一种观点是管理活动论，还有一种观点是(　　)。

A. 艺术论　　B. 信息系统论　　C. 分配论　　D. 审查论

S1-5　(　　)指标通常作为世界《财富》500强的排名依据。

A. 资产　　B. 负债　　C. 收入　　D. 费用

S1-6　会计的基本职能是(　　)。

A. 核算与监督　　B. 分析与考核

C. 预测和决策　　D. 核算与分析

S1-7　在企业利益相关者中，企业风险的最终承担者是(　　)。

A. 债权人　　B. 投资者　　C. 客户　　D. 供应商

S1-8　下列各项中，作为会计分期基础的是(　　)。

A. 会计主体　　B. 持续经营

C. 货币计量　　D. 权责发生制

S1-9　下列各项中，作为货币计量前提(货币计量的隐含假设)的是(　　)。

A. 会计主体　　B. 持续经营

C. 会计分期　　D. 币值稳定

S1-10　会计核算要求以实际发生的交易或事项为依据进行会计确认、计量、记录和报告，其会计信息质量要求是(　　)。

A. 相关性　　B. 谨慎性　　C. 可比性　　D. 可靠性

S1-11　"会计核算应当采用一致的会计政策，不得随意变更。如有变更，应在财务报告中说明理由及其对企业财务状况和经营成果所造成的影响"依据的原则是(　　)。

A. 可比性　　B. 可靠性　　C. 可理解性　　D. 及时性

S1-12　下列各项中，体现可比性要求的是(　　)。

A. 会计指标口径一致　　B. 按照交易的实质进行会计处理

C. 会计指标必须真实　　D. 会计处理方法简单明了

S1-13　下列各项中，属于实质重于形式原则中所指的"实质"是(　　)。

A. 进行经济活动遵循的法律　　B. 交易或事项

C. 会计核算的法律依据　　D. 会计核算的一般规律

S1-14　会计原则中属于修订原则的是（　　）。

A. 资本性支出与收益性支出　　B. 权责发生制原则

C. 历史成本原则　　D. 实质重于形式的原则

S1-15　会计核算在有可供选择的方法时，尽量选择不高估资产和收入的原则是（　　）。

A. 重要性原则　　B. 谨慎性原则

C. 实质重于形式原则　　D. 配比原则

S1-16　确认各会计期间收入和费用的会计记账基础是（　　）。

A. 可靠性　　B. 权责发生制

C. 可比性　　D. 谨慎性

S1-17　从权责发生制衍生出来的（　　），是正确确认利润的基础。

A. 收付实现制　　B. 历史成本原则

C. 配比原则　　D. 重要性原则

S1-18　主要向外部信息使用者提供企业财务状况、经营成果和现金流量信息的是（　　）。

A. 管理会计　　B. 财务管理

C. 财务会计　　D. 审计

1.2.3　多项选择题

M1-1　会计核算职能是会计的基本职能之一。会计的核算（反映）职能主要包括（　　）。

A. 记录　　B. 计算　　C. 报告　　D. 分析

E. 考核

M1-2　会计除核算和监督两个基本职能之外，还有（　　）等拓展职能。

A. 预测　　B. 决策　　C. 控制　　D. 分析

E. 考核

M1-3　会计对交易的监督，主要从（　　）方面进行。

A. 恰当性　　B. 准确性　　C. 合法性　　D. 合理性

E. 及时性

M1-4　实务中对企业经济活动的监督除内部监督以外，还包括外部监督。外部监督主要包括（　　）部门和机构的监督。

A. 财政　　B. 审计　　C. 税务　　D. 人民银行

E. 证券和保险

M1-5　会计核算方法包括（　　）。

A. 设置账户　　B. 复式记账
C. 填制和审核凭证　　D. 登记账簿
E. 编制财务报表

M1－6 下列人员中应该保证财务报告的真实性和完整性的有（　　）。
A. 单位负责人　　B. 工程师
C. 销售人员　　D. 主管会计工作的负责人
E. 总会计师（或首席财务官）

M1－7 会计循环是指将企业经济信息转化为会计信息的会计程序。会计程序主要由三大环节构成，三大环节是指（　　）。
A. 对账结账　　B. 试算平衡
C. 填制和审核会计凭证　　D. 登记会计账簿
E. 编制财务报表

M1－8 下列利益相关者中，属于企业外部利益相关者的有（　　）。
A. 投资者　B. 债权人　C. 供应商　D. 员工
E. 客户

M1－9 会计假设是会计核算的前提，一般公认的四个会计假设是（　　）。
A. 会计主体　B. 持续经营　C. 会计分期　D. 货币计量
E. 币值稳定

M1－10[*] 实务中，会计核算除采用货币计量尺度以外，还可以采用（　　）。
A. 时间量度　B. 实物量度　C. 劳动量度　D. 价值指标
E. 会计计量

M1－11 会计信息质量特征是保证企业财务会计报告信息有助于管理和决策所应具备的基本特征，主要包括（　　）。
A. 可靠性　B. 相关性　C. 可比性　D. 清晰性
E. 及时性

M1－12 下列会计信息质量要求中，体现可比性要求的有（　　）。
A. 采用一致的会计政策　　B. 会计信息的口径一致
C. 满足会计信息使用者的需求　　D. 不得随意变更会计政策
E. 及时进行会计处理

M1－13 下列会计信息质量要求中，体现及时性的有（　　）。
A. 及时收集原始凭证　　B. 及时处理原始凭证
C. 及时进行账务处理　　D. 及时传递会计信息
E. 及时进行交易

---

* 标有 * 的题超出了教材的知识点范围。

M1-14 下列各项中，属于谨慎性原则具体运用的有（　　）。

A. 低估资产　　B. 低估收益

C. 低估费用和损失　　D. 算足费用和损失

E. 高估收益

M1-15 下列各项中，作为会计核算记账基础的有（　　）。

A. 权责发生制　　B. 收付实现制

C. 复式记账　　D. 填制凭证

E. 成本计算

1.2.4 课程思政思考题

1. 阅读西方会计文明和中国会计文明，评价会计在人类历史长河中所做的安邦治国的历史贡献。

2. 阅读“周公制礼与财计制度”，如何理解中国先贤以德治国、用好税赋收入以及奖惩制度的基础首先是财计制度的建立和完善？

3. 阅读“嘉量与汉代酿酒成本”，谈谈计量器具标准化对维护社会公平、公正的意义。

4. 习近平总书记在十九届中央纪委四次全会上指出，要推动人大监督等九大监督“有机融合、相互协调”，九大监督包括“人大监督、民主监督、行政监督、司法监督、审计监督、财会监督、同级监督、群众监督、舆论监督”。请结合九大监督，谈谈你对国家将财会监督纳入国家治理体系的认识。

5. 作为会计学生或者准会计人员，如何理解“信达天下诚为贵，德法兼修济世民”？

6. 谨慎性又称稳健性，是会计职业的一种思维方式，如何将谨慎性思维运用到日常的工作或生活中？

7. 通过分析案例“区分会计主体与非会计主体的活动”，说明如何明辨是非，杜绝在职消费。

8. 在数字经济、人工智能环境下，如何利用大数据充分挖掘企业非财务信息，帮助投资者做出更好的决策？

1.3 练习题参考答案

1.3.1 判断题

T1-1 √　　T1-2 √　　T1-3 ×

T1-4 ×	T1-5 √	T1-6 √
T1-7 √	T1-8 √	T1-9 √
T1-10 ×	T1-11 √	T1-12 ×
T1-13 √	T1-14 √	T1-15 ×
T1-16 ×	T1-17 √	T1-18 ×
T1-19 √	T1-20 √	

1.3.2 单项选择题

S1-1 B	S1-2 D	S1-3 A
S1-4 B	S1-5 C	S1-6 A
S1-7 B	S1-8 B	S1-9 D
S1-10 D	S1-11 A	S1-12 A
S1-13 B	S1-14 D	S1-15 B
S1-16 B	S1-17 C	S1-18 C

1.3.3 多项选择题

M1-1 ABC	M1-2 ABCDE	M1-3 CD
M1-4 ABCDE	M1-5 ABCDE	M1-6 ADE
M1-7 CDE	M1-8 ABCE	M1-9 ABCD
M1-10 ABC	M1-11 ABCDE	M1-12 ABD
M1-13 ABCD	M1-14 ABD	M1-15 AB

1.3.4 课程思政思考题（略）

1.4 教材课后部分习题参考答案

1.4.1 思考题（略）

1.4.2 案例题

案例回放：张先生经营的是一家小商店，平时的个人消费也从小商店取用，且从不记账。税务人员提出他有逃避缴纳税款的嫌疑。

案例分析：从案例信息可以得知，张先生是一名个体工商户。个体工商户是指有经营能力并依照《个体工商户条例》的规定经工商行政管理部门登记，从事工商业经营的自然人或家庭。根据《民法典》第 56 条规定，个体工商户的债务，个人经营的，以个人财产承担；家庭经营的，以家庭财产承担。个体工商户一般以缴纳个人所得税的方式完成纳税义务。个体工商户应按照税务部门的规定设置账簿进行核算。税务部门对账证健全、核算准确的个体工商户，可以实行查账征收；对生产经营规模小又确无建账能力的个体工商户，可采用定期定额征收的方式进行征收。

不管当地税务部门对张先生采用哪一种征税方式，都不应该混淆张先生小商店的经营活动与张先生的个人消费。张先生直接将小商店的商品取为家用，混淆了个人消费导致的商品减少与小商店正常销售减少的区别，如果将商品的减少（包括售卖减少和张先生个人消费减少）全部作为已销售商品的成本（主营业务成本），势必会降低小商店的利润，从而导致税收的减少。即使税务部门对其定期定额征收，也会影响税务部门对其经营规模和能力的判断，影响税收定额的制定。

从会计来看，小店虽小，但也是独立的会计主体。会计主体为会计核算和报告限定了一个空间范围。空间范围包含两层意思：一是要划清单位之间的界限，也就是说，A 企业记录和报告的经济活动只限于 A 企业发生的，不能把 B 企业的经济活动算在 A 企业的头上。二是要公私分明，也就是要划清企业所有者的活动和企业的活动，换句话说，不能将企业所有者个人的开支列在企业的账上。

从税法来看，用于个人消费的商品视同销售。张先生取用的商品应该算作小商店的收入。

偷税是指纳税人以不缴或者少缴为目的，故意违反税收法规，采用伪造、变更、欺骗、隐瞒事实等方式逃避纳税的违法行为。张先生从不记账，混淆了本应出售并获利的商品与自己个人消费的界限，减少了小店的应得利润，符合偷税的定义。因此，税务人员据此做出张先生有逃避税收的推测有一定的道理。

第 2 章 Chapter 2 会计要素与会计等式

思维导图

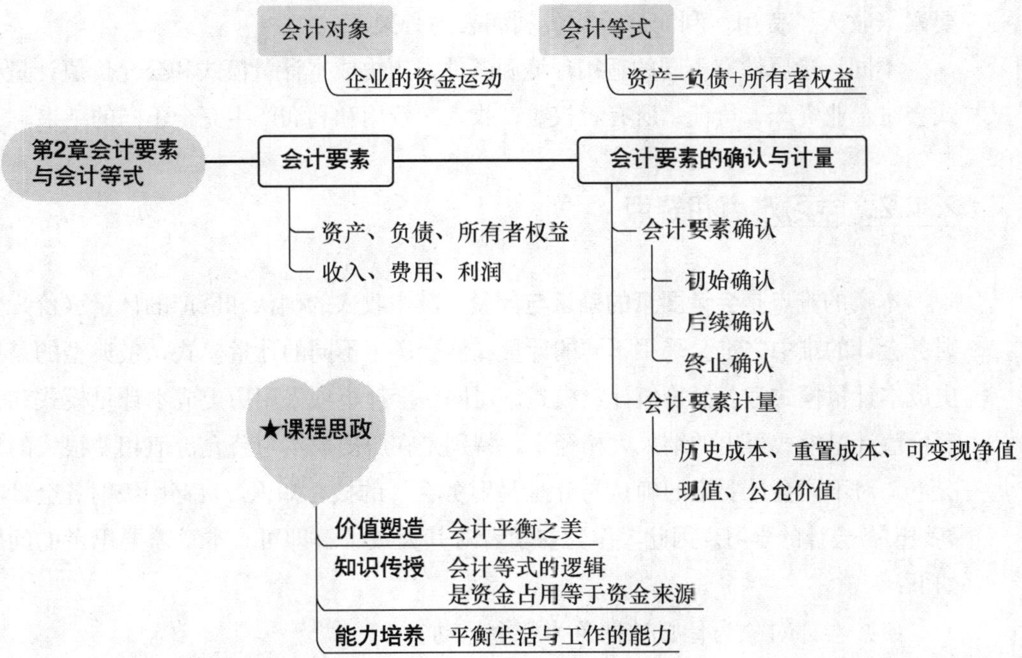

2.1 学习指导

2.1.1 学习重点

本章的学习重点是**在了解一个会计主体的经济活动与会计对象之间的关系的基础上，进一步理解会计要素与会计等式之间的逻辑关系**。掌握会计要素的概念、分类和确认条件。明确企业从事的经济活动（筹资活动、投资活动和经营活动）就是会计要进行核算和监督的内容，即会计对象。会计上的经济业务包括交易与事项。

理解收入、费用、利得、损失对企业所有者权益的影响。掌握负债与所有者权益的共性与差异，资产与费用之间的转换关系。

明确会计等式的恒等性是复式记账方法得以建立的基础，会计等式中的三要素（资产、负债、所有者权益）是构成资产负债表的骨架，利润计算公式中的三要素（收入、费用、利润）是构成利润表的骨架。

不同计量属性有不同的适用环境和条件，历史成本计量模式和公允价值计量模式会对企业资产、负债、所有者权益、收入、费用和利润产生完全不同的结果。

2.1.2 学习难点和疑点

本章的难点是**会计要素的确认与计量**，其中收入的确认和资产的计量（价）是财务会计的难中之难。采用不同的计量属性会产生不同的计量模式，最典型的是历史成本计量模式和公允价值计量模式。对同一会计事项采用历史成本计量模式和公允价值计量模式得出的结果大相径庭，特别是在历史成本与公允价值相差很大的情况下。对不同会计要素的确认与计量是财务会计的核心知识，贯穿中级财务会计和高级财务会计的学习。因此，作为初学者对其大致了解即可。本章需要思考的问题如下：

（1）会计对象为什么被抽象为资金运动？

（2）会计上所称的交易与事项有区别吗？

（3）会计六大要素之间的关联性可以通过什么公式来加以表达？

（4）为什么利润是属于投资者的？

（5）为什么不论经济业务是否繁杂，都不会破坏会计等式的平衡关系，会计等式永远恒等？

（6）控制权与所有权有何区别？为什么会计能将只有控制权而没有所有权的

物资确认为企业的资产？

(7) 会计五种计量属性的适用环境和条件有哪些不同？

(8) 历史成本计量模式与公允价值计量模式的根本区别是什么？

(9) 不同计量模式会对企业财务状况和经营成果产生什么影响？

2.1.3 疑难解答

1. 会计对象、资金运动、交易与事项

(1) 会计对象被抽象为资金运动，是因为企业一切经济活动的背后都是资金的收付，表现为资金在企业各个银行账户之间的划拨。

资金是指货币本身及财产物资在流通过程中的货币表现。资金的初始状态是货币资金，购入商品后就表现为财产物资，货币资金和财产物资在流通领域或者在生产领域流动起来就形成资金的运动，资金运动的背后其实就是资金结算（收付），表现为资金从一个公司账户划拨到另一个公司的账户。

(2) 资金运动的起点是资金的投入（从投资方理解），从筹资方理解就是企业的筹资活动。为便于理解，我们从投资方这个角度来加以认识。投入企业的资金包括投资者投入的资金和债权人投入的资金，投资者和债权人对投入企业的资金分别享有所有者权益和债权人权益，投资者投入的资金，企业不用偿还，形成企业永久的资本，供企业长期使用；债权人投入的资金，企业负有偿还本金和利息的义务，再长的债务最终都是需要偿还的。

投入企业的资金在形成所有者权益和债权人权益的同时，也收到投资方和债权人划拨到企业账户的资金，资金的最开始形态是货币资金。企业收到投资款后，就会用这些资金去购买机器设备，备货（商业企业进货，制造业购进原材料）准备销售和生产，这些资金就会沉淀在机器设备（固定资产）和存货（商品、原材料等）上，通过对原材料的加工和生产，制造出产品，再通过销售将其出售，资金就会在供应商、商家或者厂家的银行账户上流转，最终将商品或产品销售给客户，从而实现货币资金的回流，资金从客户账户划入企业账户，资金就完成了一次循环，比如投入100元，最后收回200元，其差100元就是企业赚取的利润。企业用赚取的利润再次购入材料、组织生产、进行销售，周而复始，不断地循环和周转。

为便于学术研究，我们可以将资金在不同时间节点上的存在状态取一些相对应的名称，处于采购原材料阶段的资金叫储备资金，处于生产阶段的资金叫生产资金，处于完工但还未售出阶段的资金叫成品资金，销售阶段回笼的资金叫货币资金$^{+}$，期望收回的资金大于投入时的资金。

由此可以看出，随着企业生产经营活动的展开，企业资金从货币资金形态依次经过采购、生产和销售三个环节，分别表现为储备资金、生产资金、成品资金等不同的存在形态，最后又回到货币资金形态，这种运动过程称为资金的循环。资金周而复始地不断循环，称为资金的周转。

资金运动的终点是资金的退出。资金退出分持续经营下的退出和终止经营下的退出。

持续经营下的退出，是指企业在正常经营过程中资金退出企业，不再参与企业资金的循环与周转，主要业务有偿还债务、缴纳税金和向投资者分配利润。

终止经营下的资金退出，是指企业关闭清算后将资金分配给股东。一般讲资金的退出，主要是指企业在正常经营状态下的资金退出。

(3) 会计上所称的交易与事项，统称为经济业务。交易主要是指企业发生的购销、投融资等经济活动；事项主要是企业会计内部基于会计的原理、原则所进行的技术性处理业务，如计提折旧、估计坏账等。

以上是从一般层面来理解。事实上，分清交易与事项对于会计人员理解各项具体会计准则，选用会计计量属性，增强会计专业判断能力，简化会计处理是大有裨益的。

由于交易涉及不同主体之间的购销或者价值转移，是一种交易行为，因此交易应该体现公平原则，一般采用公允价值进行计量。事项一般不涉及外部，是一个主体内部各部门之间的资源转移。例如，车间到仓库领取原材料，计提固定资产折旧等业务就可以直接按照成本进行结算，不需要按照公允价值重新计量。又如，在非货币性资产交换中，要判断交易双方是否存在关联关系，如果存在关联关系，就是"一家人"在进行交换，是会计事项而非交易，计量属性则选择账面价值（按历史成本）；如果交易双方不具有关联关系，则交换是在不同会计主体之间的交换，是交易行为，计量属性采用公允价值。

只有深刻理解了交易具有商业实质的内涵（有现金流入或者流出），才能在后续的学习中轻松理解和应对诸如企业合并中，为什么同一控制下的合并采用账面价值，不确认损益，而非同一控制下要采用公允价值，确认损益的具体规定。此外，还有对视同销售等业务的理解。视同销售是一个税法概念，税法将下列行为视同销售需要缴税：非货币性资产交换，将货物、财产、劳务用于偿债、集资、职工福利和利润分配等用途。会计处理时需按照公允价值确认销售收入，同时结转已销售产品的成本。

2. 会计要素与会计等式

会计要素是从会计的角度解释构成企业经济活动的必要因素，也是根据交易或事项对于可确定的财务会计对象的分类或概括。企业的经济活动可通过资产、负债、所有者权益、收入、费用、利润六个会计要素加以描述。

资产是指过去的交易或者事项形成的并由企业拥有或者控制的、预期会给企业带来经济利益的资源。负债是过去的交易或事项形成的、预期会导致经济利益流出企业的现时义务。所有者权益是指所有者在企业资产中享有的经济利益，是企业资产扣除负债后，由所有者享有的剩余权益。收入是指企业在日常活动中发生的、会导致所有者权益增加的、与所有者投入资本无关的经济利益的总流入。费用是指企业在日常活动中发生的、会导致所有者权益减少的、与向所有者分配利润无关的经济利益的总流出。利润是指企业一定会计期间的经营成果，全部收入与全部费用相比较的结果就是利润（如果是负数就是亏损）。

其中，资产、负债与所有者权益之间存在恒等性。资产是资金的表现形式，即资金的去处；负债与所有者权益是企业资产的来源，表明企业资产的资金来自何处，资产的总额不可能超过资金的来源总额，犹如硬币的两面。

收入与费用之差是利润（亏损）。收入会增加所有者权益，费用会减少所有者权益。企业的所有者是企业风险的最终承担者，利润（亏损）归所有者（投资者）。

3. 支出、成本与费用

支出的范围最广，凡是发生现金流出的业务都可以统称为支出，支出可以形成资产，可以形成费用，也可以是纯粹的偿还债务，甚至是纯捐赠支出。按支出的受益期间划分，可以将支出分为资本性支出和费用化支出。通常将受益期超过一个会计期间的支出称为资本性支出；受益期在一个会计期间内的支出称为费用化支出。费用化支出可以立即作为费用进入利润表，抵减当期的收入。资本化支出则形成资产，需要根据受益期间将资产分期转化为费用，计入利润表。因而又将资本化支出分成两个部分——已消耗部分和未消耗部分。已消耗部分是指已使用或销售，会直接或间接转化为费用；未消耗部分则继续以资产的形式留在资产负债表中。

成本与费用在一般人眼里可以替换使用，并被默认为为取得某物而付出的代价。但在会计眼里，成本是有所指的：一是为取得资产而付出的代价，如存货成本、固定资产成本，因而是对象化的支出；二是为取得收入而付出的代价，如主营业务成本、其他业务成本。费用是即期被消耗的资源，如管理费用中的会议费、餐饮费等，销售费用中的广告费用，财务费用中的手续费等。因而，费用的受益期是当期，直接进入利润表，费用包括管理费用、销售费用、财务费用、折旧费用、税金及附加和所得税费用等。

资产的成本最终都会转化为费用，这主要是从资产被耗费、被使用、被出售的角度来理解的。不同的资产有不同的转化方式，存货销售以后可以一次性转化为费用，在财务会计报表中不直接用费用两字，用的是主营业务成本，其含义是已经销售的库存商品的成本，突出其是为取得营业收入而付出的代价。而固定资产成本的转化则是通过分期计提折旧的方式进行的，并按照该固定资产使用的部门不同而记入不同的费用账户。例如，将公司总部使用电脑的折旧记入“管理费用”，将销售部门使用电脑的折旧记入“销售费用”。所有这些成本（费用）都记入当期利润表，与当期的收入进行抵减，以计算出当期的营业利润。

支出、成本与费用之间的关系见下图。

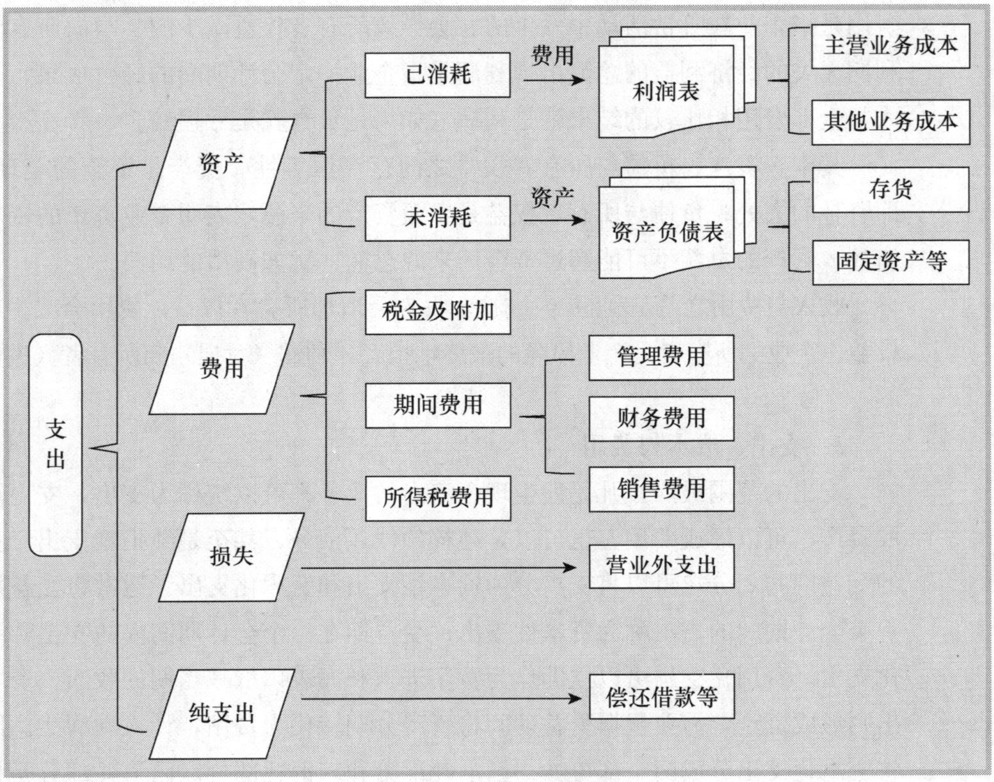

支出、成本与费用之间的关系

4. 任何经济业务都不会破坏会计等式的恒等性

任何经济业务都是有来就有去，来去必相等。比如一笔资产的增加必然对应一笔资产的减少，或者一笔负债的增加，或者一笔所有者权益的增加，或者一笔收入的增加。一笔费用的增加必然对应一笔资产的减少或者负债的增加。

从资产与权益的关系来看，企业有多少资产就有多少权益，或者反过来说，有多少权益就有多少资产，在任何情况下资产与权益都保持着数额相等的关系。这样的数量关系用等式表示就是：资产＝权益。由于企业的权益又分为债权人权益和所有者权益，上述会计等式可变换为：资产＝债权人权益＋所有者权益。从公司角度，债权人权益即为公司的负债，所以会计等式又可变为：资产＝负债＋所有者权益。这个等式将资产、负债、所有者权益三个会计基本要素用数学符号联系起来，清晰地反映了三者之间的关系，我们称之为基本会计等式。

企业发生的任何经济业务，不管是投资业务、筹资业务还是经营业务都不会破坏会计等式的恒等性。会计等式可以反映企业在任何一个时点上的资产、负债和所有者权益的金额，且金额之间保持着相等的平衡关系。其背后揭示的是企业资金运作的内在逻辑以及资产带来的权益由谁来主张的问题。

具体而言，等式左边体现的是企业的经济资源，右边体现的是经济关系。会计等式是初学会计的同学要仔细体会和深入理解的地方，一个简单的等式就能够简明扼要地指明各要素之间的基本关系。

5. 会计等式的演变

了解会计等式在不同经济发展阶段的构成及演变过程是初学会计者的不二法门。除了从数量上的恒等性理解外，更要从各会计要素之间的经济关系来理解；它不仅是复式记账的基础，也是试算平衡和编制财务报表的依据。以下是会计等式的演变过程：

(1) 主体为个体时。

一个人的财物＝该人对其财物的所有权

所有权包括使用权、处置权、收益分配权等，把这些权利统称为权益，从数量关系来看，权益是这些财物的货币表现。等式为：

财物＝权益

将这些财物用于经营活动时，财物就变成了资产。等式为：

资产＝权益

(2) 主体为公司时。随着公司规模的扩大，开始向金融机构借款，权益将细分为债权人权益和所有者权益。

资产＝债权人权益＋所有者权益

债权人权益从公司角度理解，就是负债，因此等式为：

资产＝负债＋所有者权益

(3) 当公司有盈利时。

所有者权益＝初始投入资本(实收资本或股本)＋利润(收入－费用)

(4) 当公司分红时。公司将一部分利润分配给投资者，会计核算时将冲减“利润分配——未分配利润”，为便于理解，等式中仍用分红。

资产＝负债＋实收资本(股本)＋利润－分红

资产＝负债＋实收资本(股本)＋收入－费用－分红

(5) 将负号移到等式左边。

资产＋费用(成本)＋分红＝负债＋实收资本(股本)＋收入

等式的右边告诉你，“钱”是借来的，还是股东投资的，还是自己销售赚取的。等式左边告诉你“钱”是形成资产了，还是花掉了，还是分配给股东了。

6. 广义收入与广义费用

现行会计准则中收入和费用是狭义的概念，主要用于反映企业经常性的损益，但非经常性损益也是影响企业利润的主要因素。为了包含这两者，学者们主张用广义收入加以概括，广义收入包括主营业务收入、其他业务收入、投资收益、营业外收入和其他收益（主要反映政府补助）。投资收益一般是指非金融投资类公司因投资业务（股权投资、债权投资等）而产生的投资收益，如果是专业投资机构，则投资是其主营业务。同学们在理解和思考问题时，要在一定的时空范围、一定的会计主体之下。广义费用包括商品生产经营成本、期间费用（管理费用、财务费用和销售费用）、投资损失（会计核算时统一用“投资收益”会计科目，负数或反向就是投资损失）、营业外支出、所得税费用等。

7. 确认是会计核算程序的第一步

会计核算程序包括四个相互关联的程序——确认、计量、记录和报告，确认是首要程序，是其他三个程序的基础。

确认（recognition）即辨认（identifying）。实务中，首先需要对事实真相进行去伪存真，具体在操作层面就是要对取得的原始凭证比如发票进行辨识，一是辨识真假发票；二是辨识该发票是不是本企业购买商品取得的发票。在回答“是”的基础上，再按照会计的确认标准判断其符合哪个会计要素的定义，将其归入符合定义的会计要素；该会计要素是否能够可靠地计量，在可计量的基础上，再按照权责发生制的要求，决定计入哪个会计期间，何时确认；最后按照凭证、账簿和财务报表的顺序分步记录和反映。

在整个确认过程中还要考虑重要性原则、如实反映和相关性等的要求，是一个十分复杂的推演和判断过程。

会计确认归纳起来就是要解决应否确认、何时确认和如何确认这三个问题。

8. 所有权、控制权与使用权

所有权是物权中最重要的，也是最完全的一项权利，具有绝对性、排他性和永续性三个特征。财产持有人依法对自己的财产享有占有权、使用权、收益权、处置权四项权利。

在实务中，企业的资产不是都具有所有权，虽然不是企业的资产，但拥有对资产的控制权、使用权和收益权。典型的是通过租赁取得对资产的控制权和使用权而获取利益。因此，会计在对资产进行定义时，使用了一个修订性原则——实质重于形式的原则。实质是指经济实质，形式是指法律形式，在确认一项资产时，不具有控制权的资产也可以确认为企业的一项资产，进入会计系统，通过“使用权资产”来反映。

控制权相对所有权而言，最主要的是使用权和收益权。控制权是所有权实现形式的集中体现，是所有权最根本的方面，任何所有权都需要控制权来实施和完成。

9. 五种计量属性的适用条件及关系

历史成本就是交易发生时的价格。所有资产在取得时的成本（或成交价格）都可以说是当时的公允价值。当时的公允价值就是取得资产时的历史成本，要动态地看待公允价值。

可变现净值是预估的价值，也可以理解为脱手价格，即资产出售时可以变卖获得的净值（预计收入－预计费用及相关税费）。

重置成本一般是针对同一资产，想要获得或者重新建造时需要付出的代价，也可理解为入手价格。

现值是一种估计值，在对资产进行估价时，主要考虑该项资产在未来的某一段期间内能够带来多少现金流，由于不同时点的现金流具有不同的价值，不能直接进行相加，但是都换算成当下时点的价值就可以相加了。即将未来的钱按照一定的折现率予以折现。通俗来讲，现在的 100 元与 1 年后收到的 100 元是不等值的，未来的钱没有现在的钱值钱，所以要打折计算。这个折扣其实可理解为利息，因为货币具有时间价值。现值就是扣除利息以后的价值。

公允价值是指在计量日，市场的参与者在有序市场购买资产或承担负债的价值。之所以强调计量日的价格，是因为非计量日的价格也许又发生了改变。市场参与者主要强调交易双方都知悉所交易标的的情况，是知情者参与的交易。有序市场强调的是公开、透明、易于找到交易对手的市场。在符合这些条件后所达成交易的价格就是公允价值。

10. 历史成本计量模式与公允价值计量模式的存在基础

历史成本计量模式和公允价值计量模式的出现，主要是由主体持有资产的目的决定的。如果主体持有资产的目的在于长期使用（如厂房、机器），则比较适合采用历史成本进行计量；如果主体持有资产的目的在于通过交易获取利益（如购买股票、债券短期获利），特别关心持有金融资产的公允价值的变动，则采用公允价值计量模式比较合适。

历史成本计量模式对应的是历史成本计量属性，历史成本具有广泛的采用基础，符合会计记账要有凭有据的要求，容易获得交易时的原始凭证，具有可靠性。而公允价值大部分情况下没有交易的凭证，只能按市价、相同或类似资产的交易价格经调整或估计后入账。公允价值计量模式对交易当时的价格或者成本并不是特别关注，更为关注的是资产或者负债当前的市场价格变化及未来趋势，具有更强的相关性。

历史成本比较适合实物资产的计量，公允价值比较适合金融资产的计量。两种计量模式的主要区别在后续计量上，按历史成本计量模式计量的资产，一般采用单向调整，只对价值贬损做出处理，一般通过计提资产减值准备的方式进行，这种做法更切合谨慎性（稳健性）原则。金融资产价格变动快，风险大，为了更好地揭示金融资产的特点，会计在处理上就采用了双向调整的方法，比如交易性金融资产就通过“公允价值变动损益”账户进行调整，当交易性金融资产价格上升时，一方面调增交易性金融资产的价值，另一方面增加公允价值变动损益；当交易性金融资产价格下跌时，一方面调减交易性金融资产的价值，另一方面调减公允价值变动损益。如此就在会计上形成了两种完全不同的计量模式，它们对企业财务状况、经营成果都会带来不同的影响，具体影响可参见第 34 页对案例的解答。

2.2 练习题

2.2.1 判断题

T2-1 会计对象是指企业的资金运动，即企业的经济活动。（ ）

T2-2 投资活动产生投资收益，经营活动产生营业利润。（ ）

T2-3 会计学上所称的经济业务，又称会计事项，主要是指在经济活动中使资金发生增减变动的交易或事项。（ ）

T2-4 凡是不能给企业带来经济利益的资源都不是企业的资产。（ ）

T2-5 预付账款是企业的负债。（ ）

T2-6 无形资产是指企业为生产商品或者提供劳务、出租给他人，或为管理目的而持有的、没有实物形态的非货币性长期资产。（ ）

T2-7 负债是一种现时义务，预期会导致经济利益流出企业。（ ）

T2-8 未分配利润是指企业尚未指定用途，留待以后再向股东分配的利润。（ ）

T2-9 收入将带来经济利益的流出，费用将带来经济利益的流入。（ ）

T2-10 收入包括主营业务收入和其他业务收入。（ ）

T2-11 主营业务收入主要反映企业销售商品或劳务获得的收入。（ ）

T2－12　非日常活动带来的收入通过其他业务收入进行核算。（　）

T2－13　利得和损失是偶发的，不具有重复性。（　）

T2－14　企业利润主要来自企业经营活动和投资活动。（　）

T2－15　企业发生的各种业务活动，都不会破坏会计等式的平衡关系。（　）

T2－16　等式左边总资产增加，等式右边的负债或者所有者权益必然不会等额增加。（　）

T2－17　会计等式在任何时点都是平衡的。（　）

T2－18　收入增加不会影响会计等式的金额。（　）

T2－19　亏损会增加所有者权益。（　）

T2－20　借新债还旧债，也不会破坏会计等式的恒等关系。（　）

T2－21　可变现净值是已经发生的交易的价格。（　）

T2－22　公允价值是一个动态的概念，历史成本也是当时的公允价值。（　）

T2－23　企业资产价值一旦确定，是不能够改变的。（　）

T2－24　按历史成本计量模式提供的信息是最相关的。（　）

T2－25　按公允价值计量模式提供的信息是最可靠的。（　）

2.2.2　单项选择题

S2－1　下列经济活动中，属于企业经营活动的是（　）。

A. 购买原材料　　B. 购买股票

C. 购买债券　　D. 借款

S2－2　下列经济业务中，不会引起现金变化的会计事项是（　）。

A. 购买原材料　　B. 借款

C. 销售商品　　D. 计提折旧

S2－3　下列项目中，属于资产项目的是（　）。

A. 应收账款　　B. 应付账款

C. 应付债券　　D. 实收资本

S2－4　下列项目中，属于负债项目的是（　）。

A. 银行存款　　B. 固定资产

C. 应付债券　　D. 实收资本

S2－5　下列项目中，属于所有者权益项目的是（　）。

A. 应收票据　　B. 存货

C. 应付债券　　D. 实收资本

S2－6　下列资产项目中，除（　）之外，都是企业的流动资产。

A. 无形资产　　B. 库存现金

C. 银行存款　　D. 应收账款

S2-7　下列各项目中，属于流动资产的是（　）。

A. 固定资产　　B. 无形资产

C. 应付债券　　D. 应收账款

S2-8　下列项目中，属于长期负债的是（　）。

A. 应付账款　　B. 应付票据

C. 应交税费　　D. 长期借款

S2-9　收入会导致企业（　）增加，（　）减少。

A. 资产　负债　　B. 负债　资产

C. 费用　负债　　D. 资产　费用

S2-10　下列项目中，用（　）来表示非日常活动带来的利得。

A. 主营业务收入　　B. 其他业务收入

C. 营业外收入　　D. 营业外支出

S2-11　下列项目中，（　）不属于税金与附加。

A. 消费税　　B. 房产税

C. 印花税　　D. 所得税

S2-12　下列费用中，不属于期间费用的是（　）。

A. 管理费用　　B. 财务费用

C. 销售费用　　D. 存货成本

S2-13　税后利润一般是指企业总利润扣除（　）之后的利润。

A. 所得税费用　　B. 房产税

C. 印花税　　D. 城市维护建设税

S2-14　企业资产按照取得时的实际成交价格进行计量，采用的计量属性是（　）。

A. 公允价值　　B. 历史成本

C. 可变现净值　　D. 现值

S2-15　按历史成本计量模式获得的信息更具有（　）。

A. 可靠性　　B. 重要性

C. 相关性　　D. 谨慎性

S2-16　按公允价值计量模式获得的信息更具有（　）。

A. 可靠性　　B. 重要性

C. 相关性　　D. 谨慎性

2.2.3　多项选择题

M2-1　企业经济活动包括（　）。

A. 股权筹资活动　B. 债权筹资活动
C. 证券投资活动　D. 购置固定资产
E. 购买原材料

M2－2　会计要素包括（　　）。
A. 资产　B. 负债
C. 所有者权益　D. 收入和费用
E. 利润

M2－3　下列项目中，（　　）属于资产负债表项目。
A. 资产　B. 负债
C. 所有者权益　D. 收入
E. 费用

M2－4　下列项目中，属于广义权益的是（　　）。
A. 资产　B. 负债
C. 所有者权益　D. 收入
E. 费用

M2－5　下列项目中，（　　）属于利润表项目。
A. 资产　B. 负债
C. 利润　D. 收入
E. 费用

M2－6　下列项目中，（　　）属于资产项目。
A. 库存现金　B. 银行存款
C. 存货　D. 应付账款
E. 应收票据

M2－7　下列项目中，（　　）属于负债项目。
A. 库存现金　B. 应付票据
C. 应付职工薪酬　D. 应付账款
E. 实收资本

M2－8　下列项目中，（　　）属于所有者权益项目。
A. 银行存款　B. 资本公积
C. 盈余公积　D. 未分配利润
E. 实收资本

M2－9　下列资产项目中，（　　）属于流动资产。
A. 现金　B. 银行存款
C. 存货　D. 固定资产
E. 无形资产

M2－10 下列负债项目中，（ ）属于长期负债。

A. 应付账款 B. 预付账款

C. 短期借款 D. 长期借款

E. 应付债券

M2－11 下列权益项目中，（ ）属于留存收益项目。

A. 负债 B. 股本

C. 资本公积 D. 盈余公积

E. 未分配利润

M2－12 下列项目中，（ ）用来反映企业日常活动中的核心业务。

A. 主营业务收入 B. 主营业务成本

C. 其他业务收入 D. 其他业务成本

E. 营业外收入

M2－13 属于非日常活动的项目有（ ）。

A. 营业外收入 B. 营业外支出

C. 利息收入 D. 收入

E. 费用

M2－14 下列费用中，属于期间费用的有（ ）。

A. 主营业务成本 B. 其他业务成本

C. 管理费用 D. 销售费用

E. 财务费用

M2－15 会计基本等式由（ ）项目组成。

A. 资产 B. 负债

C. 所有者权益 D. 收入

E. 费用

M2－16 下列经济业务中，会引起会计恒等式两边同时发生增减变动的有（ ）。

A. 用银行存款偿还前欠应付货款 B. 购进未付款

C. 从银行提取现金 D. 向银行借款存入银行

E. 销售商品未收款

M2－17 下列经济业务中，引起资产一增一减的有（ ）。

A. 以银行存款购买设备 B. 从银行提取现金

C. 以银行存款购买材料 D. 接受股东投资

E. 借新债还旧债

M2－18 企业接受股东的投资，将导致（ ）。

A. 资产增加 B. 负债增加

C. 所有者权益增加　　D. 费用增加

E. 收入增加

M2-19　会计计量属性包括（　　）。

A. 历史成本　　B. 公允价值

C. 现值　　D. 可变现净值

E. 重置成本

2.2.4　课程思政思考题

1. 什么是债权人？什么是所有者？从《破产法》规定的清偿顺序，理解为什么债权人的权益要高于所有者权益。

2. 如何将会计等式平衡的思想运用到自己的学习和日常生活中？

3. 为什么权利可以放弃？义务却不能放弃？在会计要素中，你理解的义务主要是什么？

4. 在大学期间，你已投入的时间和金钱以及将要投入的时间和金钱，你认为是资产、负债还是费用？为什么？

5. 请用资产、负债的概念解释个人与社会、国家发展的关系。

2.3　练习题参考答案

2.3.1　判断题

T2-1　√	T2-2　√	T2-3　√
T2-4　√	T5-5　×	T2-6　√
T2-7　√	T2-8　√	T2-9　×
T2-10　√	T2-11　√	T2-12　×
T2-13　√	T2-14　√	T2-15　√
T2-16　×	T2-17　√	T2-18　×
T2-19　×	T2-20　√	T2-21　×
T2-22　√	T2-23　×	T2-24　×
T2-25　×		

2.3.2　单项选择题

S2-1　A	S2-2　D	S2-3　A

S2-4 C　　S2-5 D　　S2-6 A
S2-7 D　　S2-8 D　　S2-9 A
S2-10 C　　S2-11 D　　S2-12 D
S2-13 A　　S2-14 B　　S2-15 A
S2-16 C

2.3.3 多项选择题

M2-1 ABCDE　　M2-2 ABCDE　　M2-3 ABC
M2-4 BC　　M2-5 CDE　　M2-6 ABCE
M2-7 BCD　　M2-8 BCDE　　M2-9 ABC
M2-10 DE　　M2-11 DE　　M2-12 AB
M2-13 AB　　M2-14 CDE　　M2-15 ABC
M2-16 ABDE　　M2-17 ABC　　M2-18 AC
M2-19 ABCDE

2.3.4 课程思政思考题（略）

2.4 教材课后部分习题参考答案

2.4.1 思考题（略）

2.4.2 练习题

E2-1 练习经济业务对会计等式的影响。

业务序号	资产	=	负债	+	所有者权益
1	I		I		NE
2	D		D		
3	I		I		
4	I				I
5	I，D				
6	I，D				

E2-2 练习经济业务对会计等式的影响。

王先生的公司在发生上述经济活动之后，会计等式依然保持平衡的关系。

资产(1 009 400)＝负债(0)＋所有者权益(1 009 400)

具体变化如下：

(1) 银行存款（100 000)＝实收资本（100 000)

(2) 银行存款 ＝实收资本＋未分配利润
(100 000－3 600) (100 000) (－3 600)

(3) 银行存款 ＝实收资本＋ 未分配利润
(96 400－6 000) (100 000) (－3 600－6 000)

(4) 银行存款 ＋库存商品＝实收资本＋未分配利润
(90 400－80 000) (80 000) (100 000) (－9 600)

(5) 银行存款 ＋ 库存商品
(10 400＋99 000) (80 000－80 000)
＝实收资本＋ 未分配利润
(100 000) (99 000－9 600－80 000)

E2－3 练习利润的计算方法（按权责发生制）。

王先生公司6月份发生的四笔经济业务中，有三笔业务会影响公司的利润，分别是业务（1）（2）（4）。

公司5—6月的利润计算如下：

利润＝收入－费用
＝(销售商品收入99 000＋代售佣金1 000)－(商品成本80 000
＋房租600＋办公费6 000＋滞纳金300＋宣传费100)
＝100 000－87 000
＝13 000(元)

该公司5—6月份的利润为13 000元。

如果要将利润的构成表达得更加清晰，可以将利润分为营业利润和非营业利润。以下采用倒推法演示各数据之间的逻辑关系。

利润＝营业利润＋非营业利润＝13 300－300＝13 000(元)

营业利润＝主营业务利润(销售商品利润)＋其他业务利润(代销佣金)
＝12 300＋1 000＝13 300(元)

主营业务利润＝毛利－管理费用－销售费用
＝19 000－6 600－100＝12 300(元)

毛利＝主营业务收入－主营业务成本＝99 000－80 000＝19 000(元)

管理费用＝租金费用＋办公费用＝600＋6 000＝6 600(元)

其中

租金费用＝3 600/12×2＝600(元)

销售费用＝广告费(宣传费)＝100(元)

其他业务利润＝代销佣金＝1 000(元)

非营业利润＝营业外收入－营业外支出＝0－300＝－300(元)

2.4.3 案例题

案例回放： 公司10年前以100万元购买的办公室，现在市价为1 000万元。在对外报告时，公司财务人员与财务经理出现了分歧，一个主张按历史成本计量模式，一个主张按公允价值计量模式。

案例分析： 该案例涉及会计中最重要的两种计量模式：历史成本计量模式和公允价值计量模式。历史成本，又称实际成本，是指为取得或制造某项财产物资实际支付的代价。公允价值是指市场参与者在计量日发生的有序交易中，出售一项资产所能收到或者转移一项负债所需支付的价格。它们是五种计量属性（历史成本、重置成本、可变现净值、现值和公允价值）中的两种。其实，在初始计量中，历史成本也是当初交易时的公允价值。由于市场环境的改变，资产价格发生涨跌，对持有资产是否需要进行调整，在会计上形成了两种不同的计量模式。资产价格上涨时，对持有资产不做调整的称为历史成本计量模式。但在价格下跌时，出于谨慎性原则，需要对资产计提减值准备。无论是资产价格上涨还是下跌，对持有资产都要做出调整的称为公允价值计量模式。两种计量模式对企业财务状况和经营成果都会产生很大影响。该案例中，房屋价格已由100万元涨到1 000万元，如果按历史成本计量模式，在对外报告时，该套房屋的账面价值仍然是100万元。但如果按照公允价值计量模式，该房屋要按1 000万元对外报告，两者相差900万元。更为重要的是，如果该公司的利润为600万元，按历史成本计量模式，利润不受影响，仍然按600万元对外报告。但如果按照公允价值计量模式，对外报告的利润则是1 500万元，两者相差900万元。因此，不同的计量模式会产生不一样的计量结果。

案例问题回答：

(1) 财务人员提出按100万元对外报告，采用的是历史成本计量模式。

(2) 公司经理提出按1 000万元对外报告，采用的是公允价值计量模式。

(3) 我赞成财务人员的观点。正如财务人员给出的理由，房屋虽然涨价了，但我们并不想出售，仍然要继续在这里办公，房屋的功能或者说使用价值并没有得到提升。没有必要对资产做出调整，否则会造成账面富贵的假象。当然，从财务经理的角度考虑业绩考核的问题，也不无道理，但业绩考核过关了，真要进行兑现的时候，是无法兑现的，除非将房屋出售，但房屋出售以后，我们又去哪里办公呢？重新购买，依然要付出 1 000 万元的代价才能重新拥有。因此，公允价值信息对要在当下做出是否购买房屋的决策是有意义的，因为 10 年后的现在必须以市场价格才能获得同样的资产。但对使用者来说，就没有必要按照公允价值计量模式。

因此，对资产采用什么计量模式，取决于资产的用途，或者综合考虑管理层的意图。

第 3 章

Chapter 3 账户与复式记账

思维导图

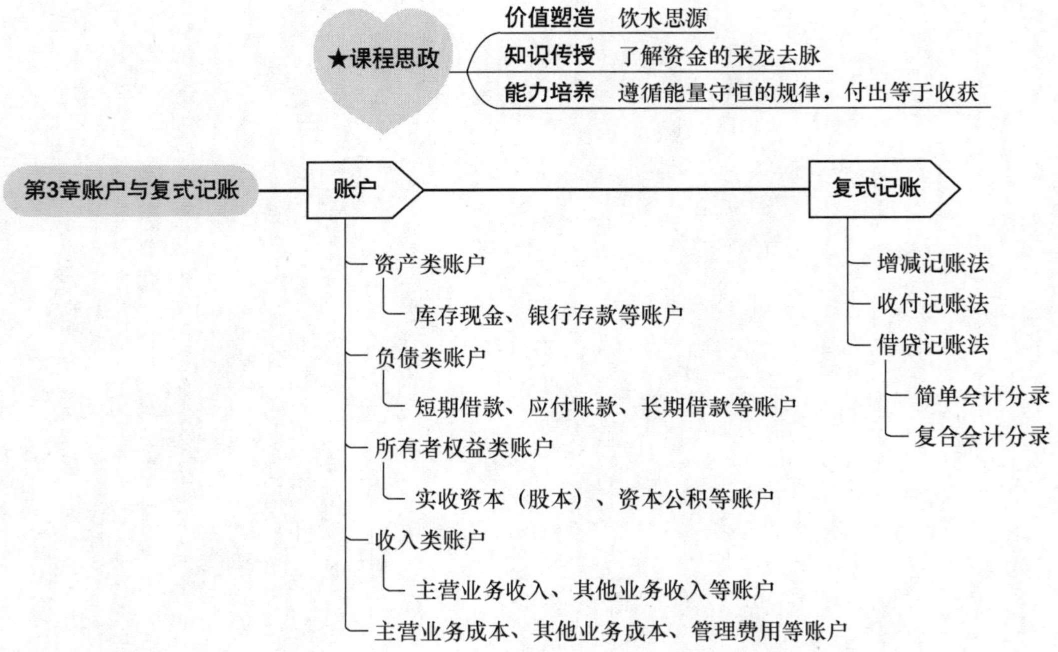

3.1 学习指导

3.1.1 学习重点

本章的学习重点是**在了解复式记账原理的基础上，学会采用借贷记账法来记录企业的经济业务**（熟练编制会计分录）。借贷记账法的记账规则是**“有借必有贷，借贷必相等”**，其理论基础是会计恒等式。要善于利用账户的对应关系来理解企业经济业务的来龙去脉。要熟练掌握借贷记账法，需要牢记约定俗成的账户结构，明白增减的记账方向，正确使用“借”和“贷”来指代会计科目的增减变化。要像学习单词一样，逐步记住每个会计科目的核算内容和使用方法。学会编制试算平衡表，利用借贷记账法自动平衡的原理，验证记账是否有错。培养严谨、细致的会计专业素养。

3.1.2 学习难点和疑点

本章的难点是**对会计科目的正确使用**。常用的会计科目有80个左右，不同业务使用不同的会计科目，不同的会计科目对应不同的账户结构，不同账户使用前需要用借或贷来指代会计科目的增减变化。要熟练使用必须进行大量的练习，尤其是复合会计分录的编制。复合会计分录对应账户关系较为复杂，需要精通业务。本章需要思考的问题如下：

（1）会计科目与会计账户的关系，账户结构是人为规定的吗？

（2）为什么要采用复式记账法而不是单式记账法来记录企业的经济业务？

（3）“借”和“贷”的具体含义究竟是什么？

3.1.3 疑难解答

1. 会计科目与会计账户

会计科目是对各个会计要素的进一步分解、细化和标准化，以方便记录企业发生的每一项经济业务，换句话说，企业发生的每一项经济业务都能够直接找到对应的会计科目。会计科目只是经济业务内容浓缩后的一个名称，还无法完成对企业经济业务的记录，因为每一项经济业务都会引起资金的增减变化，要将增减变化记录下来，就必须借助账户的结构来完成。所谓账户的结构，就是规定在什么地方记录增加，在什么地方记录减少。由于经济业务带来的变化只有两个，要么增加要么减少，于是会计就在一个平面上画出一条垂直线，将这个平面分为左边和右边，再在这条垂直线的上方画一条水平线，在水平线上写上会计科目，然后规定垂直线的左边记录增加（或者减少），垂直线的右边记录减少（或者增加），一个功能齐全的标准账户就形成了。但是，究竟哪边登记增加，哪边登记减少，必须加以约定，不然，哪边都可以登记增加，哪边都可以登记减少。此外，增加还是减少需要一个记账符号来加以标识，会计选择用“借”来代表左边，用“贷”来表示右边，这样账户的记录就有两组组合，一是借方表示增加，贷方表示减少；另一组合刚好相反，贷方记录增加，借方记录减少。这时，需要将五种类型的账户重新分类变成两大类，资产与费用为一大类，负债、所有者权益和收入为一大类，并分别约定它们的记账方向。凡是属于资产、费用类的账户，借方表示增加，贷方表示减少；凡是属于负债、所有者权益和收入类的账户，贷方表示增加，借方表示减少。可见，账户就是具有一定结构的会计科目。所谓账户的结构，就是约定账户的左方记录增加还是减少，账户的右方记录增加还是减少的规定。账户结构是人为的规定，按照约定俗成记住就可以了。

2. 会计等式与丁字形账户的登记

将会计等式放入丁字形账户，有利于理解账户的记账规则。

会计等式如下：

资产＋费用（成本）＋分红＝负债＋股本＋收入

丁字形账户如下：

左边（借方）　　　　会计科目　　　　右边（贷方）

等号左边增加登记在丁字形账户的左边，等号右边增加登记在丁字形账户的右边，减少则相反。

如果将丁字形账户的左边固定为借方，丁字形账户的右边固定为贷方，简称“左借右贷”，无论是等式两边同时增加还是同时减少，还是等式两边内部的一增一减，都能保证记录一个在贷方，一个在借方。

等式左边表示某一时点的资金占用（运用），等式右边表示为某一时点的资金来源，该变形的等式揭示了资金的来龙和去脉。

资金占用（运用）＝资金来源

从资金的来源与去向将资产、成本（费用）、分红类账户归为一大类（去向），将权益（负债＋所有者权益）和收入归为一个大类（来源）来理解账户的结构既简单又清晰。

利得和损失没有因果关系，但将其加入等式不会破坏会计等式的恒等性和记账规则的理解。将利得和损失加入等式后为：

资产＋费用(成本)＋损失＋分红＝负债＋所有者权益＋收入＋利得

3. 单式记账与复式记账

单式记账和复式记账是两种不同思维方式下的记账方法。单式记账可以说是一种简单的记账方法，对每项经济业务只记一笔账，只用一个会计科目来记录钱的去向或者钱的来源。在商品经济不太发达，一切交易都要用钱来进行结算的时候，单式记账也许还是一种最简洁的记账方式，因为可以默认一方为现金的支出。但是随着商品经济的发展，交易方式和融资方式日益复杂，就需要采用复式记账的方法来反映经济业务的来龙去脉，完整呈现一项经济业务的全貌。所以，不同方法的演进，都是从简单到复杂，都是为了适应当时社会经济状况的发展水平。

4. "借"和"贷"的具体含义

1907年，谢霖和孟森将借贷记账法从日本引入中国。在日文中，"借"是向他人借，"贷"是借给他人，具有明确的含义。而中文的"借"和"贷"，有资金融通的意思。"借"既可以表示借入，也可以表示借出；"贷"既可以表示贷入，也可以表示贷出。只有在分清借款人是谁，出借人是谁，贷款人是谁，放贷人是谁时，才能分清谁是债务人，谁是债权人。

那么，"借"和"贷"本身的基本含义究竟是什么呢？

人们对某物（钱、物）保留所有权，而把使用权让给（在一段时间内）别人，这种行为叫作贷；人们取得所有者的允许得到对其物的使用权，这种行为叫作借。

贷有三种基本含义：

(1) 以归还为前提，由所有者将自己的钱或物借给别人，让别人使用；

(2) 收一定量的租金，由所有者将自己的东西借给别人，让别人使用；

(3) 与钱或归还无关，用自己的智慧或力量帮助别人。

与此对应，借也有三种基本含义：

(1) 以归还为前提，从所有者那里借东西时；

(2) 借用东西需要交付一定量租金时；

(3) 与钱或归还无关，在接受别人帮助时也可以用。①

此外，英文中的"credit"是信任（trust），你将钱存入银行，银行就信任

① 金焕玑. 日语借贷关系的教学. 黑龙江大学学报（外语版），1978 (00)：69-72.

你，记入你存折账户的贷方（credit），表示你是银行的债权人，随着信用的积累，银行就会发信用卡（credit card）给你；你从银行取钱记入你存折账户的借方（debit），表示你是银行的债务人，储蓄卡是 debit card。因此，credit 在英文中是标准的债权，debit 是标准的债务。

会计中的借贷是从 13 世纪的热拉亚、佛罗伦萨的信贷业务中发展而来，在办理借贷业务时，很容易将每笔经济业务的发生视为人的借贷关系，并通过设置人名账户来加以反映。

记账方法是以 di dare（他应给我）和 di avere（我应给他＝他应有得）之类的动词作为转账记录符号的复式记录。他应给我（he must give me）相当于今天的“借”，表示对客户的债权，我应给他（he shall have）相当于今天的“贷”，表示对客户的债务。这种对“借”和“贷”的认识，是从银行的角度出发，所谓“借”，所谓“贷”，分别指的是“借主”和“贷主”。①

也可以将借和贷看成是一对反义词，是从两个侧面来反映同一笔资金的运动状况，“借”表示资金的运用、用途、现有状态、终点状态，“贷”表示资金的来源、原有状态、起点状态，因而有“有借必有贷，借贷必相等”的借贷记账规则。

现代意义上的借贷记账法，借用“借”和“贷”两个字不是要分清谁是债务人，谁是债权人，而是将其作为记账符号，写在会计科目的前面，表示其增减的含义。当用“借”和“贷”来表示账户增减含义时，借贷就失去了本身字面上的含义，只是一个纯粹的记账符号而已。

英文可用“Dr.”代表借方，“Cr.”代表贷方。

资产和费用类账户的借方表示增加，贷方表示减少；负债、所有者权益和收入类账户的借方表示减少，贷方表示增加。

3.2 练习题

3.2.1 判断题

T3-1 会计科目是账户的名称。（ ）

T3-2 会计科目有结构，会计账户没有结构。（ ）

T3-3 会计科目是对会计要素的进一步分类，是会计核算的最小单元。（ ）

T3-4 会计账户既有名称又有结构，可以连续系统地反映经济业务的增减

① 文硕. 西方会计史——会计发展的五次浪潮（上）. 北京：经济科学出版社，2012.

变化。 ( )

T3－5 账户是根据会计科目设置的，具有一定的格式和结构，用于分类反映会计要素增减变动情况及其结果的载体。 ( )

T3－6 资产类账户的贷方记录增加，借方记录减少。 ( )

T3－7 负债与所有者权益类账户的借方记录增加，贷方记录减少。 ( )

T3－8 收入类账户的借方记录减少，贷方记录增加，费用类账户的结构刚好相反。 ( )

T3－9 费用类账户的结构与资产类账户相同，是因为随着时间的推移，资产最终都会转化为费用，费用是瞬间的资产。 ( )

T3－10 任何账户的正常余额都在记录增加额的那一方，因此，资产类账户的余额在借方，负债和所有者权益类账户的余额在贷方。 ( )

T3－11 账户的余额一般与记录的增加额在同一方，本期的期末余额为下期的期初余额。 ( )

T3－12 单式记账法是指在业务发生时，只在一个账户进行记录的方法。 ( )

T3－13 复式记账法的依据是会计恒等式，需要在两个或两个以上的账户中以相等的金额进行记录。 ( )

T3－14 收付记账法不是复式记账法。 ( )

T3－15 借贷记账法账户的基本结构：每一个账户的左边为借方，右边为贷方。 ( )

T3－16 根据“有借必有贷，借贷必相等”的记账规则，任一账户的借方发生额合计数必然等于其贷方发生额合计数。 ( )

T3－17 标明某项经济业务应借应贷账户名称及其金额的一种记录，称为会计分录。 ( )

T3－18 复合会计分录实际上是由若干简单会计分录复合而成的。 ( )

T3－19 多借多贷会计分录由于账户对应关系不清楚，因此，企业应禁止编制多借多贷的会计分录。 ( )

T3－20 如果试算平衡，即借方发生额合计数等于贷方发生额合计数，就可以推断账户记录肯定无误。 ( )

T3－21 试算平衡表既可以按本期发生额进行编制，也可以按期末余额进行编制。 ( )

T3－22 试算平衡也不意味着记账完全正确。 ( )

3.2.2 单项选择题

S3－1 会计科目是对（ ）的具体分类。

A. 会计对象　　B. 会计要素

C. 会计主体　　D. 会计等式

S3-2 下列账户中的期末余额一般在借方的是（　　）。

A. 累计折旧　　B. 短期借款

C. 应付账款　　D. 库存商品

S3-3 下列账户中借方表示减少的是（　　）。

A. 资产类账户　　B. 成本类账户

C. 费用支出类账户　　D. 所有者权益类账户

S3-4 对于收入类账户，下列说法正确的是（　　）。

A. 增加额记入账户的借方　　B. 增加额记入账户的贷方

C. 期末结转后有余额　　D. 期末有借方余额

S3-5 费用（成本）类账户的借方登记（　　）。

A. 增加发生额　　B. 减少发生额

C. 增加或减少发生额　　D. 本期结转数

S3-6 下列项目中属于长期负债的科目是（　　）。

A. 应付账款　　B. 应付票据

C. 应交税费　　D. 长期借款

S3-7 下列不属于总账科目的是（　　）。

A. 原材料　　B. 甲材料

C. 应付账款　　D. 应收账款

S3-8 非日常活动带来的利得是通过（　　）来核算的。

A. 主营业务收入　　B. 其他业务收入

C. 营业外收入　　D. 营业外支出

S3-9 非日常活动带来的损失是通过（　　）来核算的。

A. 主营业务收入　　B. 其他业务收入

C. 营业外收入　　D. 营业外支出

S3-10 单式记账法是指在经济业务发生时，需要在（　　）中进行记录。

A. 一个账户　　B. 两个账户

C. 三个账户　　D. 四个账户

S3-11 借贷记账法的记账符号是（　　）。

A. 入和出　　B. 增和减

C. 收和付　　D. 借和贷

S3-12 能够自动平衡的复式记账方法是（　　）。

A. 增减记账法　　B. 收付记账法

C. 借贷记账法　　D. 四柱记账法

S3－13　下列属于发生额试算平衡公式的是（　　）。

A. 借方期初余额＋借方本期发生额－贷方本期发生额＝借方期末余额

B. 全部账户本期借方发生额合计数＝全部账户本期贷方发生额合计数

C. 贷方期初余额＋贷方本期发生额－借方本期发生额＝贷方期末余额

D. 全部账户借方期末余额合计数＝全部账户贷方期末余额合计数

S3－14　能够通过试算平衡查找的错误是（　　）。

A. 重复登记某项经济业务　　B. 漏记某项经济业务

C. 应借应贷账户的借贷金额不符　　D. 应借应贷账户的借贷方向颠倒

S3－15　某公司期末余额试算平衡表的资料如下：

账户名称	本期发生额	
	借方	贷方
库存现金	15 000	
银行存款	173 900	
Y 账户		
应付账款		98 200
实收资本		200 000

则 Y 账户（　　）。

A. 有借方余额 109 300 元　　B. 有贷方余额 109 300 元

C. 有借方余额 101 800 元　　D. 有贷方余额 101 800 元

3.2.3　多项选择题

M3－1　设置会计科目的原则是（　　）。

A. 符合企业特点　　B. 满足管理需要

C. 统一性与灵活性相结合　　D. 简单明确、字义相符、通俗易懂

E. 保持相对稳定性

M3－2　会计科目表中，将会计科目分为（　　）。

A. 资产类　　B. 负债类

C. 所有者权益类　　D. 成本类

E. 损益类

M3－3　下列各项中，可以作为会计科目的有（　　）。

A. 固定资产　　B. 运输设备

C. 原材料　　D. 实收资本

E. 盈余公积

M3－4　与资产类账户结构相反的账户是（　　）。

A. 资产类账户
B. 负债类账户
C. 收入类账户
D. 所有者权益类账户
E. 费用类账户

M3-5 与银行存款账户结构相同的账户有（　　）。
A. 库存现金
B. 固定资产
C. 应收账款
D. 应付账款
E. 管理费用

M3-6 与收入账户结构相同的账户有（　　）。
A. 库存现金
B. 银行存款
C. 库存商品
D. 应付账款
E. 实收资本

M3-7 下列账户中，属于利润表账户的有（　　）。
A. 主营业务收入
B. 其他业务利润
C. 主营业务成本
D. 其他业务成本
E. 营业外收入

M3-8 下列账户中，属于资产负债表账户的有（　　）。
A. 营业外收入
B. 营业外支出
C. 应收票据
D. 库存商品
E. 固定资产

M3-9 下列各项中，反映流动资产的账户有（　　）。
A. 固定资产
B. 累计折旧
C. 实收资本
D. 库存商品
E. 银行存款

M3-10 下列各项中，反映负债的账户有（　　）。
A. 预收账款
B. 预付账款
C. 应收账款
D. 应付账款
E. 其他应付款

M3-11 下列各项中，反映所有者权益的账户有（　　）。
A. 实收资本
B. 盈余公积
C. 本年利润
D. 未分配利润
E. 应付利润

M3-12 下列各项中，反映资产增减变动情况的账户有（　　）。
A. 原材料
B. 本年利润
C. 固定资产
D. 利润分配
E. 其他应收款

M3-13 下列各项中，反映收入情况的账户有（　　）。

A. 本年利润　　B. 利润分配

C. 主营业务收入　　D. 其他业务收入

E. 所得税费用

M3-14 下列各项中，反映费用情况的账户有（　　）。

A. 库存商品　　B. 原材料

C. 销售费用　　D. 财务费用

E. 管理费用

M3-15 下列账户中，属于损益类的账户有（　　）。

A. 主营业务收入　　B. 其他业务收入

C. 管理费用　　D. 销售费用

E. 财务费用

M3-16 下列账户中，属于成本计算类的账户有（　　）。

A. 材料采购　　B. 消费税

C. 生产成本　　D. 教育费附加

E. 车船税

M3-17 销售商品尚未收款业务，涉及的会计科目有（　　）。

A. 应付账款　　B. 应收账款

C. 主营业务收入　　D. 库存现金

E. 本年利润

M3-18 复式记账法包括（　　）。

A. 增减记账法　　B. 收付记账法

C. 借贷记账法　　D. 跛脚记账法

E. 四柱记账法

M3-19 以下说法中，符合借贷记账法的记账规则的有（　　）。

A. 一项资本增加，另一项资本减少

B. 一项资产增加，一项资本减少

C. 一项负债增加，另一项负债减少

D. 一项资本增加，一项负债减少

E. 一项资产增加，另一项资产减少

M3-20 在借贷记账法下，下列属于借方表示的事项包括（　　）。

A. 资产的减少或权益的增加　　B. 资产的增加或权益的增加

C. 资产的减少或权益的减少　　D. 资产的增加或权益的减少

E. 负债的减少或所有者权益的减少

M3-21 试算平衡，是指根据借贷记账法的记账规则和会计恒等式，通过对（　　）的汇总计算，来检查账户记录是否正确的一种方法。

A. 所有性质相同账户的发生额　　B. 所有性质相同账户的余额

C. 所有账户的期初余额　　D. 所有账户的期末余额

E. 所有账户的本期发生额

M3－22　账户记录中，不能由试算平衡表发现的错误有（　　）。

A. 一笔经济业务全部被漏记

B. 一笔经济业务全部被重记

C. 一笔经济业务借贷双方金额上发生同样的错误

D. 一笔经济业务应借应贷的账户相互颠倒

E. 会计分录的借贷双方在过入总分类账时误记了账户

3.2.4　课程思政思考题

1. 根据会计设置账户的原理，如果要核算自己对社会的价值，你认为需要为自己开设哪些账户？

2. 请结合复式记账原理，谈谈你对把资金的来源与运用记录清楚同“饮水思源”之间的联系的认识。

3. 从“借入”和“贷出”这个角度理解什么是属于自己的，什么是属于别人的。有的人借了别人的东西就不归还了，你认为对吗？

4. 第5章课后案例的名称为“有种利润叫诚信”，如果设立“诚信”账户，请说明该账户的性质及使用方法。

3.3　练习题参考答案

3.3.1　判断题

T3－1　√	T3－2　×	T3－3　√
T3－4　√	T3－5　√	T3－6　×
T3－7　×	T3－8　√	T3－9　√
T3－10　√	T3－11　√	T3－12　√
T3－13　√	T3－14　×	T3－15　√
T3－16　×	T3－17　√	T3－18　√
T3－19　×	T3－20　×	T3－21　√
T3－22　√		

3.3.2 单项选择题

S3-1 B	S3-2 D	S3-3 D
S3-4 B	S3-5 A	S3-6 D
S3-7 B	S3-8 C	S3-9 D
S3-10 A	S3-11 D	S3-12 C
S3-13 B	S3-14 C	S3-15 A

3.3.3 多项选择题

M3-1 ABCDE	M3-2 ABCDE	M3-3 ACDE
M3-4 BCD	M3-5 ABCE	M3-6 DE
M3-7 ACDE	M3-8 CDE	M3-9 DE
M3-10 ADE	M3-11 ABCD	M3-12 ACE
M3-13 CD	M3-14 CDE	M3-15 ABCDE
M3-16 AC	M3-17 BC	M3-18 ABC
M3-19 ACDE	M3-20 DE	M3-21 CDE
M3-22 ABCDE		

3.3.4 课程思政思考题（略）

3.4 教材课后部分习题参考答案

3.4.1 思考题（略）

3.4.2 练习题

E3-1 练习会计分录的编制。

(1) 向银行借入1年期银行存款100万元。

借：银行存款　　1 000 000

　贷：短期借款　　1 000 000

（2）从银行提取现金1万元。

借：库存现金　10 000

　贷：银行存款　10 000

（3）向光大公司购入商品200万元，货款未付。

借：库存商品　2 000 000

　贷：应付账款　2 000 000

（4）将应付光大公司的货款100万元转作投资款。

借：应付账款　1 000 000

　贷：实收资本　1 000 000

（5）用银行存款支付光大公司欠款50万元。

借：应付账款　500 000

　贷：银行存款　500 000

（6）将出售商品取得的收入300万元存入银行。

借：银行存款　3 000 000

　贷：主营业务收入　3 000 000

（7）结转已售产品成本200万元。

借：主营业务成本　2 000 000

　贷：库存商品　2 000 000

（8）用现金支付罚款1 000元。

借：营业外支出　1 000

　贷：库存现金　1 000

E3－2　练习丁字形账户的登记方法。

将上述经济业务过入下列丁字形账户中，并计算出本期发生额和期末余额。丁字形账户中的期初余额为假定数。

银行存款

期初余额　30 000	
（1）1 000 000	（2）10 000
（6）3 000 000	（5）500 000
本期发生额　4 000 000	本期发生额　510 000
期末余额　3 520 000	

短期借款

	期初余额　10 000
	（1）1 000 000
	本期发生额　1 000 000
	期末余额　1 010 000

库存商品

期初余额　28 500	
（3）2 000 000	（7）2 000 000
本期发生额　2 000 000	本期发生额　2 000 000
期末余额　28 500	

库存现金

期初余额　1 500	
（2）10 000	（8）1 000
本期发生额　10 000	本期发生额　1 000
期末余额　10 500	

应付账款

	期初余额 20 000
(4) 1 000 000	(3) 2 000 000
(5) 500 000	
本期发生额 1 500 000	本期发生额 2 000 000
	期末余额 520 000

实收资本

	期初余额 30 000
	(4) 1 000 000
本期发生额	本期发生额 1 000 000
	期末余额 1 030 000

主营业务收入

	(6) 3 000 000

主营业务成本

(7) 2 000 000	

营业外支出

(8) 1 000	

E3－3 练习三栏式试算平衡表的编制。

根据 E3－2 计算出的本期发生额和期末余额编制三栏式试算平衡表。

金额单位：元

项目	期初余额		本期发生额		期末余额	
	借方	贷方	借方	贷方	借方	贷方
库存现金	1 500		10 000	1 000	10 500	
银行存款	30 000		4 000 000	510 000	3 520 000	
库存商品	28 500		2 000 000	2 000 000	28 500	
短期借款		10 000		1 000 000		1 010 000
应付账款		20 000	1 500 000	2 000 000		520 000
实收资本		30 000		1 000 000		1 030 000
主营业务收入				3 000 000		3 000 000
主营业务成本			2 000 000		2 000 000	
营业外支出			1 000		1 000	
合计	60 000	60 000	9 511 000	9 511 000	5 560 000	5 560 000

第 4 章 Chapter 4 会计凭证

思维导图

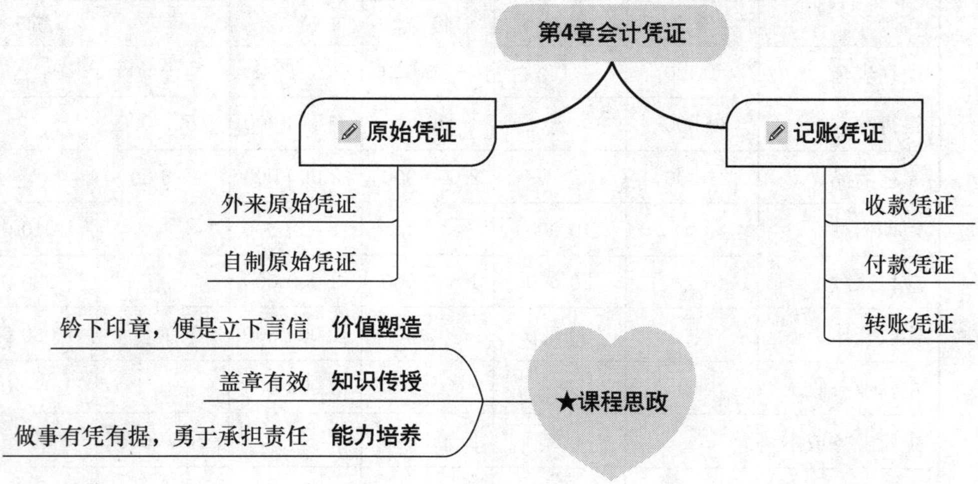

4.1 学习指导

4.1.1 学习重点

本章的学习重点是**在了解原始凭证是证明企业经济业务发生或完成的重要证据的基础上，理解原始凭证是保证会计信息真实性的第一道关卡，掌握收款凭证、付款凭证和转账凭证的填制方法**。明白会计凭证上每个图章、每个签名的意义，以及这些签名与企业内部控制之间的关系。

4.1.2 学习难点和疑点

本章的难点是**对原始凭证进行实质性的审核**。首先要学会辨识原始凭证的真伪，熟悉各种财经纪律和法律法规，了解公司业务及上下游企业的特点。能够准确判断业务，并能正确地记录在各种形式和格式的凭证上。需要思考的问题如下：

(1) 手续齐备、记录完整的原始凭证是否最真实地记录了企业经济业务的发生与完成？

(2) 如何真正发挥内部控制的作用？

(3) 如何保证盖下去的每一枚章都认真履行了自己的职责？

(4) 如何通过对会计凭证的审核来履行会计的管理职能？

(5) 严格的凭证传递是否既能起到内部牵制的作用，又能起到提高工作效率的作用？为什么说原始凭证是最具法律效力的证据？

4.1.3 疑难解答

1. 会计凭证、内部控制与明确经济责任

会计凭证是记录经济业务事项发生或完成情况的书面证明。内部控制是指利用单位内部分工产生的相互制约、相互联系的关系，形成一系列具有控制职能的方法、措施和程序。企业经济业务发生后，需要由执行或完成该项经济业务的有关人员取得或者填制会计凭证，详细说明该项经济业务的内容、发生时间，并在相应的会计凭证上签名或盖章；取得或填制会计凭证后，要由有关人员进行审核；经审核无误，并由审核人员签章后，才可作为记账的依据，编制记账凭证，进行账簿登记。因此，填制和审核凭证可以如实反映经济业务的内容，保证会计信息的真实性。

会计凭证的填制与审核需要由不同的会计人员来承担，通过会计凭证的填制和审核，使有关责任人在其职权范围内各司其职，各负其责，相互牵制，加强内部控制。因此，建立会计凭证的填制和审核制度是完善内部控制制度的重要方面，同时利用凭证填制、审核的手续制度，还可以进一步完善经济责任制，明确经济责任。

2. 会计凭证的审核与会计管理职能

通过对会计凭证的审核，可以检查经济业务的发生是否符合有关法规、制度，是否符合业务经营、财务收支的方针和计划、预算的规定，确保经济业务的合理性、合法性和有效性。监督经济业务的发生、发展，控制经济业务的有效实施，是发挥会计管理职能的重要内容。

3. 会计凭证的传递与内部控制和工作效率

会计凭证的传递是指从会计凭证的取得或填制时起至归档保管过程中，在单位内部有关部门和人员之间的传递程序。正确组织会计凭证的传递，对于及时处理和登记经济业务，提高工作效率，建立健全内部控制系统，明确经济责任，防止错误和舞弊行为，实行会计监督等具有重要作用。从一定意义上说，会计凭证的传递在单位内部经营管理各环节之间起着协调和组织的作用。会计凭证传递程序是构成企业管理规章制度和会计控制系统的重要组成部分，传递程序科学与否，说明该企业管理的科学程度和内部控制的有效程度。

好的内部控制制度是建立在内部牵制原则基础上的，内部牵制原则是内部控制系统的基础性准则，主要是指办理经济业务的各项手续、制度要相互制约、相互监督。按照内部牵制的思想设计各项管理和经营制度，是指单位的领导、各职能部门、基层机构及其人员之间，在处理各项经济业务时建立相互联系、相互制约的管理和经营制度体系，通过其相互联系、相互制约的关系，达到控制经济活动的目的。内部牵制制度特别强调相互制约的关系，要求在处理各项经济业务时，应由多人负责，共同完成，并相互制约，防止一人包办，尤其要将钱、物、账分开管理，同时建立复核查对制度。在组织会计凭证的传递时，必须根据办理经济业务手续所需的时间，规定会计凭证在哪些环节需要停留及其停留时间，保证经济业务及时记录。

各单位在制定会计凭证的传递程序，规定其传递时间时，通常要考虑以下两点，以合理组织会计凭证传递：（1）根据各单位经济业务的特点、企业内部机构组织、人员分工情况以及经营管理的需要，从完善内部控制制度的角度出发，规定各种会计凭证的联次及其传递流程，使经办业务的部门及其人员及时办理各种凭证手续，既符合内部牵制原则，又提高工作效率；（2）根据有关部门和人员办理经济业务的必要时间，与相关部门和人员协商制定会计凭证在各经办环节的停留时间，以便合理确定办理经济业务的最佳时间，及时反映、记录经济业务的发生和完成情况。

4. 原始凭证的法律效力

原始凭证是在经济业务发生或完成时取得或填制的，是记录、证明经济业务已经发生或完成的原始证据。尤其是外来原始凭证，是企业与外部单位发生经济往来业务时，从外部单位取得的。原始凭证上记载着大量经济信息，是证明经济业务发生的初始文件，与记账凭证相比，具有较强的法律效力，可以作为诉讼的依据，是一种很重要的凭证。

4.2 练习题

4.2.1 判断题

T4-1　所有的会计凭证都是登记会计账簿的依据。（　）

T4-2　所有的会计凭证都必须由经办人员和相关负责人签名或盖章。（　）

T4-3　原始凭证要按规定填写，文字要简要，字迹要清楚，易于辨认，大写金额不得使用简体汉字。（　）

T4-4　原始凭证是进行会计核算的原始资料。（　）

T4-5　外来原始凭证一般都属于一次凭证，自制原始凭证一般都属于累计凭证。（　）

T4-6　限额领料单只限于领用一次材料。（　）

T4-7　外来原始凭证遗失时，取得签发单位盖有财务章的证明，经单位负责人批准后，可代作原始凭证。（　）

T4-8　为简化核算，可将类似的经济业务汇总编制一张汇总原始凭证。（　）

T4-9　审核原始凭证记录的经济业务是否符合企业生产经营活动的需要、是否符合有关计划和预算，属于合理性审核。（　）

T4-10　记账凭证是根据会计账簿记录填制的。（　）

T4-11　记账凭证记录的内容必须与所附原始凭证上的内容一致。（　）

T4-12　记账凭证一般由会计人员填制，不用审核。（　）

T4-13　收款凭证一般按库存现金和银行存款分别编制。（　）

T4-14　付款凭证是出纳人员付出货币的依据。（　）

T4-15　在采用专用记账凭证（收、付、转）时，与货币收付无关的业务一律编制转账凭证。（　）

T4-16　从银行提取现金时，按习惯可以编制现金收款凭证。（　）

T4-17 单式记账凭证是依据单式记账法填制的。（ ）

T4-18 记账凭证的填制日期应是经济业务发生或完成的日期。（ ）

T4-19 企业出售产品一批，售价5 000元，收到一张转账支票送存银行。这笔业务应编制的记账凭证为收款凭证。（ ）

T4-20 税务部门统一印制的增值税专用发票属于专用原始凭证。（ ）

T4-21 会计凭证传递应当满足内部控制制度的要求，使传递程序合理有效。（ ）

T4-22 任何单位在完成经济业务手续和记账后，必须将会计凭证按规定立卷归档，形成会计档案资料，妥善保管，以便日后随时查阅。（ ）

4.2.2 单项选择题

S4-1 会计凭证分为原始凭证和记账凭证，这种分类的标准是（ ）。

A. 用途和填制程序　　B. 形成来源

C. 用途　　D. 填制方式

S4-2 下列各项中，属于原始凭证主要作用的是（ ）。

A. 登记会计账簿的依据　　B. 证明经济业务发生或完成

C. 对经济业务进行分类　　D. 保证会计账簿记录的正确性

S4-3 自制原始凭证分为一次凭证、累计凭证等，这种分类的标准是（ ）。

A. 用途和填制程序　　B. 形成来源

C. 填制手续和内容　　D. 填制程序

S4-4 下列各项中，属于外来原始凭证的是（ ）。

A. 提货单　　B. 发出材料汇总表

C. 购货发票　　D. 领料单

S4-5 下列各项中，不属于自制原始凭证的是（ ）。

A. 购货发票　　B. 限额领料单

C. 销售产品成本计算表　　D. 入库单

S4-6 将同类经济业务汇总编制的原始凭证称为（ ）。

A. 一次凭证　　B. 累计凭证

C. 记账凭证　　D. 汇总原始凭证

S4-7 在一定期间内连续记录若干项同类经济业务的会计凭证是（ ）。

A. 原始凭证　　B. 累计凭证

C. 记账凭证　　D. 一次凭证

S4-8 从外单位取得的原始凭证，必须加盖（ ）。

A. 单位负责人印章　　B. 单位会计印章

C. 单位财务主管印章 D. 填制单位的公章

S4-9 原始凭证中须列明凭证填制单位或填制人姓名，其作用是明确（ ）。

A. 经济责任 B. 经济业务的主要内容

C. 经济业务的种类 D. 经济业务的来龙去脉

S4-10 对于不真实、不合法的原始凭证，会计人员的正确处理是（ ）。

A. 不受理并向有关负责人报告

B. 退回补办手续后再按规定的会计手续办理

C. 不受理并退回原始凭证

D. 根据该原始凭证编制记账凭证

S4-11 下列人员中，填制记账凭证的是（ ）。

A. 出纳人员 B. 会计人员

C. 经办人员 D. 主管人员

S4-12 下列各项中，属于记账凭证填制依据的是（ ）。

A. 经济业务 B. 财务报表

C. 账簿记录 D. 审核后的原始凭证

S4-13 下列各项中，作为登记会计账簿依据的是（ ）。

A. 经济业务 B. 原始凭证

C. 记账凭证 D. 财务报表

S4-14 如果企业发生货币资金之间的收付业务，对此进行的正确的会计处理是编制（ ）。

A. 收款凭证 B. 付款凭证

C. 转账凭证 D. 原始凭证

S4-15 对货币收付以外的业务应编制的凭证是（ ）。

A. 收款凭证 B. 付款凭证

C. 转账凭证 D. 原始凭证

S4-16 出纳人员付出货币资金依据的是（ ）。

A. 收款凭证 B. 付款凭证

C. 转账凭证 D. 原始凭证

S4-17 企业将现金送存银行时，应填制的原始凭证是（ ）。

A. 支票存根 B. 汇款单

C. 进账单 D. 发票

S4-18 按约定由出纳人员根据审核无误的原始凭证填制的，用来记录现金和银行存款之间存取款业务的凭证是（ ）。

A. 收款凭证 B. 转账凭证

C. 原始凭证 D. 付款凭证

S4-19 出纳人员根据收款凭证收款或根据付款凭证付款后，为避免重收重付，应（ ）。

A. 在凭证上加盖“收讫”或“付讫”戳记

B. 由收款人员或付款人员在备查簿上签名

C. 由出纳人员在备查簿登记

D. 由出纳人员在凭证上划线注销

S4-20 以下经济业务中，应填制转账凭证的是（ ）。

A. 职工借支差旅费 5 000 元

B. 以现金 2 000 元购买办公用品

C. 销售甲产品收入现金 3 000 元

D. 购入设备一台，价款 60 000 元未付

S4-21 某单位会计部第 8 号记账凭证的会计事项需要填制 3 张记账凭证，则 3 张凭证编号为（ ）。

A. 8，9，10　　B. 8（1/3），8（2/3），8（3/3）

C. 25/3，26/3，27/3　　D. 8-1，8-2，8-3

4.2.3 多项选择题

M4-1 《会计基础工作规范》规定，除（ ）可以不附原始凭证外，其他记账凭证必须附有原始凭证。

A. 结账　　B. 销售业务

C. 更正错误的记账凭证　　D. 购买材料

E. 提取现金

M4-2 填制和审核会计凭证的作用有（ ）。

A. 记录经济业务　　B. 监督经济活动

C. 提供记账依据　　D. 控制经济运行

E. 明确经济责任

M4-3 会计凭证按用途和填制程序可分为（ ）。

A. 原始凭证　　B. 累计凭证

C. 记账凭证　　D. 转账凭证

E. 收款凭证

M4-4 下列各项中，属于原始凭证基本要素的有（ ）。

A. 凭证名称　　B. 经济业务内容

C. 填制凭证日期　　D. 数量、单价和金额

E. 所附原始凭证的张数

M4－5　下列各项中，属于原始凭证填制要求的有（　　）。

A. 记录真实　　B. 连续编号
C. 内容完整　　D. 书写格式规范
E. 附件数量完整

M4－6　原始凭证审核的内容有（　　）。

A. 原始凭证的真实性　　B. 经济业务内容的合法性
C. 原始凭证的完整性　　D. 原始凭证的正确性
E. 原始凭证的合理性

M4－7　支付款项的原始凭证，必须有（　　）。

A. 收款单位　　B. 收款人的收款证明
C. 支付单位的收款证明　　D. 支付单位经办人的收款证明
E. 第三方证明

M4－8　下列各项中，属于自制原始凭证的包括（　　）。

A. 借款单　　B. 领料单
C. 工资结算汇总表　　D. 材料请购单
E. 记账凭证

M4－9　下列单据属于原始凭证的包括（　　）。

A. 销货发票　　B. 销售合同
C. 材料入库单　　D. 领料单
E. 工资计算单

M4－10　下列各项中，属于外来原始凭证的有（　　）。

A. 销售商品发票　　B. 火车票
C. 记账编制凭证　　D. 汇总原始凭证
E. 购进材料发票

M4－11　下列各项中，属于记账凭证基本要素的有（　　）。

A. 会计科目　　B. 所附原始凭证张数
C. 记账金额　　D. 凭证编号
E. 记账标记

M4－12　记账凭证审核的内容有（　　）。

A. 项目是否齐全　　B. 内容是否真实
C. 科目是否正确　　D. 金额是否正确
E. 书写是否规范

M4－13　记账凭证按与货币收付业务是否有关可分为（　　）。

A. 汇总记账凭证　　B. 收款凭证
C. 付款凭证　　D. 转账凭证

E. 复式记账凭证

M4-14 下列业务中，需要填制收款凭证的是（　　）。

A. 接受投资者投资，收到投资款　　B. 用银行存款购买机器设备

C. 销售商品取得银行存款　　D. 将现金存入银行

E. 结转原材料的采购成本

M4-15 下列业务中，需要填制付款凭证的是（　　）。

A. 向金融机构借款，已存入银行

B. 用银行存款购买原材料

C. 支付员工工资

D. 将现金存入银行

E. 结转原材料的采购成本

M4-16 下列业务中，需要填制转账凭证的是（　　）。

A. 用银行存款购买原材料

B. 结转原材料的采购成本

C. 将制造费用分配计入产品成本

D. 结转已完工产品成本

E. 结转已销售商品成本

M4-17 会计凭证传递应当满足（　　）。

A. 内部控制制度的要求　　B. 传递程序合理有效

C. 节约传递时间　　D. 减少传递工作量

E. 归档保管

4.2.4 课程思政思考题

1. 会计在编制记账凭证时，为什么必须附上原始凭证？如何将会计记账必须“有凭有据”的思想融入自己的学习、生活和工作中？

2. 查看习近平2012年考察河北省阜平县时留下的晚餐菜单、2014年考察河南兰考县的晚餐收据和2015年看望陕西省梁家河村民时在原梁家河大队党支部书记梁玉明家的午餐收据复印件。① 你从这些原始凭证中获得了哪些信息？有何启发？

3. 阅读“印章文化与会计用章”，结合盖章有效的规则，谈谈你对“铃下印章，便是立下言信”的理解。

---

① 图片来源：2018年11月23日作者在国家博物馆参观“伟大的变革：庆祝改革开放40周年大型展览”时拍摄，具体请扫描主教材第81页的二维码。

4. 2016—2020年期间，杭州市桐庐县桐君街道下属美丽桐君开发有限公司、桐庐十里洲农业综合开发有限公司原会计张斌，利用自己一人掌管十里洲公司的公章、法人章和财务章的便利和公司对财物不进行定期审核与盘点等管理漏洞，通过伪造街道借款合同和拆迁补偿协议等方式，将公司资金转入本人、丈夫和表弟账户用于购买理财产品。4年间挪用公款2 948.5万元，非法获利376.8万元。2020年11月，张斌因挪用公款、贪污罪被桐庐县人民法院判处有期徒刑七年三个月，并处罚金20万元。① 为规避上述案件的发生，你认为单位印章应该如何管理？原始凭证应该如何进行审核？

4.3　练习题参考答案

4.3.1　判断题

T4－1　×	T4－2　√	T4－3　√
T4－4　√	T4－5　×	T4－6　×
T4－7　√	T4－8　√	T4－9　√
T4－10　×	T4－11　√	T4－12　×
T4－13　√	T4－14　√	T4－15　√
T4－16　×	T4－17　×	T4－18　×
T4－19　√	T4－20　×	T4－21　√
T4－22　√		

4.3.2　单项选择题

S4－1　A	S4－2　B	S4－3　C
S4－4　C	S4－5　A	S4－6　D
S4－7　B	S4－8　D	S4－9　A
S4－10　A	S4－11　B	S4－12　D
S4－13　C	S4－14　B	S4－15　C
S4－16　B	S4－17　C	S4－18　D
S4－19　A	S4－20　D	S4－21　B

① 中央纪委国家监委网站（www.ccdi.gov.cn）要闻．贪欲让他滑向深渊，2021-08-25.

4.3.3 多项选择题

M4-1 AC　M4-2 ABCDE　M4-3 AC
M4-4 ABCD　M4-5 ABCD　M4-6 ABCDE
M4-7 AB　M4-8 ABCD　M4-9 ACDE
M4-10 ABE　M4-11 ABCDE　M4-12 ABCDE
M4-13 BCD　M4-14 AC　M4-15 BCD
M4-16 BCDE　M4-17 ABCD

4.3.4 课程思政思考题（略）

4.4 教材课后部分习题参考答案

4.4.1 思考题（略）

4.4.2 练习题

E4-1 练习付款凭证的编制。

借：原材料　2 000
　　应交税费——应交增值税（进项税额）　260
　贷：银行存款　2 260

将上述会计分录做成实务中的付款凭证（见下表）。

付款凭证

贷方科目：银行存款　　2020年3月31日　　银付 1 号

摘要	借方科目			金额											记账
	总账科目	明细科目	三级账户	亿	千	百	十	万	千	百	十	元	角	分	√
从金秋林业公司购入原材料一批，价税合计2 260元	原材料								2	0	0	0	0	0	
	应交税费	应交增值税	进项税额							2	6	0	0	0	
合计								¥	2	2	6	0	0	0	

财务主管：　记账：　出纳：　审核：　制单：×××　附件3张

E4－2　练习收款凭证的编制。

主营业务收入＝70 000×10＝700 000(元)

增值税＝700 000×13%＝91 000(元)

借：银行存款　791 000

　贷：主营业务收入　700 000

　　应交税费——应交增值税（销项税额）　91 000

将上述会计分录做成实务中的收款凭证（见下表）。

收 款 凭 证

借方科目：银行存款　　2020年12月21日　　银收　1　号

摘　要	贷方科目			金额											记账√
	总账科目	明细科目	三级账户	亿	千	百	十	万	千	百	十	元	角	分	
销售商品10件，价税合计791 000元	主营业务收入						7	0	0	0	0	0	0	0	
	应交税费	应交增值税	销项税额					9	1	0	0	0	0	0	
合计						¥	7	9	1	0	0	0	0	0	

财务主管：　记账：　出纳：　审核：　制单：×××　附件3张

E4－3　练习转账凭证的编制。

借：主营业务成本　9 000 000

　贷：库存商品　9 000 000

将上述分录做成实务中的转账凭证（见下表）。

转 账 凭 证

2020年12月9日　　转收1　号

摘　要	会计科目		借方金额											贷方金额											记账√
	总账科目	明细科目	亿	千	百	十	万	千	百	十	元	角	分	亿	千	百	十	万	千	百	十	元	角	分	
结转已售库存商品的生产成本900万元	主营业务成本				9	0	0	0	0	0	0	0	0												
	库存商品															9	0	0	0	0	0	0	0	0	
合计				¥	9	0	0	0	0	0	0	0	0		¥	9	0	0	0	0	0	0	0	0	

财务主管：　记账：　审核：　制单：×××　附件1张

第 5 章 Chapter 5 企业主要经济业务的核算

思维导图

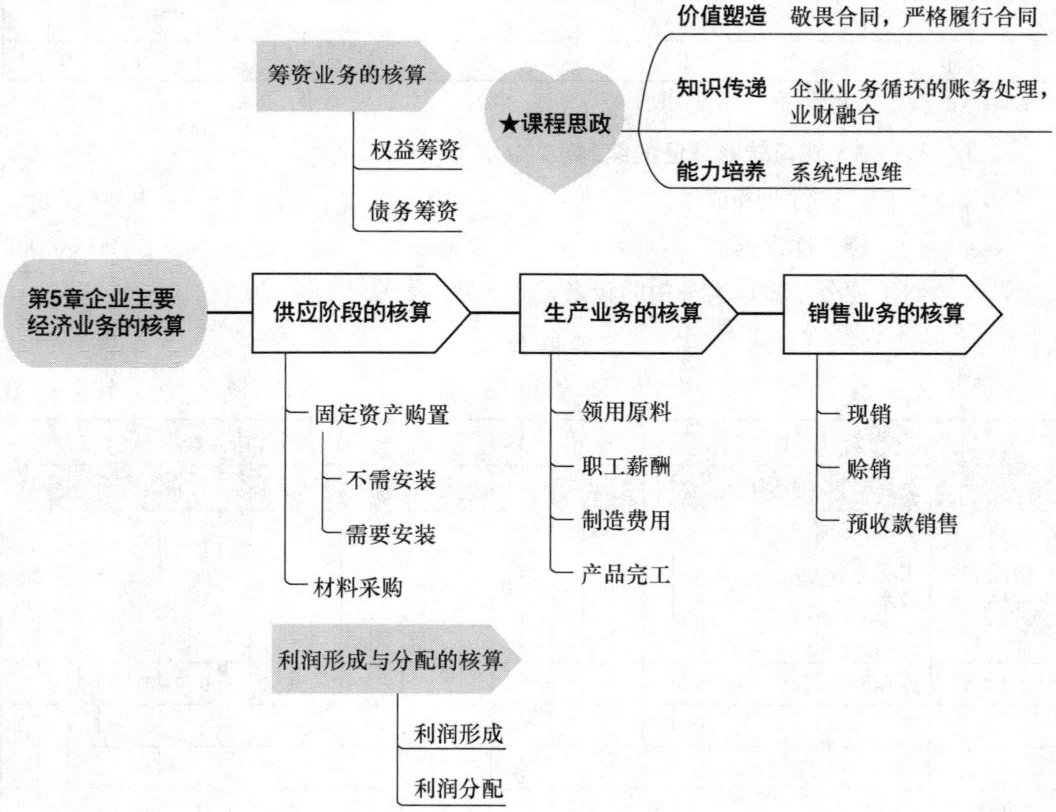

5.1　学习指导

5.1.1　学习重点

本章的学习重点是**通过掌握一家公司从资金筹集、材料采购、产品生产、商品销售到利润的形成和分配业务的会计核算和账务处理流程，了解账户之间的对应关系以及每个阶段业务之间的逻辑联系，了解每一个会计数据的产生过程及处理方法，达到熟练编制会计分录的目的**。更为重要的是，要透过这些数据了解一家企业的经营模式，分析可能存在的问题，参与企业的经营管理。

5.1.2　学习难点和疑点

本章的难点是**能否形成系统性思维，全面处理一家企业从资金投入到资金退出（分利）的完整业务循环的能力**。在这个过程中学会思考：

（1）人们为什么要以公司的形式来从事经济活动？

（2）企业有哪几种组织形式？

（3）企业采用的是什么营运模式？

（4）企业借来的钱与股东投入的钱有什么不同？

（5）企业需要缴纳的税金是怎么处理的？

（6）资产与收入和费用的关系是什么？

（7）不能仅停留在用会计分录将企业发生的经济业务加以恰当记录的层面，还要理解各个业务阶段的“主干”账户的作用和使用方法。

（8）“在途物资”“生产成本”账户如果出现借方余额，其表达的经济含义是什么？

（9）制造费用与管理费用有何区别和联系？

（10）为什么要将资产类账户“库存商品”转化为费用类账户“主营业务成本”？

（11）利润分配明细分类账户中为什么只剩下“未分配利润”明细账户？

5.1.3　疑难解答

1. 人们从事经济活动为什么要成立公司

（1）从承担的责任来看：

以自然人或者家庭直接从事经营活动，在我国一般称为个体工商户。个体工商户承担的财产责任是个人财产与家庭财产。换句话说，个人或家庭的财产与用于投资经营的财产没有分清界限，如果有债务，承担的是无限责任。

以公司形式从事经营活动，首先就将个人财产与投入公司的财产进行了分离，公司承担的是有限责任，即股东以个人出资额为限，公司以公司的财产为限来承担债务责任。所以，一般公司的名称都是×××有限责任公司。

（2）从融资能力来看：

以公司名义从事经营活动的最大好处是可以以公司的名义筹措资金，以公司的名义从事一切生产经营活动，且只承担有限责任，可以规避个人倾家荡产的命运。以公司做背书筹措资金远比以个人名义筹措资金更有信誉，更容易获得信任，更容易获得较大金额的资金。

（3）从降低成本和规模效应来看：

由于可以融得更多的资金，其规模一般超过个体工商户，规模优势带来的成本降低使其产品更具有竞争优势。

2. 企业有哪几种组织形式

企业组织形式是指企业财产及其社会化生产的组织状态，它表明一个企业的财产构成、内部分工协作与外部社会经济联系的方式。企业组织形式从法律上可分为独资、合伙和公司三种形式。

（1）独资。个人独资企业是指依照《中华人民共和国个人独资企业法》在中国境内设立，由一个自然人投资，财产为投资人个人所有，投资人以其个人财产对企业债务承担无限责任的经营实体。所谓无限责任，主要是指公司在破产清算时所要承担的责任。

（2）合伙。合伙企业是企业合伙人按照合伙协议成立的企业，合伙人通常有两个以上。合伙制分普通合伙制和有限合伙制。普通合伙需要承担无限责任，有限合伙承担有限责任。

（3）公司。公司是依法成立的，公司以公司财产为限，股东以出资额为限的有限公司。公司分有限责任公司和股份有限公司。

有限责任公司是指由50个以下的股东出资设立，每个股东以其所认缴的出资额对公司承担有限责任，公司以其全部资产对其债务承担责任的经济组织，债权人不能追溯股东个人的财产。

股份有限公司是指按照政府特定批准程序设立的，全部注册资本由等额股份构成并通过发行股票（或股权证）筹集资本，股东仅以出资额为限，公司以其全部资产对其债务承担责任的有限责任公司。《中华人民共和国公司法》规定股份有限公司的发起人应为2人以上200人以下，注册资本的最低限额为人民币500

万元。

不同企业组织形式是适应不同的经济发展形成的，在所承担的责任和享有的权益上各有优劣，在税收缴纳方面也存在差异，独资企业、合伙企业缴纳个人所得税，公司制企业作为企业法人，需要以公司的名义缴纳企业所得税，股东个人以个人名义缴纳个人所得税。

在法律上，独资、合伙和公司是独立的法律主体，在会计上，它们都是独立的会计主体。会计主体从范围而言，可以大于法律主体，也可以小于法律主体。比如一个集团有5个子公司，这6个独立的法律主体可以合成一个财务会计报告主体对外报告；一个企业内部的一个车间或部门也可以成为一个独立的会计主体，可见，会计主体可以不是独立的法律主体。

3. 本章中的案例企业（大美同心口罩有限责任公司）采用的是什么经营模式？企业一般需要设置哪些部门来保障生产经营活动的顺利进行

大美同心口罩有限责任公司主要的经营模式是通过生产口罩来赚取利润，同时也做一些间接投资（如购买上市公司股票）赚取利润。所以其利润由经营利润和投资收益两部分组成。

作为制造业，最为重要的部门是生产车间和销售部门，为了保障车间的生产和产品的销售，企业需要设置劳动人事、供应、生产、销售、财务等管理部门协调工作。

4. 企业借来的钱（负债）与股东投入的钱（所有者权益）有什么不同

负债和所有者权益都是企业资金的主要来源。负债是要偿还的，包括本金和利息。股东（投资者）的投资款则不需要偿还，是企业的永久资本。投资者有参与企业经营管理和分享利润的权利，但同时也是公司风险的最终承担者，亏损也要由投资者来承担。

5. 会计对各种税收的处理方法

国家在基础设施、国防安全、教育、环保等领域为企业创造了生产经营的良好环境和空间，照章纳税是每个企业的责任和义务，也是企业存在的意义。企业需要缴纳的主要税收是增值税、企业所得税、房产税、关税、车船税、教育费附加、印花税等。

会计对税收的处理大致有以下几种方法。

（1）直接作为成本。比如进口商品的关税，可以直接作为进口材料、机器、设备等的成本。

（2）从当期营业收入中直接抵减。比如，消费税、房产税、印花税、车船税、教育费附加等可并入税金及附加，直接从当期营业收入中抵减。

（3）从所得之中进行扣除。例如，所得税是对企业所得开征的一种税，换句话说，赚钱了要缴纳所得税，亏损则不用缴纳。因为是用企业赚来的钱缴纳的，所以会冲减“利润分配——未分配利润”。

（4）充当二传手。例如，增值税是一种流转税，国家只对在流转过程中的增值部分进行征税，因而采用的是抵扣法，即用增值税销项税额减去增值税进项税额的方法进行缴纳。理论上说，增值税的实际承担者是消费者，但由企业代为缴纳。

6. 资产、收入与费用的关系

企业通过对资产运用来获取收益。也可以这样理解：企业是以消耗资产为代价赚取收入，消耗的资产就转化成费用，与取得的收入进行配比，计算出企业的利润。

7. 支票、汇票与本票

支票、汇票与本票是三种最常见的结算方式，它们之间既有相同点也有不同点。

相同点主要表现在：

（1）都是具有一定格式的票据。票据格式包括形式和记载事项，需要严格遵守《票据法》的规定。票据持票人凭票据上所记载的权利内容来证明其票据权利，票据权利内容和票据有关事项以票据上记载的文字为准，不受票据上文字以外事项的影响。

（2）都是具有支付功能的票据。通过银行账户之间的划拨，可以解决现金支付在手续上的烦琐，并起到有效监督企业资金使用的合规性和合理性的作用。

不同点主要表现在：

（1）当事人不同。汇票和支票有三个基本当事人，即出票人、付款人和收款人；而本票只有出票人（付款人和出票人为同一个人）和收款人。

（2）主债务人不同。支票和本票的主债务人是出票人，而汇票的主债务人在承兑前是出票人，在承兑后是承兑人。

（3）付款人不同。支票可委托银行或其他法定金融机构进行支付；汇票可委托他人付款；本票可约定本人付款。

（4）付款期限不同。支票付款期为10天（从签发的次日算起，到期日遇节假日顺延）；汇票最长时间为6个月；本票付款期为1个月。

（5）使用地点不同。支票和汇票适用于同城和异地，本票只适用于同城。

（6）追索权不同。支票、本票持有人只对出票人有追索权，而汇票持有人在票据的有效期内对出票人、背书人、承兑人都有追索权。

此外，远期汇票需要出票人承诺兑付，支票和本票无须承兑。汇票可以采用背书（在票据背面签字盖章并载明日期的法律行为）的方式自由转让与流通，且无须征得债务人的同意。

8. 供应阶段的主干账户“在途物资”

供应阶段是为生产做好所需原辅材料的准备阶段，会计需要设置“在途物资”账户来归集采购原辅材料的成本，原辅材料的采购成本除了购买价格即发票上的价款金额以外，还需要支付运输费、装卸费、搬运费、挑选整理费、运抵仓库前的仓储费，承担定额内损失（比如热胀冷缩导致的差异等）、进口关税等。在实务中，有些是采用预付款，有些是货到才付款等，不管怎样都会导致传递到会计部门的单据时间不一，财务人员清理汇总后才能计算出采购一批原辅材料的成本。由于材料种类繁多，支付方式不同，导致有的材料已支付货款，但是还未运抵企业，或即使运抵企业，还未验收入库，这些在账上都不能形成可使用的原材料，只有货到且验收入库了，才能从“在途物资”账户的贷方转入“原材料”账户的借方。期末，如果“在途物资”有借方余额，表明尚未完成采购手续的在途物资的成本，在编制资产负债表时，并入存货项目。

“在途物资”是企业采用实际成本法核算材料成本时所用的账户，如果采用计划成本法，则将账户改为“材料采购”。计划成本法请参考《财务会计 学》。

9. 生产阶段的主干账户“生产成本”

生产阶段是制造产品的阶段。会计的任务是计算出各种产品的总成本和单位成本，需要设置“生产成本”账户将生产产品所消耗的各种原辅材料、燃料动力、人工和费用加以归集，计算出产品的制造成本。实务中，生产部门去仓库领用原材料是通过凭证的传递来完成的，生产部门按照生产任务书，填制所需材料的领用单，仓库按照领用单明细出货，再将其中一联交给财务部门，财务部门据此将这批材料的成本记入“生产成本”账户的借方，人工成本则按照车间制作的生产工人工资表，将生产工人的工资记入“生产成本”账户的借方。生产成本除包括这两项直接材料和直接人工成本以外，还包括各种间接费用，这些费用不能直接计入产品成本，需要先通过“制造费用”账户进行归集，再按一定的标准分配给所生产的产品。这些费用包括机器设备的折旧，水电气的消耗，机物料的消耗，车间管理人员的办公费、工资、福利等。归集完成以后，按照公平、合理的分摊原则，将制造费用按生产工人的工资、机器小时数、产品的数量等标准进行分配，计入产品成本。这样，生产产品的三大费用就汇总完成了。对于已完工部分，经检验合格后（处于可供出售状态），按照产品入库单，从“生产成本”账户的贷方转入“库存商品”账户的借方。“生产成本”借方余额则表示未完工部分产品的成本，俗称“在产品”，在对外报告时，并入资产负债表存货项目。

10. 制造费用与管理费用的区别

管理费用和制造费用是成本费用类科目，有些费用项目是相同的，如折旧、水电、办公费、管理人员工资、福利等，但费用发生的地点不同，一个是厂部或公司层级的，一个是车间层级的，会计在归集费用时遵循的是“费用属地”原则，即在什么地方发生，就记入什么账户。管理层级发生的费用项目要比制造费用多一些，如董事会费、董事津贴、环境保护、咨询费、顾问费、业务招待费、差旅费、工会经费等。制造费用主要是除直接材料、直接人工以外与生产有关的费用。

管理费用是组织和管理企业而发生的费用，制造费用是组织和管理生产所发生的费用。管理费用作为期间费用直接进入利润表从当期的收入中扣除。制造费用是产品成本的组成部分，先进入生产成本，待销售后转为主营业务成本，与主营业务收入进行配比。

11. 为什么要将“库存商品”转化为“主营业务成本”

企业将生产出来的产品，按照销售价格出售以后，一方面要按照售价确认主营业务收入，另一方面需要按照产品的生产成本减少库存商品，并以相等的金额增加主营业务成本，这个步骤被称为结转已售产品的成本。其目的，一方面用主营业务成本与主营业务收入进行对比，计算出销售商品的利润；另一方面反映已将产品交付给客户后企业库存商品的减少。销售商品和结转已售商品成本是通过两笔会计分录来完成的，涉及四个账户，最终主营业务成本和主营业务收入账户都被清为零，库存商品被交付给了客户，账上只剩下银行存款，回到货币资金形态，完成了一次资金的循环。如果企业持续经营，这笔资金又会投入下一次经营循环。

12. 利润分配账户为什么只剩下一个未分配利润明细账

企业将赚来的利润一部分用于利润分配，一部分留下来继续参与企业的经营循环和周转。在进行分配的时候，需要设置明细分类账户，了解利润分配的去向，一旦分配完成，这些明细账户就要归零，比如提取的法定盈余公积、任意盈余公积，分配给投资者的利润等。剩下没有被分配掉的部分，就留下来放在“利润分配——未分配利润”明细账户中，是构成资产负债表中所有者权益部分“未分配利润”这个项目的一个组成部分。资产负债表中未分配利润包括两个部分：一是期初未分配利润，即以前年度留存下来的部分；二是当期未分配出去的部分，共同形成未来期间可供分配的利润。

5.2 练习题

5.2.1 判断题

T5－1　我国将增值税纳税人分为小规模纳税人和一般纳税人。（　　）

T5－2　有限责任公司承担无限责任，股份有限公司承担有限责任。（　　）

T5－3　公司通过发行股票来筹措资金是债务融资。（　　）

T5－4　公司通过发行债券来筹措资金是股权融资。（　　）

T5－5　从会计处理的结果来看，短期借款一般只代表本金，长期借款则含本金和利息。（　　）

T5－6　购买固定资产支付的增值税进项税额要计入固定资产的成本，购买材料支付的增值税进项税额不计入材料的采购成本。（　　）

T5－7　采购材料过程中的所有损耗都可以计入材料的采购成本。（　　）

T5－8　生产成本只包括直接成本，不包括间接成本。（　　）

T5－9　生产成本账户期末余额的含义是未完工产品（在产品）。（　　）

T5－10　库存商品一般按成本计价，不按售价计价。（　　）

T5－11　结转已售商品的成本是指将库存商品的成本转为主营业务成本，以便计算利润。（　　）

T5－12　税金及附加的税基是企业应交的增值税。（　　）

T5－13　销售费用属于期间费用。（　　）

T5－14　所得税是企业的一项费用。（　　）

T5－15　盈余公积不可用来弥补亏损。（　　）

T5－16　法定盈余公积是按照《公司法》的要求计提的。（　　）

T5－17　分配利润会减少企业的未分配利润。（　　）

T5－18　未分配利润包括期初未分配利润和当期赚取的利润。（　　）

5.2.2 单项选择题

S5－1　下列筹资活动中，属于股权融资的是（　　）。

A. 短期借款　　B. 长期借款

C. 发行股票　　D. 发行债券

S5－2　购买需要安装的固定资产，要将其安装成本先记入（　　），再转入“固定资产”账户。

A. “在建工程”账户的借方　　B. “在建工程”账户的贷方

C. “生产成本”账户的借方　　D. “生产成本”账户的贷方

S5－3　以下项目中，除了（　　）都是材料采购成本。

A. 购买价格　　B. 运输费用

C. 挑选整理费用　　D. 增值税

S5－4　生产成本中包含的间接费用是指（　　）。

A. 直接材料　　B. 直接人工

C. 制造费用　　D. 管理费用

S5－5　将已完工的产品转入（　　）账户。

A. “原材料”　　B. “库存商品”

C. “主营业务成本”　　D. “制造费用”

S5－6　销售商品取得的收入是通过（　　）账户来核算的。

A. “主营业务收入”　　B. “其他业务收入”

C. “营业外收入”　　D. “营业外支出”

S5－7　转让原材料取得的收入是通过（　　）账户来核算的。

A. “主营业务收入”　　B. “其他业务收入”

C. “营业外收入”　　D. “营业外支出”

S5－8　结转已售产品的成本，借记“主营业务成本”，贷记（　　）账户。

A. “主营业务收入”　　B. “其他业务成本”

C. “库存商品”　　D. “营业外支出”

S5－9　印花税记入（　　）账户。

A. “主营业务支出”　　B. “其他业务支出”

C. “税金及附加”　　D. “管理费用”

S5－10　未分配利润是（　　）账户的明细账。

A. “资本公积”　　B. “盈余公积”

C. “本年利润”　　D. “利润分配”

5.2.3 多项选择题

M5－1　我国营改增以后，一般纳税人适用的增值税基本税率为（　　）。

A. 3%　　B. 6%

C. 13%　　D. 9%

E. 16%

M5－2　企业主要经济业务包括（　　）。

A. 筹资业务　　B. 采购业务

C. 生产业务　　D. 销售业务

E. 利润的形成与分配

M5-3 下列筹资活动中，属于债务融资的有（ ）。

A. 短期借款 B. 长期借款
C. 发行股票 D. 发行债券
E. 股权转让

M5-4 材料采购成本包括（ ）等。

A. 购买价格 B. 增值税（专票）
C. 运输费 D. 保险费
E. 装卸费

M5-5 采购材料发生的共同费用可以以（ ）作为分配基础。

A. 重量 B. 体积
C. 长度 D. 材料的价值
E. 生产工人工资

M5-6 制造费用可以以（ ）作为分配基础（标准）。

A. 产品数量 B. 产品生产成本
C. 产品市价 D. 机器小时数
E. 生产工人工资

M5-7 生产成本包括（ ）。

A. 原材料 B. 辅助材料
C. 燃料动力 D. 生产工人工资
E. 管理费用

M5-8 营业收入包括（ ）。

A. 主营业务收入 B. 其他业务收入
C. 管理费用 D. 销售费用
E. 财务费用

M5-9 税金及附加包括（ ）。

A. 消费税 B. 城市维护建设税
C. 教育费附加 D. 车船税
E. 印花税

M5-10 期间费用包括（ ）。

A. 主营业务成本 B. 投资收益
C. 管理费用 D. 销售费用
E. 财务费用

M5-11 利润分配明细账包括（ ）。

A. 未分配利润 B. 提取法定盈余公积

C. 应付利润　　D. 提取任意盈余公积

E. 资本公积

5.2.4 课程思政思考题

1. 第5章的会计主体是一家虚拟的大美同心口罩有限公司，从事的是医用口罩和N95口罩的生产和销售，属于第二类医疗器械，需要进行备案。你认为国家对特殊行业采用备案制度的好处是什么？

2. 企业任何经济业务都是通过订立合同或契约来完成的，你认为签订合同与履行合约义务哪一个更重要？

3. 企业每花一笔钱，为什么都要事先提出申请，再经过审批，最后凭票付款？你认为该流程是否有必要？如何将流程思维运用到学习和工作中？

4. 企业经营离不开各个环节各个部门的配合，从资金筹集、材料采购、产品生产、商品销售到利润分配等，会计为此建立了一套逻辑严密的账户核算体系，使企业的每一笔支出、每一笔收入都环环相扣，一分不差。从会计核算的严密性，思考系统性思维对个人人生规划的启示。

5. 例5－37是大美同心口罩有限公司向武汉红十字会捐赠10万元，现行财务会计是将其作为营业外支出，你认为企业的捐赠行为是公益活动吗？从本质上看是社会财富的第几次分配？

6. 企业在经营过程中需要缴纳各种税费，请查找任何一家上市公司的年报，总结该公司需要缴纳的税收类别及金额。在资料整理过程中，思考企业纳税的义务、社会责任与国家财政收入、国防开支、教育开支、基础设施建设等支出之间的关系，再结合2021年8月17日中央政治局会议提出的“共同富裕”，思考对个人收入进行第三次分配的深刻含义。

7. 教材第5章通过二维码展现了大美同心口罩有限公司基本情况、会计核算制度、手工账套及账务处理程序和主要岗位人物图谱及岗位职责，以及45笔主要经济业务近150张业务单据，其目的是什么？请谈一下你对业财融合的理解。

5.3 练习题参考答案

5.3.1 判断题

T5－1 √	T5－2 ×	T5－3 ×
T5－4 ×	T5－5 √	T5－6 ×

T5－7 ×	T5－8 ×	T5－9 √
T5－10 √	T5－11 √	T5－12 ×
T5－13 √	T5－14 √	T5－15 ×
T5－16 √	T5－17 √	T5－18 √

5.3.2 单项选择题

S5－1 C	S5－2 A	S5－3 D
S5－4 C	S5－5 B	S5－6 A
S5－7 B	S5－8 C	S5－9 C
S5－10 D		

5.3.3 多项选择题

M5－1 BCD	M5－2 ABCDE	M5－3 ABD
M5－4 ACDE	M5－5 ABCD	M5－6 ABCDE
M5－7 ABCD	M5－8 AB	M5－9 ABCDE
M5－10 CDE	M5－11 ABCD	

5.3.4 课程思政思考题（略）

5.4 教材课后部分习题参考答案

5.4.1 思考题（略）

5.4.2 练习题

E5－1 练习筹资业务的核算。

（1）某科学家于 20×6 年 6 月，以发明专利发起设立领先科技有限责任公司，专利估价 200 万元。

借：无形资产——专利权 2 000 000

　　贷：实收资本——个人资本 2 000 000

（2）当地政府以科技园区的一栋厂房投资入股，厂房估价 350 万元。

借：固定资产——厂房　　3 500 000

　贷：实收资本——国家资本　　3 500 000

（3）领先科技收到一家企业的投资款150万元。

借：银行存款　　1 500 000

　贷：实收资本——法人资本　　1 500 000

（4）向华夏银行借入期限为半年、利率为5%的借款100万元。

借：银行存款　　1 000 000

　贷：短期借款　　1 000 000

（5）向工商银行借入300万元用于新产品的研究与开发。借款期限为3年，利率为9%，期满后一次归还本金和利息。

借：银行存款　　3 000 000

　贷：长期借款　　3 000 000

E5-2　练习供应阶段的业务核算。

（1）从国外进口一批设备，价值300万元，进口增值税为39万元，关税为30万元，运费2万元，全部货款已支付。

固定资产采购成本＝买价＋运费＋关税＝300＋2＋30＝332(万元)

借：固定资产——设备　　3 320 000

　　应交税费——应交增值税（进项税额）　　390 000

　贷：银行存款　　3 710 000

（2）向华新公司购进甲种材料100万元，增值税13万元，货款约定3个月后支付。

借：在途物资——甲材料　　1 000 000

　　应交税费——应交增值税（进项税额）　　130 000

　贷：应付账款 ——华新公司　　1 130 000

（3）公司开出转账支票一张，向朝阳公司支付购进乙种材料款80万元，增值税税率为13%。

借：在途物资——乙材料　　800 000

　　应交税费——应交增值税（进项税额）　　104 000

　贷：银行存款　　904 000

（4）用银行存款支付上述甲、乙两种材料的运输费3万元（按采购成本分配）。

分配率＝3/(100＋80)≈0.016 667

甲材料分配的运输费＝1 000 000×0.016 667＝16 667(元)

乙材料分配的运输费＝30 000－16 667＝13 333(元)

借：在途物资——甲材料　16 667
　　　　　　——乙材料　13 333
　贷：银行存款　30 000

(5) 用银行存款支付上述甲种材料的购货款及增值税，合计 113 万元。

借：应付账款 ——华新公司　1 130 000
　贷：银行存款　1 130 000

(6) 甲、乙两种材料已验收入库，结转材料的采购成本。

借：原材料——甲材料　1 016 667
　　　　——乙材料　813 333
　贷：在途物资——甲材料　1 016 667
　　　　　　——乙材料　813 333

(7) 向蓝天公司预付 50 万元，采购丙种材料。

借：预付账款　500 000
　贷：银行存款　500 000

(8) 购入丙种材料，价税合计 226 万元（其中货款 200 万元，增值税 26 万元），丙种材料要一个月后才能运抵企业。

借：在途物资——丙材料　2 000 000
　　应交税费——应交增值税（进项税额）　260 000
　贷：银行存款　1 760 000
　　　预付账款　500 000

E5－3　练习生产阶段的业务处理。

(1) 生产 A 产品领用甲种材料 60 万元、乙种材料 30 万元。

借：生产成本——A 产品　900 000
　贷：原材料——甲材料　600 000
　　　　　——乙材料　300 000

(2) 生产 B 产品领用甲种材料 30 万元、乙种材料 40 万元。

借：生产成本——B 产品　700 000
　贷：原材料——甲材料　300 000
　　　　　——乙材料　400 000

(3) 支付车间水电费 2 万元。

借：制造费用　20 000
　贷：银行存款　20 000

(4) 支付车间设备维护保养费用 5 万元。

借：制造费用　50 000
　贷：银行存款　50 000

（5）月末计算生产A产品的生产工人工资为5万元，生产B产品的生产工人工资为4万元，管理人员工资为3万元，车间管理人员工资为1万元。

借：生产成本——A产品　　50 000
　　　　　　——B产品　　40 000
　　管理费用　　30 000
　　制造费用　　10 000
　贷：应付职工薪酬　　130 000

（6）次月15日从银行提取现金13万元发放工资。

借：库存现金　　130 000
　贷：银行存款　　130 000
借：应付职工薪酬　　130 000
　贷：库存现金　　130 000

（7）计提本月机器设备折旧25 000元。

借：制造费用　　25 000
　贷：累计折旧　　25 000

（8）将制造费用按生产工人生产两种产品的工资比例计入生产成本。

制造费用＝水电费＋设备维护保养费＋工资＋折旧
　　　　＝2＋5＋1＋2.5＝10.5（万元）

制造费用分配率＝制造费用/生产工人工资
　　　　　　　＝105 000/(50 000＋40 000)≈1.17

A产品承担的制造费用＝50 000×1.17＝58 500（元）

B产品承担的制造费用＝105 000－58 500＝46 500（元）

借：生产成本——A产品　　58 500
　　　　　　——B产品　　46 500
　贷：制造费用　　105 000

（9）结转已完工产品的生产成本，假设A产品已全部完工，B产品只完工80%。

A产品成本＝直接材料＋职工薪酬＋制造费用
　　　　　＝900 000＋50 000＋58 500
　　　　　＝1 008 500（元）

B产品成本＝直接材料＋职工薪酬＋制造费用
　　　　　＝(700 000＋40 000＋46 500)×80%
　　　　　＝629 200（元）

借：库存商品——A产品　　1 008 500
　　　　　　——B产品　　629 200

贷：生产成本——A 产品 1 008 500

——B 产品 629 200

E5－4 练习销售阶段的业务处理。

（1）公司销售 A 产品 50 台，每台单价为 18 000 元。适用增值税税率为 13%。

借：银行存款 1 017 000

贷：主营业务收入 900 000

应交税费——应交增值税（销项税额） 117 000

（2）公司采用赊销方式售出 A 产品 20 台，每台单价为 18 000 元，增值税为 46 800 元。

借：应收账款 406 800

贷：主营业务收入 360 000

应交税费——应交增值税（销项税额） 46 800

（3）公司与 X 公司签订一份销售 A 产品 10 台的合同，收取定金 100 000 元，存入银行。

借：银行存款 100 000

贷：预收账款——X 公司 100 000

（4）公司交付 10 台 A 产品给 X 公司，单价为 18 000 元，适用增值税税率为 13%。

借：银行存款 103 400

预收账款 100 000

贷：主营业务收入 180 000

应交税费——应交增值税（销项税额） 23 400

（5）公司销售 80 套 B 产品给 Y 公司，单位售价为 15 000 元，适用增值税税率为 13%，公司收到 Y 公司签发的一张不带息银行承兑汇票 1 356 000 元。

借：应收票据 1 356 000

贷：主营业务收入 1 200 000

应交税费——应交增值税（销项税额） 156 000

（6）支付广告费 200 000 万元。

借：销售费用 200 000

贷：银行存款 200 000

（7）支付销售机构网点办公费 30 000 元。

借：销售费用 30 000

贷：银行存款 30 000

（8）月末计算销售机构人员工资 100 000 万元。

借：销售费用 100 000

贷：应付职工薪酬　　100 000

(9) 公司与客户签订的销售合同金额为2 640 000元，按0.3‰缴纳印花税。

借：税金与附加　　792

贷：银行存款　　792

(10) 结转上述已售A产品90台的成本906 300元，B产品80套626 400元。

借：主营业务成本　　1 532 700

贷：库存商品——A产品　　906 300

——B产品　　626 400

(11) 公司将其发明专利以专利许可的方式授权其他公司使用，收取的专利使用费为150 000元。

借：银行存款　　150 000

贷：其他业务收入　　150 000

E5-5　练习利润的形成与分配阶段的业务处理。

(1) 公司在交付B产品时，逾期5天，按合同约定，支付违约罚款1 508元。

借：营业外支出——违约罚款　　1 508

贷：银行存款　　1 508

(2) 分摊应由本月承担的无形资产摊销费用30 000元。

借：其他业务成本　　30 000

贷：累计摊销　　30 000

(3) 将所有收入加以汇总，转入“本年利润”的贷方。

$$\text{主营业务收入}=900\ 000+360\ 0000+180\ 000+1\ 200\ 000$$
$$=2\ 640\ 000(\text{元})$$

借：主营业务收入　　2 640 000

其他业务收入　　150 000

贷：本年利润　　2 790 000

(4) 将所有成本费用加以汇总，转入“本年利润”的借方。其中销售费用为：

$$\text{销售费用}=200\ 000+30\ 000+100\ 000=330\ 000(\text{元})$$

借：本年利润　　1 925 000

贷：主营业务成本　　1 532 700

其他业务成本　　30 000

营业外支出　　1 508

销售费用　　330 000

管理费用　　30 000

税金及附加　　792

(5) 计算所得税费用，所得税税率为15%。

利润总额＝2 790 000－1 925 000＝865 000(元)

应纳税所得额＝865 000－150 000＝715 000(元)

所得税费用＝715 000×15%＝107 250(元)

借：所得税费用　　107 250

　　贷：应交税费——应交所得税　　107 250

同时，将所得税费用结转至本年利润账户。

借：本年利润　　107 250

　　贷：所得税费用　　107 250

(6) 将本月净利润结转至“利润分配——未分配利润”账户。

借：本年利润　　757 750

　　贷：利润分配——未分配利润　　757 750

(7) 按税后利润计提10%的盈余公积。

税后利润＝865 000－107 250＝757 750(元)

法定盈余公积＝757 750×10%＝75 775(元)

借：利润分配——提取法定盈余公积　　75 775

　　贷：盈余公积——法定盈余公积　　75 775

(8) 将“利润分配——提取法定盈余公积”75 775元结转至“利润分配——未分配利润”。

借：利润分配——未分配利润　　75 775

　　贷：利润分配——提取法定盈余公积　　75 775

(9) 通过丁字形账户计算“利润分配——未分配利润”的余额。

利润分配——未分配利润

75 775	757 750
	余额　681 975

5.4.3 案例题

案例分析： 我们在编制会计分录之前，首先要明确会计主体是谁，会计期间有多长，采用的记账基础是什么，采用什么记账方法，记账本位币是什么。只有这些问题都明确以后，才能完成案例的要求。

案例解答：

会计主体： 中国人民大学诚信小摊（简称人大诚信店）。虽然人大诚信店没有到工商局注册，成为一个独立的法律主体从事经营活动，但不妨碍将其作为一个独立的会计主体来看待，因此，会计主体是人大诚信店。

会计期间：2013年3月19日至6月30日。

记账基础：权责发生制。

记账方法：借贷记账法。

记账本位币：人民币。

业务处理：

1. 编制会计分录

（1）五位同学向人大诚信店投入现金3 150元。

五位同学的身份是人大诚信店的投资者（股东），这笔现金对人大诚信店来说是一笔融资款。在记录库存现金增加3 150元的同时，要增加所有者权益项目实收资本3 150元。

借：库存现金　　3 150

　贷：实收资本——五位同学　　3 150

（2）用现金购买货架220元、白板及钱箱40元。

用现金260元购买货架、白板及钱箱，库存现金减少，在其贷方反映。货架、白板和钱箱的单位价值都低于一般单位的固定资产标准，但任何分类都是相对而言的，根据所购资产的用途和小摊的规模，将其记入“固定资产”的借方。

借：固定资产——货架　　220

　　　　　——白板及钱箱　　40

　贷：库存现金　　260

（3）接受捐助一把太阳伞，价值200元。

太阳伞对人大诚信店来说，无疑也是归入固定资产了，在借方反映。接受捐助不是企业经营活动（买卖）获得的，不是企业的收入，是企业获得的一项好处，即利得。用“营业外收入”账户进行核算，记入“营业外收入”的贷方。

借：固定资产——太阳伞　　200

　贷：营业外收入——捐赠利得　　200

（4）用现金7 140元分6次（650元、1 040元、1 060元、1 180元、2 350元、860元）购入文具、食品、生活用品。

在实务中，每次进货都要详细登记。为简化核算，把6次进货合为一次，记入“库存商品”的借方，明细略。现金减少记入“库存现金”的贷方。

借：库存商品　　7 140

　贷：库存现金　　7 140

（5）经营3个多月的收入大概9 996元（按购买商品成本的140%估计）。

人大诚信店经营3个多月，获得收入9 996元（按成本加成40%确定）。这个售价的制定也需要一定的依据，不是自己想定多少就是多少，一般参考行业的毛利率。该案例假定毛利率为40%，毛利率的计算公式是“(售价－进价)/售价”。销售取得的现金称作收入，用主营业务收入进行核算，收入的增加记录在“主营业务收入”的贷方。

借：库存现金 9 996

贷：主营业务收入 9 996

(6) 隔壁水果店利用诚信店销售水果，诚信店每份提成1～2元，共收到20元。

人大诚信店收取隔壁水果店的提成费，不是主要的经营活动，可将其作为其他业务收入，记入该账户的贷方。

借：库存现金 20

贷：其他业务收入——水果销售提成 20

(7) 为雅安地震灾区及公益活动捐出现金679元。

人大诚信店为地震灾区及公益捐赠，是赠予方，直接导致现金流出，记入“营业外支出”的借方。该支出没有回报，与营业外收入之间没有因果关系。

借：营业外支出——捐赠支出 679

贷：库存现金 679

(8) 大风把钱刮走、校外黑手和差错造成的损失大约为2 035元。

大风把钱刮走、校外黑手和差错造成的损失都是不可控因素造成的，不具有重复性。不能列为费用，是诚信店的损失。这种损失，会计上称为非常损失，列入“营业外支出”的借方进行核算。

借：营业外支出——非常损失 2 035

贷：库存现金 2 035

(9) 结转已售库存商品的成本7 000元。

进货的支出称作成本。为什么要结转已售库存商品的成本？在第1章我们强调会计核算的作用之一是要正确计算企业的盈亏，权责发生制原则衍生的收入与费用配比原则告诉我们，如果不结转已售库存商品的成本，就无法计算企业的利润，因此，企业在确认收入的同时要计算一笔成本。销售商品是人大诚信店的主要经济活动，其收入在“主营业务收入”账户中进行核算，对应的成本则用“主营业务成本”进行核算，记入“主营业务成本”的借方，并贷记“库存商品”，表示库存商品已交付给顾客。

借：主营业务成本 7 000

贷：库存商品 7 000

2. 过丁字账

通过编制9笔会计分录，已经将人大诚信店的所有经济业务记录下来了，但上面记录的信息比较分散，不能立刻得到管理者需要的信息，比如，现在手里的现金还有多少？存货卖出去多少，还有多少没有卖出去？为了得到更加系统、综合的信息，我们还要将这些数据进一步加工，浓缩为我们所需要的信息。方法就是按照会计分录涉及的会计科目开列丁字账，再按业务发生的先后顺序，将其一一抄入对应的丁字账，计算出本期发生额和期末余额。人大诚信店开列的丁字账如下：

库存现金

①	3 150	②	260
⑤	9 996	④	7 140
⑥	20	⑦	679
		⑧	2 035
本期借方发生额	13 166	本期贷方发生额	10 114
期末余额	3 052		

实收资本

		①	3 150
		期末余额	3 150

固定资产

②	260		
③	200		
期末余额	460		

库存商品

④	7 140	⑨	7 000
期末余额	140		

主营业务收入

		⑤	9 996
		本期发生额	9 996

主营业务成本

⑨	7 000		
本期发生额	7 000		

其他业务收入

		⑥	20
		本期发生额	20

营业外收入

		③	200
		本期发生额	200

营业外支出

⑦	679		
⑧	2 035		
本期发生额	2 714		

3. 编制试算平衡表

如果想验证一下上述丁字账中的记录是否有误，是否相等，可以编制一张试算平衡表。人大诚信店的试算平衡表见下表。

试算平衡表

2013 年 6 月 30 日　　　　金额单位：元

项目	本期发生额		期末余额	
	借方	贷方	借方	贷方
库存现金	13 166	10 114	3 052	
库存商品	7 140	7 000	140	
固定资产	460		460	
实收资本		3 150		3 150
主营业务收入		9 996		9 996

续表

项目	本期发生额		期末余额	
	借方	贷方	借方	贷方
其他业务收入		20		20
营业外收入		200		200
主营业务成本	7 000		7 000	
营业外支出	2 714		2 714	
合计	30 480	30 480	13 366	13 366

第 6 章

Chapter 6

账户的分类

思维导图

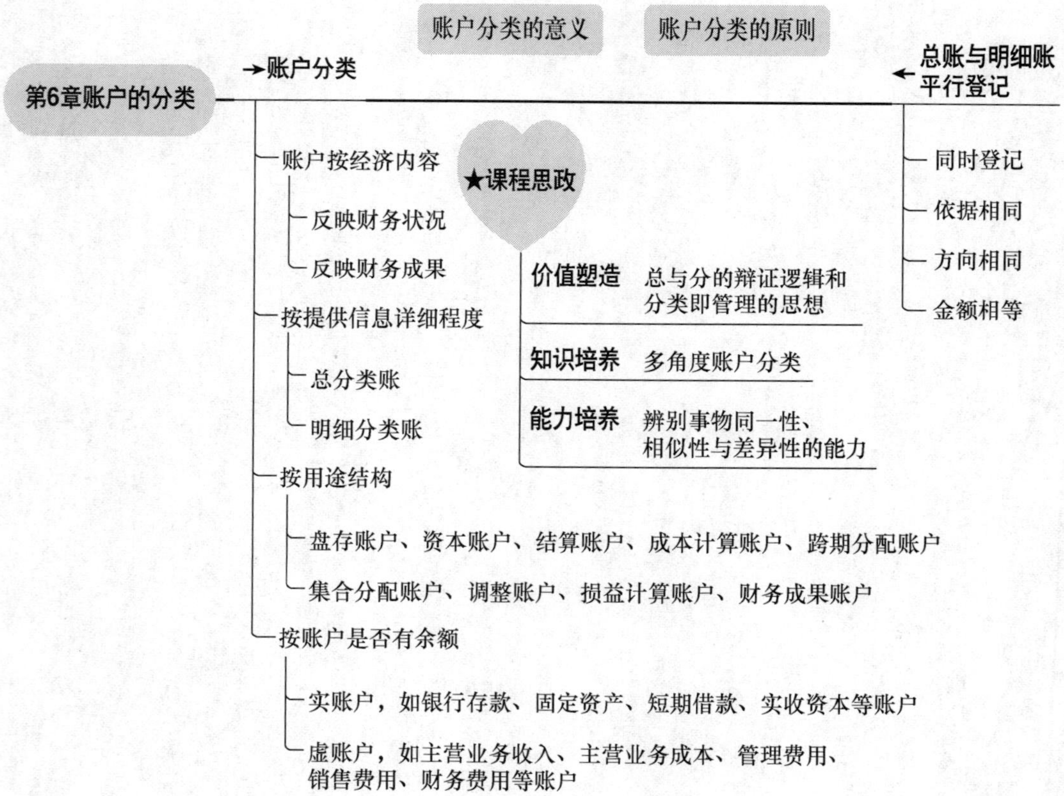

6.1 学习指导

6.1.1 学习重点

本章的学习重点是**理解账户分类的意义和账户按不同标准的分类结果，掌握平行登记的原理**。账户分类是为了从相互联系的账户中探求其相互之间的联系和区别，认识设置和运用账户的规律性。账户分类标准是依据账户具有的一些特征确定的，而每一个账户都具有若干特征，因此每一个账户都可以按不同的标准加以分类。账户按经济内容分类是最基础、最基本的分类；按提供信息详细程度划分，便于对实物资产和债权债务进行管理；按账户是否有余额划分，便于理解永久账户与期间（暂时性、临时性）账户的区别；按账户用途和结构分类，可以揭示账户的特征，有利于加深对账户的认识。

6.1.2 学习难点和疑点

本章的难点是**如何理解账户分类所蕴含的管理思想**。

(1) 账户在经济内容分类的基础上为什么还要按结构与用途的分类？

(2) 收入类账户、费用类账户、本年利润账户为何在年末要关闭，使其余额为零？

(3) 总分类账户与明细分类账户为什么要平行登记？

6.1.3 疑难解答

1. 账户分类所蕴含的管理思想

分类即是管理，没有分类就没有管理。也可以将这句话用在会计上，没有账户也就没有会计，会计方法的核心机能是由账户组成的。账户是对经济业务进行分类的标志，浓缩和简化了大量的企业交易。分类是会计观察和了解企业经济业务内容和特征的第一步，仔细寻找它们之间的相似与不同之处，将相同特征的项目放在一类，不同特征的项目放在另一类，并以不同方式来进行识别。这可以从古代先民的分类中得到启发。

古巴比伦人采用不同形状和尺寸的泥板来记录不同内容的文件。例如，有关土地买卖的文件采用圆形黏土记录板；有关法律的文件采用较大较厚的正方形黏土记录板；有关会计契约方面的文件往往使用小块的正方形黏土记录板；神殿内的重要文件则采用锥形记录板。①

古希腊人开始用分类分项核算经济内容取代叙述式的文字记录。例如，公元前180年编制的特洛斯神殿（Temple of Delos）的计算书将收入总额细分为租赁土地和房屋的收入、其他租金收入和通行税收入，以及贷款利息收入诸类进行核算，并将一年的支出分成“每月的经费”和“由法律和告示规定的经费”两大类。第二类支出项目又细分为工资、祭祀若干项目。在文明古国诞生的类似这样的分类（或分项）核算法，是人类“会计科目”设置和运用起源的标志，尤其是它的进一步发展和完善，为近代“会计科目”的诞生奠定了坚实的基础。②

会计分类涵盖方方面面，包括会计主体的区分（包含单位与单位的区分、所有者和所有者的企业的区分）、会计期间的划分（本期与非本期的区分）、所有者与债权人的区分、投入资本与经营所得的区分、日常经济活动与非日常经济活动的区分、部门与部门的区分、管理层与员工的区分、增加与减少的区分、期初与期末的区分、总账与明细账的区分等。

按同类项目汇总经济业务这一观念，是总账成立的基本条件。没有它，就不会有总账存在，而没有总账，就不会有我们理解的簿记。③

对会计而言，区分所有者（投资者）的投资与经营活动产生的利润是最重要的划分，可以充分体现经营者的受托责任，进一步将日常活动产生的利润与非日常活动产生的利润加以区别，也是分清责任的最好注脚。因为日常活动（企业为完成其经营目标所从事的经常性及其关联的活动）是经营者能够直接控制的活动，非日常活动则是不能控制的，与经营者的努力没有关系，比如突发性政治事件和自然灾害等。

从资金的来源渠道开始，会计就在进行极为细致的划分，首先将资金区分为是投资者投入的，还是向别人借来的。投资者的投资会形成企业的永久资本，不需要偿还，借别人的钱时间再长也是需要偿还的，是企业的债务。当用这些资金去购买厂房、机器和设备时，又形成了各种实物资产，供企业生产、经营使用。这些资产在经营者的精心组织和运作之下得到了增值，增值的部分是通过利润体现的，利润又是通过收入抵减费用之差得到的。

因此，为了便于在会计中进行记录，需要将企业的经济业务进行分类，设置相应的账户进行核算。首先根据不同类账户之间性质的根本区别，将账户按经济内容分为六大类：资产类账户、负债类账户、所有者权益类账户、收入类账户、费用类账户和利润类账户。再遵循同一大类中的相似性做具体的细分，

①②③ 文硕. 西方会计史——会计发展的五次浪潮（上）. 北京：经济科学出版社，2012.

比如将资产划分为库存现金、银行存款、交易性金融资产、原材料、固定资产等；负债也进一步分为银行借款、应付账款、应付股利、应付债券等；所有者权益又分为实收资本（股本）、资本公积、盈余公积和未分配利润；收入分为主营业务收入、其他业务收入、投资收益、租金收入、营业外收入等；费用分为主营业务成本、其他业务成本、营业外支出、管理费用、财务费用、销售费用等。

从上述分类中，可以看出会计的主要内容都带有经济性质，明显感觉到那种资金流转于各个账户之间的微妙关系及体现出来的财富流动。"有许多账户的内容反映了财富的投入、提取、分配、借入、贷出、拥有和结欠，这些账户用于记录影响企业的资产、负债和资本的企业理财活动，其他一些账户（记录企业经营活动）则反映财富的生产、交换、损失和利得。负债和资本账户说明企业财富的来源的某些方面，资产账户说明用于产生更多财富的财富状况，收入账户说明从生产流出中产生的财富流入，成本和费用账户则说明用于形成产品流出带来收入流入的财富。"①

资本账户是肩负使损益账户平衡，并使余额账户的编制成为可能的重任而出现的。② 反过来理解，也可以说损益账户是用来验证财务状况是否正确的工具。

2. 账户可以按不同特征进行分类

账户分类是为了从相互联系的账户中探求其相互之间的区别，认识设置和运用账户的规律性。账户分类标准是依据账户具有的一些特征确定的，而每一个账户都具有若干特征，因此每一个账户都可以按不同的标准加以分类。

如"原材料"账户，从会计要素来看，它属于资产类账户，反映企业在生产经营过程中必不可少的流动资产；从提供指标的详细程度来看，它属于总分类账户，总括地反映企业原材料的增减变动及结存情况。账户按提供指标详细程度分类，目的在于把握不同层次账户提供核算指标的规律性，以便准确运用各级账户，提供不同层级的核算指标，满足经营管理的不同需要。

借助账户的分类可以揭示账户的特征，有利于加深对账户的认识。比如资产与费用之间存在转化的关系，最初以资产形态表现的资产，随着其使用、消耗，最终都会转化为费用，存货消耗后，构成产品成本的一部分，出售后转化为已售产品的成本进入"主营业务成本"账户；固定资产通过计提折旧转化为费用，也

---

① ［美］A. C. 利特尔顿．会计理论结构．北京：中国商业出版社，1989.

② 文硕．西方会计史——会计发展的五次浪潮（上）．北京：经济科学出版社，2012.

可以说费用是瞬间的资产。由此，资产类账户与费用类账户的结构相同就不难理解了。

账户设置是会计分类思想的延续，会计账簿是分类的汇总和总结。从这个角度，可以认为“会计是进行分类以便浓缩信息。对大量的交易进行浓缩的目的在于使企业的经济活动易于理解。浓缩的直接结果就是会计报表”①。

综上所述，从企业内部而言，会计的精髓在于分类，分类的目的在于管理。从企业外部而言，分类的目的在于浓缩信息，对外提供财务报表。

3. 为什么要关闭虚账户，使其余额为零

会计计算利润的方式一般有两种，一是按照项目，二是按照时间（期间）。按项目来计算，相对比较简单，将项目启动到项目结束的时间作为一个经营周期来计算利润。按时间来计算利润，相对比较复杂，以时间（年、半年、季度、月）为期间来计算利润，会涉及影响超过一个期间的业务，也就是说一项业务会被分成几个期间来报告。由于是按期间来计算利润，按期间来报告，一个期间内所记录的收入和费用就是在此期间形成，期间一结束，就要将其清为零，以开始下一个会计期间的收入和费用的记录。类似的账户还有本年利润。

4. 总分类账户与明细分类账户为什么要平行登记

总分类账户和明细分类账户反映的交易内容相同，只是金额不同，一个是总账，一个是明细账。在进行登记时要平行登记，包括同时登记、方向相同、依据相同和金额相等，即总分类账户的金额要等于所属明细分类账金额之和。

6.2 练习题

6.2.1 判断题

T6－1 账户分类有助于分门别类地反映企业的经济活动。（　）

T6－2 会计按经济内容分类，事实上就是按会计要素来进行分类。（　）

① ［美］A. C. 利特尔顿．会计理论结构．北京：中国商业出版社，1989.

T6－3 盘存类账户主要是指资产类和负债类账户。 （ ）

T6－4 结算类账户主要是指负债类账户。 （ ）

T6－5 应收账款是债权类结算账户。 （ ）

T6－6 应付账款是债务类结算账户。 （ ）

T6－7 调整账户与被调整账户的结构刚好相同。 （ ）

T6－8 累计折旧是固定资产的备抵（抵减）账户。 （ ）

T6－9 调整账户不能脱离被调整账户而独立存在。 （ ）

T6－10 资本性质的账户余额一定在贷方。 （ ）

T6－11 总分类账户统驭明细分类账户，明细分类账户是对总分类账户的补充。 （ ）

T6－12 总分类账户的金额不等于所属明细分类账户的金额之和。 （ ）

T6－13 总分类账户和明细分类账户所反映的经济业务内容相同，只是提供指标的详细程度不同。 （ ）

T6－14 实账户是指有期末余额的账户，如利润表账户。 （ ）

T6－15 虚账户是指没有期末余额的账户，如利润表账户。 （ ）

T6－16 没有虚账户将不便于计算各期的经营成果。 （ ）

6.2.2 单项选择题

S6－1 账户按经济内容分类，事实上就是按（ ）来分类。

A. 账户结构　　B. 会计要素

C. 余额　　D. 发生额

S6－2 除盈余公积外，属于留存收益账户的是（ ）。

A. 实收资本　　B. 投资收益

C. 资本公积　　D. 未分配利润

S6－3 下列账户中，属于明细分类账户的是（ ）。

A. 资产类账户　　B. 成本类账户

C. 所有者权益账户　　D. 机器设备类

S6－4 下列账户中，属于盘存类账户的是（ ）。

A. 应付账款　　B. 库存商品

C. 应收账款　　D. 主营业务收入

S6－5 下列账户中，属于成本计算类账户的是（ ）。

A. 生产成本　　B. 原材料

C. 股本　　D. 管理费用

S6-6 下列账户中，（　　）是跨期摊提账户。

A. 长期借款　　B. 长期待摊费用

C. 本年利润　　D. 利润分配

S6-7 下列账户中，属于备抵性质的账户是（　　）。

A. 累计折旧　　B. 应付票据

C. 应交税费　　D. 长期借款

S6-8 下列账户中，属于集合分配性质的账户是（　　）。

A. 原材料　　B. 甲材料

C. 制造费用　　D. 财务费用

S6-9 下列账户中，有期末余额的账户是（　　）。

A. 主营业务收入　　B. 其他业务收入

C. 营业外收入　　D. 固定资产

S6-10 下列账户中，没有期末余额的账户是（　　）。

A. 本年利润　　B. 未分配利润

C. 银行存款　　D. 原材料

6.2.3 多项选择题

M6-1 账户分类的原则是（　　）。

A. 有利于编制财务报表

B. 揭示账户的特征

C. 不同类型的账户反映不同类型的经济业务

D. 同一类型的账户在重大方面彼此相似

E. 有利于了解账户的规律

M6-2 账户按结构与用途可分为（　　）。

A. 盘存账户　　B. 资本账户

C. 结算账户　　D. 成本计算账户

E. 调整账户

M6-3 与银行存款盘存账户结构相同的账户有（　　）。

A. 库存现金　　B. 固定资产

C. 应收账款　　D. 应付账款

E. 库存商品

M6-4 与实收资本账户结构相同的账户有（　　）。

A. 股本　　B. 资本公积

C. 盈余公积　　D. 未分配利润

E. 应付票据

M6－5　下列账户中属于结算类账户的有（　　）。

A. 应交税费　　B. 应付职工薪酬

C. 应收账款　　D. 应付账款

E. 库存商品

M6－6　下列账户中属于调整账户的有（　　）。

A. 应交税费　　B. 累计折旧

C. 材料成本差异　　D. 应付账款

E. 其他应收款

M6－7　资产减值准备对应的被调整账户有（　　）。

A. 应收账款　　B. 存货

C. 固定资产　　D. 无形资产

E. 应付账款

M6－8　下列账户中，（　　）是实账户。

A. 应付账款　　B. 预付账款

C. 财务费用　　D. 长期借款

E. 应付债券

M6－9　下列账户中，（　　）是虚账户。

A. 管理费用　　B. 资本公积

C. 未分配利润　　D. 财务费用

E. 销售费用

M6－10　下列各项中，需要设置明细分类账户的总分类账户有（　　）。

A. 累计折旧　　B. 本年利润

C. 利润分配　　D. 银行存款

E. 实收资本

M6－11　总分类账户与明细分类账户在登记时，要遵循平行登记的原理，包括（　　）。

A. 同时登记　　B. 依据相同

C. 方向相同　　D. 金额相等

E. 虚账户

6.2.4　课程思政思考题

1. 账户分类是会计的一大法宝，从分类即管理的这个角度谈一下对账户分类的认识，以及对重大公共事件（如 2020 年至今的新冠肺炎疫情，各种自然灾害如台风、暴雨洪灾、火灾等）管理的启示。

2. 从不同角度，按不同标准对账户进行分类，对认识事物的本质有什么启示意义？

3. 按账户期末是否有余额，会计将账户分为实账户和虚账户。会计按期将虚账户清零的做法，对调节个人情绪有什么启发？

6.3 练习题参考答案

6.3.1 判断题

T6－1 √	T6－2 √	T6－3 ×
T6－4 ×	T6－5 √	T6－6 √
T6－7 ×	T6－8 √	T6－9 √
T6－10 √	T6－11 √	T6－12 ×
T6－13 √	T6－14 ×	T6－15 √
T6－16 √		

6.3.2 单项选择题

S6－1 B	S6－2 D	S6－3 D
S6－4 B	S6－5 A	S6－6 B
S6－7 A	S6－8 C	S6－9 D
S6－10 A		

6.3.3 多项选择题

M6－1 CD	M6－2 ABCDE	M6－3 ABE
M6－4 ABCD	M6－5 ABCD	M6－6 BC
M6－7 ABCD	M6－8 ABDE	M6－9 ADE
M6－10 CDE	M6－11 ABCD	

6.3.4　课程思政思考题（略）

6.4　教材课后习题参考答案

6.4.1　思考题（略）

6.4.2　练习题

E6－1　练习账户分类。

经济业务	会计科目	按经济内容分类	按用途结构分类	实/虚账户
生产设备	固定资产	资产类账户	盘存账户	实账户
厂房	固定资产	资产类账户	盘存账户	实账户
生产用原材料	原材料	资产类账户	盘存账户	实账户
某职工借支差旅费	其他应收款	资产类账户	结算账户	实账户
存放在银行的款项	银行存款	资产类账户	盘存账户	实账户
销售商品取得的货款	主营业务收入	收入类账户	损益类账户	虚账户
应付给购货方的款项	应付账款	负债类账户	结算账户	实账户
未完工产品	在产品	资产类账户	盘存账户	实账户
完工产品	库存商品	资产类账户	盘存账户	实账户
已销售商品的成本	主营业务成本	费用类账户	损益类账户	虚账户
支付管理部门水电费	管理费用	费用类账户	损益类账户	虚账户
出纳保管的现金	库存现金	资产类账户	盘存账户	实账户
销售商品支付的运费	销售费用	费用类账户	损益类账户	虚账户

E6－2　练习调整账户与被调整账户之间的关系。

(1) 第 1 年计提折旧的会计分录如下：

借：制造费用　　20 000

　贷：累计折旧　　20 000

(2) 用丁字形账户表示第 1 年计提折旧后调整账户与被调整账户之间的关系。

被调整账户
（固定资产）

100 000	

调整账户
（累计折旧）

	20 000

（3）固定资产净值＝固定资产－累计折旧

＝100 000－ 20 000

＝80 000(元)

E6－3　练习总账与明细账的平行登记。

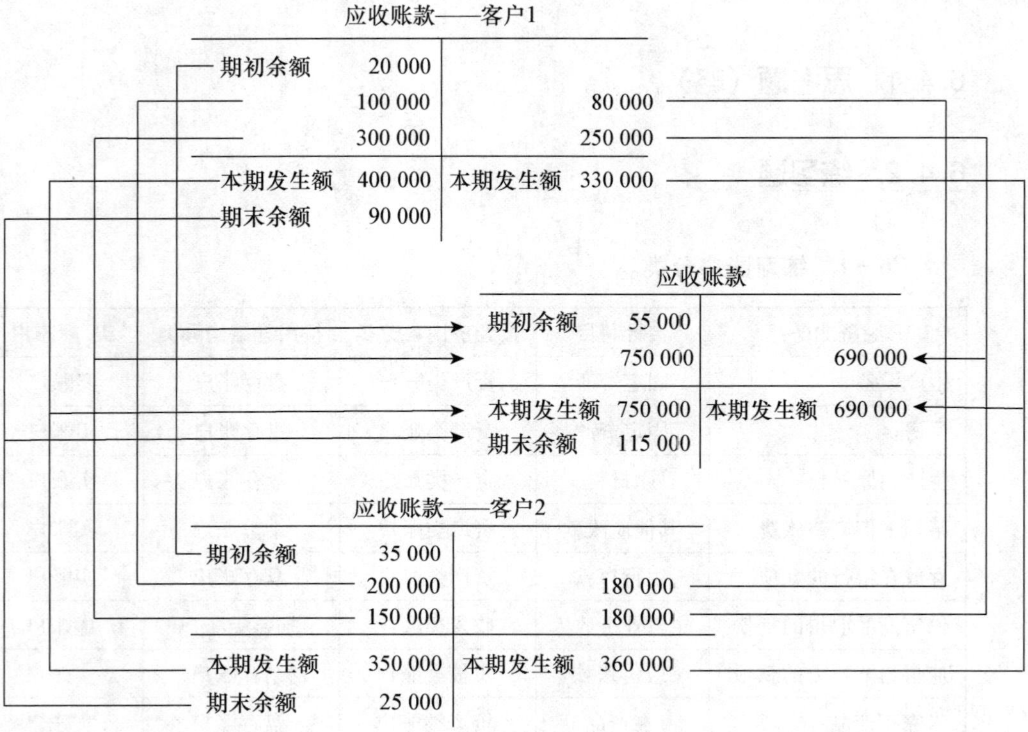

第 7 章
Chapter 7 会计账簿

思维导图

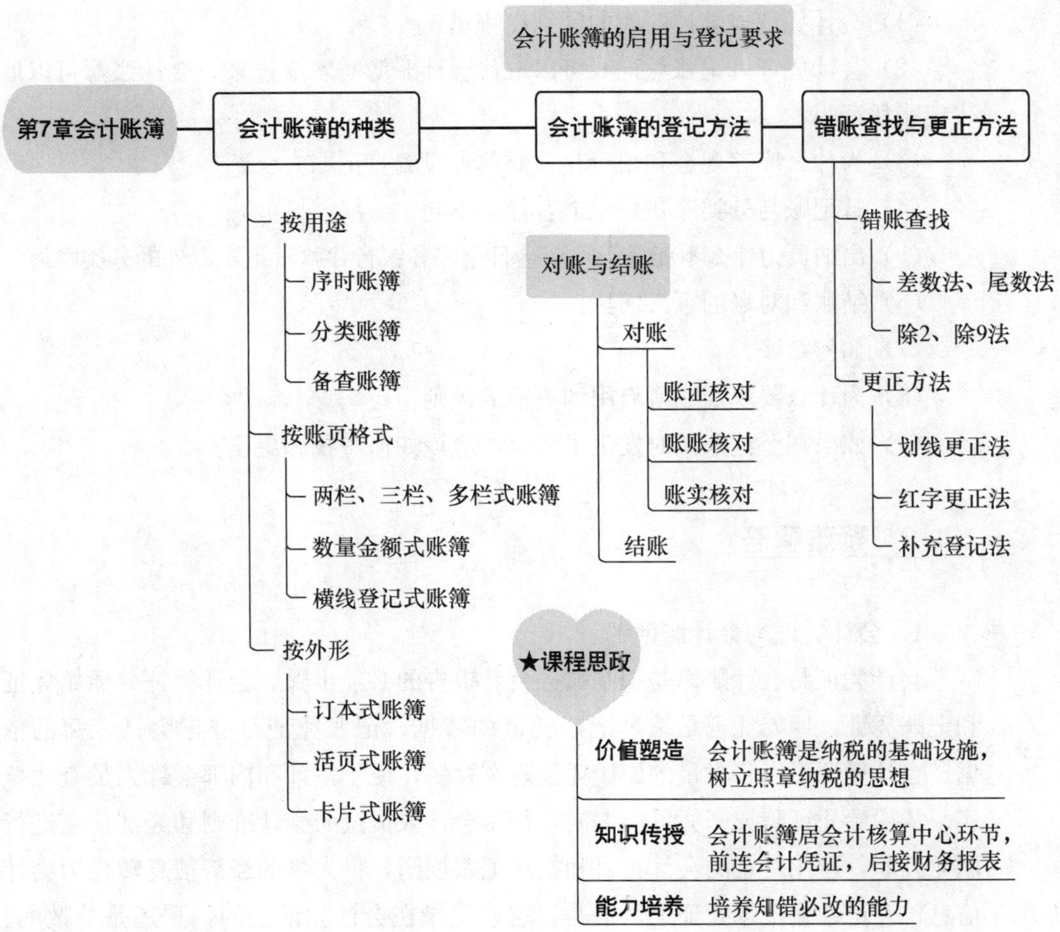

7.1 学习指导

7.1.1 学习重点

本章的重点是**在了解已有大量记账凭证的基础上为什么还要设置会计账簿？设置会计账簿的意义何在？掌握会计账簿的种类、格式及填制方法。**

7.1.2 学习难点和疑点

本章的难点是**如何利用会计账簿真正管理企业的每一项经济业务，发挥会计账簿连续、系统、全面反映的作用，体会会计信息从分散到集中的会计智慧。**需要思考的问题如下：

（1）会计凭证与会计账簿的区别在哪里？

（2）会计凭证（记账凭证）可以取代会计账簿吗？反过来，会计账簿可以取代记账凭证吗？

（3）为什么库存现金和银行存款要单独设置日记账？

（4）日记账与分类账在登记上有什么不同？

（5）出纳员为什么不能登记除现金日记账和银行存款日记账以外的分类账簿？

（6）结账和对账的意义何在？

（7）如何结账？

（8）为什么要规定账簿启用和更换的规则？

（9）如果在登记账簿时发生了错误，应该如何查找和更正？

7.1.3 疑难解答

1．会计凭证与会计账簿

会计凭证与会计账簿是编制财务会计报告的必经步骤。会计凭证分原始凭证和记账凭证，原始凭证是编制记账凭证的依据，记账凭证是登记会计账簿的依据。会计凭证可以将大量的原始凭证附在背后，便于审计和内部会计人员查找核实。从原始凭证到记账凭证的编制，都是会计人员按照会计准则和经济信息进行职业判断，运用一定的会计科目和复式记账规则，将大量的经济信息转化为会计信息，并记录在记账凭证上。但是，这些记录在会计凭证上的信息还是分散的、不系统的。为了把分散在会计凭证中的大量核算资料加以集中归类反映，为经营管理提供系统、完整的核算资料，并为编制财务报表提供依据，就必须设置和登记会计账簿。

会计账簿简称账簿，是指由具有一定格式、互有联系的若干账页组成，可以全面、系统、序时、分类记录各项经济业务的簿籍。在会计实务中，按照记账规则根据会计凭证将会计科目填入某一账页后，该账页就成为记录、反映该会计科目所规定核算内容的账户，各账户之间的相互关系通过账户对应关系来体现。设置和登记账簿是会计核算的专门方法之一。账簿的设置和登记，对于全面、系统、序时、分类反映各项经济业务，充分发挥会计在经济管理中的作用，具有重要意义。

一份会计凭证一般只反映一笔经济业务，提供的信息是零星的、分散的。而会计账簿是对相同业务进行的汇总记录，能够提供全面、综合、系统的信息。

2. 日记账、分类账簿与内部控制

日记账一般是指库存现金日记账和银行存款日记账。由于现金和银行存款是企业重要的资产，同时又非常容易出问题，为了加强内部控制必须坚持内部牵制原则，实行钱、账分管，出纳人员不得负责登记现金日记账和银行存款日记账以外的任何账簿。出纳人员登记现金日记账和银行存款日记账后，应将各种收款、付款凭证交由会计人员据以登记总分类账及有关的明细分类账。通过“库存现金”和“银行存款”总账与日记账的定期核对，达到控制现金日记账、银行存款日记账的目的。

实务中通过对出纳人员和会计人员的合理分工，如出纳管钱不管账（总账），会计人员管总账不管钱，严格执行就可以起到相互牵制的作用。

根据日记账对应的账户开设的分类账簿分别反映了这些钱的来源与去处，由于现金和银行存款收付频繁，需要日清月结，为了简化分类账的登记，可以根据企业经济业务的繁简和经营管理的需要，将相同经济业务汇总后进行登记。比如对主营业务收入的确认，其依据都是公司开出的销售发票，就可以将发票 3 天或 5 天一汇总，编制一张记账凭证，把相同的记账凭证再按时间间隔进行汇总，就可以减少登记账簿的次数。但对相应的库存商品、原材料等明细账就要根据需要及时加以记录，否则就会出现账上没有记录，但仓库已经堆积如山，或者实物资产已经销售或者领用，但账上无东西可领，即实务中的红字现象。因此，凭证的传递和及时登记会计账簿对实物资产的管理意义重大。

3. 对账与结账

对账就是在有关经济业务入账以后，进行账簿记录的核对。

在会计工作中，由于种种原因，难免发生记账、计算等差错，也难免出现账实不符的现象。为了确保账簿记录的正确、完整、真实，在有关经济业务入账之后，必须进行账簿记录的核对。对账工作是为保证账证相符、账账相符和账实相符而进行的一项检查性工作。下面以账账核对为例。

账账核对主要包括：

（1）总分类账有关账户核对。主要核对总分类账各账户借方期末余额合计数与贷方期末余额合计数是否相等，借方本期发生额合计数与贷方本期发生额合计数是否相等。

（2）总分类账与明细分类账核对。主要核对总分类账各账户的期末余额与所属各明细分类账户的期末余额之和是否相等，总分类账各账户的本期发生额与所属各明细分类账户的本期发生额之和是否相等。

（3）总分类账与日记账核对。主要核对总分类账中“库存现金”和“银行存款”账户的期末余额与相对应的日记账的期末余额是否相等。

（4）会计部门的财产物资明细账与财产物资保管和使用部门的有关明细账核对。主要核对会计部门的各种财产物资明细账期末余额与财产物资保管和使用部门的有关财产物资明细账期末余额是否相等。

此外，还有账表核对。主要核对总分类账簿上的内容和金额是否与财务报表项目上列报的内容和金额相符。

结账是指会计在期末对账簿记录进行结算的账务处理工作。一般需要在会计期末计算并结转各账户的本期发生额和期末余额。结账程序主要包括以下两个步骤：

（1）结账前，必须将属于本期内发生的各项经济业务和应由本期受益的收入、负担的费用全部登记入账。不得把将要发生的经济业务提前入账，也不得把已经在本期发生的经济业务延至下期（甚至以后期间）入账。为了确保结账的正确性，在本期发生的各项经济业务全部登记入账的基础上，须按照会计核算原则的要求，将有关的转账事项编制原始凭证，并据以编制记账凭证，记入有关账簿。

（2）结账时，应结出每个账户的期末余额，期末余额分月结、季结和年结余额。

需要结出当月（季）发生额的（如各项收入、费用账户等），应单列一行进行发生额的登记，在摘要栏内注明“本月（季）合计”字样，并在下面划通栏单红线。

对于需要结计本年累计发生额的明细账户，每月结账时，应在“本月合计”行下结出自年初起至本月末止的累计发生额，登记在月份发生额下面，在摘要栏内注明“本年累计”字样，并在下面通栏划单红线。12 月末的“本年累计”就是全年累计发生额，全年累计发生额下划通栏双红线。

年末结账时，将有余额的账户结转下年，并在摘要栏注明“结转下年”字样；在下一会计年度新建有关账户的第一行余额栏内填写上年结转的余额，并在摘要栏注明“上年结转”字样，使年末有余额账户的余额如实地在账户中加以反映，以免混淆有余额的账户和无余额的账户。

4. 账簿的启用与更换

账簿是重要的会计档案。为了确保账簿记录的合规性和完整性，明确记账责任，在启用账簿时，应在账簿封面上写明单位名称和账簿名称。在账簿扉页上应附账簿使用登记表或账簿启用表，其内容包括启用日期、账簿页数、记账人员和会计主管人员姓名，并加盖人名章和单位公章。记账人员或会计人员调动工作时，应注明交接日期、接管人员和监交人员姓名，由交接双方人员签名或盖章。

启用订本式账簿，对于未印制顺序号的账簿，应从第一页到最后一页按序编定页数，不得跳页、缺号。使用活页式账簿，应按账页顺序编号，并定期装订成册。装订后再按实际使用的账页顺序编定页数，另加目录，标明每个账户的名称和页次。

账簿更换：一般情况下，总账、日记账和多数明细账应每年更换一次，但固定资产明细账或固定资产卡片、备查账簿等可以继续使用，不必每年更换新账。是否更换，何时更换，可视企业具体情况而定。

各种需要更换的账簿，在进行年终结账时，各账户的年末余额都要直接抄入新账的有关账户中。因会计制度改变而需要变更账户名称及其核算内容的，应在上年度结账时编制余额调整分录，按本会计年度的账户名称、核算内容，将上年度有关账户的余额进行合并或分解结出新账中应列出的余额，然后过渡到新账中的各有关账户，或者在上年度结账后，通过编制余额调整工作底稿的方式将上年度有关账户余额分解、归并为本年度有关账户的余额，然后开设本年度新账，并将余额抄入有关账户第一行并标明余额方向，同时在摘要栏内注明“上年结转”或“年初余额”字样。上年末编制的余额调整分录，应与上年度会计凭证一并归档保管；编制的余额调整工作底稿应与上年度的账簿一并归档保管。过入新账的有关账户余额的结转事项，无须再编制结转分录。

5. 登记账簿

（1）登记账簿时，将会计凭证日期、编号、业务内容摘要、金额和其他有关资料逐项登记入账，做到数字准确，摘要清楚，登记及时。

（2）登记完毕后，要在会计凭证上签名或盖章，并在记账凭证中的“记账符号”栏注明已经登账的符号（如“√”），表示已经记账。

（3）账簿中书写的文字和数字上面要留适当空距，不要写满格，一般应占格距的 1/2。

（4）登记账簿要用蓝黑或黑色墨水笔书写，不得使用圆珠笔（银行的复写账簿除外）或铅笔书写。但下列情况可以用红色墨水笔记账：

1）按照红字冲账的记账凭证，冲销错误记录。

2）在不设借或贷等栏的多栏式账页中，登记减少数。

3）在三栏式账户的余额栏前，如未印明余额的方向，在余额栏内登记负数余额。

4）会计制度中规定的其他用红字登记的记录。

（5）各种账簿按页次顺序连续登记，不得跳行、隔页。如果发生跳行、隔页，应将空行、空页划线注销，或注明“此行空白”或“此页空白”字样，并由记账人员签名或盖章。

（6）凡需要结出余额的账户，结出余额后，应在“借或贷”等栏内写明“借”或“贷”等字样。没有余额的账户，应在“借或贷”等栏内写“平”字，并在余额栏内用“0”表示。现金日记账和银行存款日记账必须逐日结出余额。

（7）每一账页登记完毕结转下页时，应结出本页合计数及余额，写在本页最后一行和下页第一行有关栏内，并在本页的摘要栏内注明“过次页”字样，在次页的摘要栏内注明“承前页”字样。

（8）由于记账凭证错误而导致账簿记录发生错误，应按已经更正的记账凭证登记账簿，进行更正。

6. 错账的查找与更正

实务中，会计人员摸索出了一些行之有效的方法，可针对不同的错误使用。

（1）差数法。差数法是按照错账的差数查找错账的方法。

（2）尾数法。对于发生的角、分的差错可以只查找小数部分，以提高查错的效率。

（3）除 2 法。除 2 法是以差数除以 2 来查找错账的方法。

（4）除 9 法。除 9 法是以差数除以 9 来查找错账的方法。适用于以下三种情况：第一，将数字写小。第二，将数字写大。第三，相邻数字颠倒。

更正错账的方法：

（1）划线更正。又称红线更正。如果发现账簿记录有错误，而其所依据的记账凭证没有错误，即纯属记账时文字或数字的笔误，应采用划线更正的方法进行更正。更正以后要在划线更正处签名或盖章以示负责。

（2）红字更正。又称红字冲销。在会计上，以红字记录表明对原记录的冲减。红字更正适用于以下两种情况：

1）根据记账凭证所记录的内容记账以后，发现记账凭证中的应借、应贷会计科目或记账方向有错误，应采用红字更正法。

2）根据记账凭证所记录的内容记账以后，发现记账凭证中应借、应贷的会计科目、记账方向都没有错误，记账凭证和账簿记录的金额相吻合，只是所记金额大于应记的正确金额，应采用红字更正法，将其差额进行冲销。

（3）补充登记。又称蓝字补记。根据记账凭证所记录的内容记账以后，发现记账凭证中应借、应贷的会计科目和记账方向都没有错误，记账凭证和账簿记录的金额相吻合，只是所记金额小于应记的正确金额，应采用补充登记法，将差额补充登记。

7.2　练习题

7.2.1　判断题

T7-1　只有经过审核无误的记账凭证，才能作为登记会计账簿的依据。（　）

T7-2　会计账簿是连接记账凭证和财务报表的中间环节。（　）

T7-3　账户与账簿的联系十分密切，可以说账户等于账簿。（　）

T7-4　现金日记账和银行存款日记账，又称特种日记账，必须采用订本式账簿。（　）

T7-5　能提供某一类经济业务增减变化总括会计信息的账簿是总分类账。（　）

T7-6　按经济业务发生的时间先后顺序，逐日逐笔进行登记的账簿是明细分类账。（　）

T7-7　备查账簿是对某些在日记账和分类账中未能记录或记录不全的经济业务进行补充登记的账簿，各单位必须设置。（　）

T7-8　三栏式账簿是指具有日期、摘要、金额三个栏目格式的账簿。（　）

T7-9　三栏式总分类账一般采用订本式账簿。（　）

T7-10　多栏式明细分类账一般适用于债权、债务结算户的明细分类账。（　）

T7-11　活页账是指账页装在活页账夹中，在账簿登记完后也不固定装订在一起。（　）

T7-12　在设置多栏式现金、银行存款日记账的情况下，可根据多栏式日记

账中各科目的发生额的合计数，在月末登记总分类账，而不再根据收款凭证和付款凭证登记总分类账。（　　）

T7-13　各种明细账的登记依据，既可以是原始凭证，也可以是记账凭证。（　　）

T7-14　各种明细账的登记可以按业务量大小逐日逐笔登记，或者三天一登记，七天一登记。（　　）

T7-15　为了满足内部牵制原则，实行钱账分管，通常由出纳人员根据收付款凭证进行现金收支；然后，将收付款后的现金收款凭证和付款凭证交给会计人员，由会计人员登记三栏式现金日记账。（　　）

T7-16　登记账簿必须用蓝、黑墨水书写，不得使用圆珠笔、铅笔书写，更不得用红色墨水书写。（　　）

T7-17　各账户在一张账页记满时，应在该账页最后一行结出余额，并在“摘要”栏注明“转次页”字样。（　　）

T7-18　总分类账和明细分类账必须采用平行登记的规则进行登记。（　　）

T7-19　为便于核对库存现金，出纳人员应保管现金、登记现金日记账和现金总账。（　　）

T7-20　为全面、系统、连续、详细地反映有关现金的收支情况，所有单位均应设置现金日记账，并由出纳人员根据审核无误的收款凭证、付款凭证和转账凭证，按照业务发生的先后顺序逐日逐笔登记。（　　）

T7-21　一般来说，日记账应与收付款凭证相核对，总账应与记账凭证相核对，明细账应与记账凭证或原始凭证相核对。（　　）

T7-22　在结账前发现账簿记录有文字或数字错误，而记账凭证没有错误，可采用划线更正法更正。（　　）

T7-23　已经登记入账的记账凭证，在当年内发现科目、金额有误，可以用红字填写一张与原内容相同的记账凭证，在摘要栏注明冲销某月某日某号凭证字样，再用蓝字做一张正确的记账凭证并登记入账。（　　）

T7-24　结账和更正错误的记账凭证可以不附原始凭证。（　　）

T7-25　某会计人员在填制记账凭证时，误将9 800元记为8 900元，并已登记入账。月终结账前发现错误，更正时应采用划线更正法。（　　）

T7-26　新的会计年度开始时，必须更换全部账簿，不得只更换总账和现金日记账、银行存款日记账。（　　）

7.2.2　单项选择题

S7-1　下列关于账簿的表述，错误的是（　　）。

A. 账簿可以为定期编制财务报表提供资料
B. 登记账簿是会计核算的一种重要方法
C. 总账可以提供每一项交易的发生日期
D. 账簿是考核企业经营成果、加强经济核算的重要依据

S7-2　（　）为编制财务报表提供直接的依据。

A. 会计凭证　B. 会计账簿
C. 利润计算　D. 会计科目

S7-3　账簿按（　）的不同，可分为序时账簿、分类账簿、备查账簿。

A. 用途　B. 外表形式
C. 格式　D. 启用时间

S7-4　现金日记账和银行存款日记账必须采用（　）账簿。

A. 活页式　B. 订本式
C. 备查　D. 卡片式

S7-5　现金日记账和总分类账一般采用（　）账页。

A. 两栏式　B. 三栏式
C. 多栏式　D. 数量金额式

S7-6　企业从银行提取现金时，登记现金日记账的依据是（　）。

A. 现金收款凭证　B. 现金付款凭证
C. 银行存款收款凭证　D. 银行存款付款凭证

S7-7　企业在分别设置现金收入日记账和现金支出日记账的情况下，每日结清现金余额时应通过的账簿是（　）。

A. 现金收入日记账　B. 现金支出日记账
C. 现金总账　D. 现金备查账簿

S7-8　下列明细账中，不宜采用三栏式账页格式的是（　）。

A. 应收账款明细账　B. 应付账款明细账
C. 管理费用明细账　D. 短期借款明细账

S7-9　下列适合采用多栏式明细账格式核算的是（　）。

A. 原材料　B. 制造费用
C. 应付账款　D. 库存商品

S7-10　下列账簿中采用卡片式账簿的是（　）。

A. 现金日记账　B. 固定资产
C. 总分类账　D. 明细分类账

S7-11　下列各项中，可以在借贷方均设多栏的账户是（　）。

A. 本年利润　B. 主营业务收入
C. 管理费用　D. 生产成本

S7－12 “原材料”明细账采用的账簿格式是（　　）。

A. 三栏式明细分类账　　B. 活页式

C. 数量金额式明细分类账　　D. 多栏式明细分类账

S7－13 “应收账款”总账科目所属明细账的资料如下：“应收账款——A公司”借方余额200万元；“应收账款——B公司”借方余额400万元；“应收账款——C公司”贷方余额300万元；“应收账款——D公司”贷方余额100万元。如果不考虑其他因素，则“应收账款”科目期末余额为（　　）万元。

A. 200　　B. 600

C. 900　　D. 1 000

S7－14* 按照规定，不能用红色墨水记账的情况是（　　）。

A. 按照红字更正法冲销错误记录

B. 在三栏式账页的余额栏前，如未印明余额方向的，在余额栏内登记负数余额

C. 在借方多栏式明细账页中，登记增加数

D. 根据国家统一会计制度的规定可以用红字登记的其他会计账簿

S7－15 账实核对是指账簿记录与财产物资实有数额是否相符合，下列不属于账实核对的是（　　）的核对。

A. 总分类账簿与序时账簿

B. 银行存款日记账余额与银行对账单余额

C. 各种实物资产明细账余额与实有数额

D. 债权、债务明细账余额与对方单位的账面记录

S7－16* 需要结计本月发生额的账户，结计“过次页”的本页合计数应当是（　　）。

A. 自本月初起至本页末止发生额合计数

B. 自本月初起至本页末止的累计数

C. 本页末余额

D. 本页的发生额合计

S7－17 结账时应划通栏双红线的情形是（　　）。

A. 月结　　B. 季结

C. 半年结　　D. 年结

S7－18 某会计人员根据记账凭证登记入账时，误将600元填写为6 000元，而记账凭证无误。对此正确的更正方法是（　　）。

A. 红字更正法　　B. 补充登记法

C. 划线更正法　　D. 蓝字更正法

S7－19 若记账凭证上的会计科目和应借应贷方向未错，但所记金额小于应

记金额，并据以登记入账，对此较为恰当简便的更正方法是（　　）。

A. 划线更正法　　B. 红字更正法

C. 补充登记法　　D. 编制相反分录冲减

S7-20　下列各项中，可以概括总分类账与明细分类账平行登记要点的是（　　）。

A. 依据相同、方向一致、金额相等、期间相同

B. 方向一致、颜色相同、金额相等

C. 同时登记、同方向登记、同金额登记

D. 依据相同、方向一致、颜色相同

S7-21　在实际工作中，利用平行登记的数量结果检查账簿记录的正确性时，通常采用的手段是（　　）。

A. 编制试算平衡表

B. 编制科目汇总表

C. 编制明细分类账户本期发生额和余额明细表

D. 编制科目余额表

S7-22　总账、日记账和多数明细账应（　　）更换一次。

A. 每年　　B. 两年

C. 半年　　D. 视单位具体情况而定

S7-23　账簿记录中的日期一般应按（　　）填写。

A. 记账凭证上的日期　　B. 原始凭证上的日期

C. 实际登记账簿的日期　　D. 月末

S7-24　以下各项中不符合账簿平时管理的具体要求的是（　　）。

A. 各种账簿应分工明确，指定专人管理

B. 会计账簿只允许在财务室内随意翻阅查看

C. 会计账簿除需要与外单位核对外，一般不能携带外出

D. 账簿不能随意交与其他人员管理

S7-25　新的会计年度开始，启用新账时，可以继续使用，不必更换新账的是（　　）。

A. 现金日记账　　B. 总分类账

C. 银行存款日记账　　D. 固定资产卡片

7.2.3　多项选择题

M7-1　设置和登记账簿的作用是（　　）。

A. 记载和存储会计信息　　B. 分类和汇总会计信息

C. 检查和校正会计信息　　D. 编报和输出会计信息
E. 汇总原始凭证

M7-2 账簿按其用途分类，可分为（　　）。
A. 序时账簿　　B. 订本式账簿
C. 分类账簿　　D. 备查账簿
E. 活页账

M7-3 账簿按其形式分类，可分为（　　）。
A. 订本式账簿　　B. 三栏式账簿
C. 卡片式账簿　　D. 活页式账簿
E. 分类账簿

M7-4 下列各项中，属于任何会计主体都必须设置的账簿有（　　）。
A. 现金日记账　　B. 银行存款日记账
C. 总分类账簿　　D. 明细分类账簿
E. 日记总账

M7-5 下列各项中，作为登记账簿依据的有（　　）。
A. 收款凭证　　B. 汇总收款凭证
C. 科目汇总表　　D. 复式记账凭证
E. 付款凭证

M7-6 下列各项中，可以作为明细分类账登记依据的有（　　）。
A. 原始凭证　　B. 汇总记账凭证
C. 记账凭证　　D. 公司章程
E. 科目汇总表

M7-7 下列各项中，适用于现金、银行存款日记账账页格式的有（　　）。
A. 三栏式　　B. 多栏式
C. 卡片式　　D. 数量金额式
E. 活页式

M7-8 下列各项中，适用三栏式明细分类账账页格式的有（　　）。
A. 管理费用明细账　　B. 原材料明细账
C. 应付账款明细账　　D. 预收账款明细账
E. 应收账款明细账

M7-9 下列各项中，适用数量金额式明细分类账账页格式的有（　　）。
A. 库存商品明细账　　B. 生产成本明细账
C. 应付账款明细账　　D. 原材料明细账
E. 固定资产明细账

M7-10 下列各项中，适用多栏式明细分类账账页格式的有（　　）。

A. 应收账款明细账　　B. 应付账款明细账
C. 管理费用明细账　　D. 生产成本明细账
E. 本年利润明细账

M7-11* 下列各项中，属于活页式账簿优点的有（　）。

A. 根据实际需要增加账页　　B. 避免账页的遗失
C. 便于会计人员的分工　　D. 便于更换账页
E. 便于记录不同的经济业务

M7-12 下列各项中，应在备查账簿中记录的有（　）。

A. 经营租赁租入的固定资产
B. 发行股票的股数、股东所占的比例
C. 供货单位的名称
D. 生产产品的品种
E. 固定资产的使用期限

M7-13 银行存款日记账的登记方法有（　）。

A. 定期汇总登记　　B. 逐笔结清余额
C. 日清日结　　D. 按照对账单的金额结算余额
E. 按照银行存款总账结清余额

M7-14 对账的内容包括（　）。

A. 账证核对　　B. 账账核对
C. 人员核对　　D. 账实核对
E. 账簿格式核对

M7-15* 账簿登记完成后还应进行的工作有（　）。

A. 在会计凭证上签字或盖章
B. 在账簿上签字或盖章
C. 在会计凭证的标记栏内进行标记
D. 在账簿摘要栏写明摘要
E. 在会计凭证上注明所附原始凭证

M7-16 会计记录如果采用红色墨水登记账簿，则其适用的情形有（　）。

A. 按照红字冲账的记账凭证冲销错误记录
B. 在不设借贷栏的多栏式账页中，登记减少金额
C. 在期末结账时，用红色墨水画通栏红线
D. 三栏式账户的余额栏前，如未注明余额方向，在余额栏内登记负数余额
E. 按照红字冲账的原理，冲销错误的报表数据

M7-17 如果发生下列错误，可用划线更正法的有（　）。

A. 在结账前，发现记账凭证无误，但账簿记录中文字有误
B. 发现记账凭证金额错误，并已登记入账
C. 发现记账凭证金额错误，原始凭证无误，记账凭证尚未登记入账
D. 在结账后，发现记账凭证无误，但账簿记录中数字有误
E. 在结账前，发现记账凭证无误，但账簿记录中数字登账有误

M7－18 如果发生下列错误，可以采用红字更正法的有（　　）。
A. 记账凭证中会计科目错误
B. 记账凭证中记账方向错误
C. 记账凭证中错误金额大于正确金额
D. 记账凭证中会计科目有错且错误金额小于正确金额
E. 记账凭证中摘要不符合实际情况

M7－19 下列错账更正法中需要填写更正记账凭证并据以登账的有（　　）。
A. 划线更正法　　B. 补充登记法
C. 红字更正法　　D. 刮擦挖补法
E. 替代法

M7－20 属于账实核对的有（　　）。
A. 库存现金日记账账面余额与实存数的核对
B. 银行存款日记账账面余额与银行对账单的核对
C. 各种财产物资明细账账面余额与实存数的核对
D. 各种应收款项明细账余额与有关债务人相关账面余额的核对
E. 各种应付款项明细账余额与有关债权人相关账面余额的核对

7.2.4 课程思政思考题

1. 1673 年法国颁布的《商事王令》规定，“每一个批发商均应设置反映自己业务的账簿，破产时若发现未设置账簿，应视为欺诈破产，以死刑处之”。为什么在 17 世纪就有如此严厉的对不设置账簿的处罚？请结合当时的历史背景加以分析。

2.《中华人民共和国会计法》第 3 条规定，各单位必须依法设置会计账簿，并保证其真实、完整。第 45 条规定，授意、指使、强令会计机构、会计人员及其他人员伪造、变造会计凭证、会计账簿，编制虚假财务报告或者藏匿、故意销毁依法应当保存的会计凭证、会计账簿、财务报告，构成犯罪的，依法追究刑事责任；尚不构成犯罪的，可以处五千元以上五万元以下的罚款；属于国家工作人员的，还应当由其所在单位或者有关单位依法给予降级、撤职、开除的行政处分。你对上述规定有何看法？

3.《中华人民共和国税收征收管理办法》第 63 条规定，纳税人伪造、变造、

隐匿、擅自销毁账簿、记账凭证，或者在账簿上多列支出或者不列、少列收入，或者经税务机关通知申报而拒不申报或者进行虚假的纳税申报，不缴或者少缴应纳税款的，是偷税。对纳税人偷税的，由税务机关追缴其不缴或者少缴的税款、滞纳金，并处不缴或者少缴的税款百分之五十以上五倍以下的罚款；构成犯罪的，依法追究刑事责任。《中华人民共和国刑法修正案》（一）第 1 条规定，在我国《刑法》第 162 条后增加一条，作为第 162 条之一："隐匿或者故意销毁依法应当保存的会计凭证、会计账簿、财务会计报告，情节严重的，处五年以下有期徒刑或者拘役，并处或者单处二万元以上二十万元以下罚金。"请从以上规定中谈谈你对企业设置会计账簿、税法规定查账征税以及刑法修正案对销毁会计账簿进行刑事处罚的意义。

4. 总账与明细账为什么要遵循平行登记的原则？如何理解总与分、统驭与被统驭？实务中如何发挥会计明细账对企业财产物资的保护作用？

5. 会计错账的更正方法对培养有错就改的良好习惯有什么意义？

7.3 练习题参考答案

7.3.1 判断题

T7-1 √	T7-2 √	T7-3 ×
T7-4 √	T7-5 √	T7-6 ×
T7-7 ×	T7-8 ×	T7-9 √
T7-10 ×	T7-11 ×	T7-12 √
T7-13 √	T7-14 √	T7-15 ×
T7-16 ×	T7-17 √	T7-18 √
T7-19 ×	T7-20 ×	T7-21 √
T7-22 √	T7-23 √	T7-24 √
T7-25 ×	T7-26 ×	

7.3.2 单项选择题

S7-1 C	S7-2 B	S7-3 A
S7-4 B	S7-5 B	S7-6 D
S7-7 A	S7-8 C	S7-9 B
S7-10 B	S7-11 A	S7-12 C
S7-13 A	S7-14 C	S7-15 A

S7－16　A　　S7－17　D　　S7－18　C
S7－19　C　　S7－20　A　　S7－21　C
S7－22　A　　S7－23　A　　S7－24　B
S7－25　D

7.3.3　多项选择题

M7－1　ABCD　　M7－2　ACD　　M7－3　ACD
M7－4　ABCD　　M7－5　ABDE　　M7－6　AC
M7－7　AB　　M7－8　CDE　　M7－9　ADE
M7－10　CDE　　M7－11　AC　　M7－12　ABE
M7－13　BC　　M7－14　ABD　　M7－15　AC
M7－16　ABCD　　M7－17　AE　　M7－18　ABCD
M7－19　BC　　M7－20　ABCDE

7.3.4　课程思政思考题（略）

7.4　教材课后部分习题参考答案

7.4.1　思考题（略）

7.4.2　练习题

E7－1　练习错账的更正。

（1）上述会计分录有误。收回前欠货款应该冲减应收账款，而不是确认一笔营业外收入。

（2）更正如下：

①用红字金额填制一张与原错误分录相同的记账凭证，冲销原有的错误分录：

借：银行存款　　1 130 000
　贷：营业外收入　　1 130 000

若没有红笔，可在金额部分加框，表示红字。

借：银行存款　　[1 130 000]
　贷：营业外收入　　[1 130 000]

②用蓝字填制一张正确的记账凭证，注明“订正×年×月×号凭证”。

借：银行存款　　1 130 000

　贷：应收账款　　1 130 000

③登入总分类账簿，以丁字形账户替代。

银行存款（借）	银行存款（贷）
1 130 000	
① 1 130 000（红字）	
② 1 130 000	
1 130 000	

营业外收入（借）	营业外收入（贷）
	1 130 000
	① 1 130 000（红字）
	0

应收账款（借）	应收账款（贷）
	② 1 130 000

通过上述更正分录，会计总分类账簿中就只留下正确的记录，银行存款增加 1 130 000 元，应收账款减少 1 130 000 元。

E7－2　练习红字更正法。

企业生产车间管理人员使用转账支票购买的办公用品 1 050 元，应计入制造费用。由于已经根据错误的记账凭证登记了账簿，因此，应采用红字更正法进行更正。方法如下：

①用红字金额填制一张与原错误分录相同的记账凭证，冲销原有的错误分录：

借：管理费用　　1 050（红字）

　贷：银行存款　　1 050（红字）

②用蓝字填制一张正确记账凭证，注明“订正×年×月×号凭证”。

借：制造费用　　1 050

　贷：银行存款　　1 050

将更正分录过入如下会计账簿（丁字账）：

管理费用（借）	管理费用（贷）
1 050	
① 1 050（红字）	
0	

银行存款（借）	银行存款（贷）
	1 050
	① 1 050（红字）
	② 1 050
	1 050

制造费用（借）	制造费用（贷）
② 1 050	

其更正后的结果为：制造费用增加 1 050 元，银行存款减少 1 050 元，为正确记录；将误记的管理费用冲减为零。

E7－3　练习补充登记法。

将少记的差额 2 000 元（5 000－3 000）补记为：

借：销售费用　　2 000

　贷：银行存款　　2 000

并根据该记账凭证过入如下会计账簿（丁字账）：

销售费用

3 000	
补 2 000	
5 000	

银行存款

	3 000
	补 2 000
	5 000

经过上述更正后，这笔业务产生的销售费用借方发生额为 5 000 元，银行存款贷方发生额为 5 000 元，为正确记录。

第 8 章

Chapter 8 成本计算

思维导图

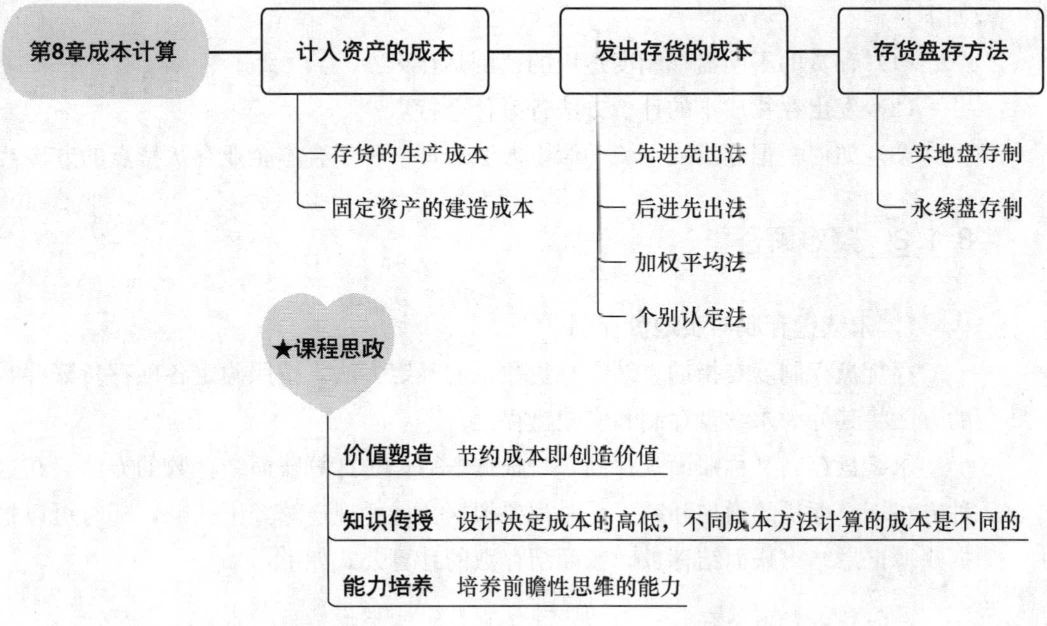

8.1 学习指导

8.1.1 学习重点

本章的学习重点是**在了解成本与费用是不同概念的基础上，掌握资产取得成本的核算方法，理解成本不仅受价格的影响，而且受存货数量的影响，不同的盘存制度对存货数量的确定方法不同，掌握发出存货的各种计价方法。**

8.1.2 学习难点和疑点

本章的难点是**对成本流动假设下各种不同计价方法对发出存货的成本的影响，继而对企业利润、期末存货价值所带来的不同结果的理解**。需要思考的问题如下：

(1) 存货的不同盘存制度适用的范围是什么？

(2) 发出存货成本的计价方法各有什么特点？

(3) 如何根据存货成本流动假设方法选择一种适合本企业存货特点的方法？

8.1.3 疑难解答

1. 永续盘存制与实地盘存制

存货盘存制度是指期末结存存货数量的确定方法。按照确定各项存货账存数的方法将其分为永续盘存制和实地盘存制。

永续盘存制又称账面盘存制，是根据账簿记录计算账面结存数的方法。在这种方法下，存货的增加和减少平时都要根据会计凭证连续登记入账，随时可以根据账簿记录结出账面结存数。账面结存数的计算公式如下：

期末账面结存数＝期初账面结存数＋本期增加数－本期减少数

实地盘存制又称实地盘存法，是根据实地盘点或技术推算得到期末实存数量，作为确认各项存货账面结存数的方法。在这种方法下，对于存货的增加，平时都要根据会计凭证连续登记入账，但对于存货的减少则不做记录，也无法结算账面结存数，只有到了期末再根据实地盘点或技术推算所得的实存数量作为账面结存数，然后倒轧出本期财产物资的减少数。本期减少数的计算公式如下：

本期减少数＝期初账面结存数＋本期增加数－期末实际结存数

永续盘存制可以在账簿中反映存货的收入、发出和结存情况，并从数量和金额两方面进行管理控制；账簿上的结存数量可以通过盘点加以核对。如果账簿上的结存数量与实存数量不符，可以及时查明原因。因此，企业一般采用永续盘存制对存货进行核算。

采用实地盘存制，平时只记录购进成本，不记录发出的数量、金额，可以简化存货的核算工作。但这种盘存制度不能从账面上随时反映存货的收入、发出和结存情况，只能通过定期盘点，计算、结转发出存货的成本。由于倒轧发出存货的成本，使结转的发出成本中可能包含非正常耗用的成本，因此，只有一些价值低、品种多、收发频繁的存货采用实地盘存制。

2. 存货成本流动假设

存货成本流动假设是指通过假定存货成本与存货实物的流动关系来确定期末存货和销售成本的方法，并不要求存货的实物与其成本保持一致。换句话说，存货成本流动假设忽略存货实物的流动，直接按照存货成本的流动假设来计算发出存货的成本。

发出存货的计价方法主要有：

(1) 先进先出法。先进先出法以先购进的存货先发出为假定前提。日常发出材料等存货的实际成本，要按库存存货中最先购进的那批存货的实际成本计价。如果发出的存货属于最先购入的两批或三批，且单价不同，就要用两个或三个不同的单价计价。这种计价方法的特点是使存货的账面结存价值接近于近期市场价格。

(2) 后进先出法。后进先出法以后购进的存货先发出为假定前提。日常发出材料等存货的实际成本要按库存存货中最后购进的那批存货的实际成本计价。如果发出的存货属于最后购入的两批或三批，且单价不同，就要用两个或三个不同的单价计价。这种计价方法的特点是使发出存货的价值接近于近期市场价格。在通货膨胀条件下，能保证成本、费用的有效补偿，符合会计核算谨慎性原则的要求。

(3) 加权平均法。采用这种方法，发出存货的单价是以期初结存数和本期增加数进行加权平均计算的，即以期初结存存货的实际成本与本期增加存货的实际成本之和，除以期初结存存货数量与本期增加存货数量之和，求得存货平均单价。其计算公式如下：

$$存货平均单价=\frac{期初结存存货实际成本+本期增加存货实际成本}{期初结存存货数量+本期增加存货数量}$$

采用这种方法，只有期末才能根据上述公式计算存货的平均单价，并对发出存货进行计价，进而计算存货结存的金额。平时从存货明细账中看不出存货的结存价值，不利于存货的日常管理工作，但这种计价方法能够减少计价的工作量。

（4）移动平均法。采用这种方法，发出存货的单价是以上次结存存货的平均单价计算的。即用以前结存存货的实际成本加上本批增加存货的实际成本，除以以前结存存货的数量加上本批增加存货的数量，求得存货的平均单价，作为发出存货的计价标准。其计算公式如下：

$$存货平均单价=\frac{以前结存存货实际成本+本批增加存货实际成本}{以前结存存货数量+本批增加存货数量}$$

采用这种方法，每购进一批存货，就要重新计算一次单价，每发出一次存货，都要按上次结存存货的平均单价作为本次发出存货的单价，因而存货的计价工作量较大。其优点是存货计价工作可以分散在月内进行。

（5）个别计价法。采用这种方法，是以某批存货增加时的实际单位成本作为该批存货发出的实际成本，即发出某批存货要根据该批存货购入时的实际单位成本计算。这种方法的优点是能正确地计算发出存货的实际成本，并随时掌握实际库存情况。但采用这种方法，要求确认发出存货和期末结存存货所属购进的批别。为此，必须按购进批别设置存货明细账，对其进行详细记录。入库时，应挂上标签，分别存放，分别保管，以便发出时便于识别是哪批购进的。这种计价方法一般只适用于价值高、数量少的存货。在采用个别计价法时，发出存货价值及期末存货价值根据下式计算：

$$发出存货价值=发出存货数量\times该批存货实际单位成本$$

$$期末存货价值=期末存货数量\times该批存货实际单位成本$$

3. 企业应该如何选择存货计价方法

由于各种发出存货计价方法带来的计算结果不同，对企业财务状况和经营成果将会产生深远影响，因此，企业应根据自身特点，对存货的构成进行分析，哪些存货容易受市场价格波动影响，哪些存货的价格相对稳定，判断未来一段时期内整个宏观经济形势对经济的影响及资产价格走势，再根据管理层的意图，选择适合行业特点的存货计价方法。会计核算方法一经选定，一般是不能随意改变的，若改变核算方法需要有充足的理由加以说明。

8.2　练习题

8.2.1　判断题

T8－1　成本计算是会计核算方法之一。（　）

T8－2　成本计算主要是对已完工产品成本的计算。（　）

T8－3　成本计算方法是复式记账法的基础，是正确计算损益的基础。（　）

T8－4　广义的成本计算存在于企业经济活动的全过程，任何一项活动纳入会计核算系统，都涉及成本的计算。（　）

T8－5　成本计算的目的之一是确定耗费的补偿尺度。（　）

T8－6　资产一旦投入使用即转化为费用，因此，耗费资产的成本计算可以转化为费用的计算。（　）

T8－7　外购材料的取得成本由材料的买价构成。（　）

T8－8　间接（共同）费用需要在各成本计算对象之间进行分配。（　）

T8－9　某企业外购A，B两种材料，其中A材料的买价为100 000元，B材料的买价为300 000元，运杂费为5 000元。如果按材料买价分摊运杂费，则A材料的取得成本为102 500元。（　）

T8－10　只要是为购进固定资产发生的支出，不论其金额大小，应全部计入固定资产的取得成本。（　）

T8－11　某企业购进一台设备，其买价为60 000元，运输费2 000元，保险费500元，安装费1 000元，则该固定资产的成本为62 500元。（　）

T8－12　自制产品的制造成本由领用材料成本和制造费用两部分构成。（　）

T8－13　采用永续盘存制时，可以随时从账簿中结出账面结存数。（　）

T8－14　采用实地盘存制时，可以随时从账簿中结出账面结存数。（　）

T8－15　不论采用何种盘存制度，账面上都应该反映存货的增减变动及结存情况。（　）

T8－16　永续盘存制加大了明细账的核算工作，因而企业较少采用。（　）

T8－17　期初结存存货价值＋本期购进存货价值＝本期减少存货价值＋期末结存存货价值。（　）

T8－18　在物价下跌时，采用先进先出法计算发出存货成本和期末存货价值，符合谨慎性原则。（　）

T8-19 在物价上涨时，采用后进先出法对发出存货和期末存货进行计价，不符合谨慎性原则。（ ）

T8-20 采用全月一次加权平均法对存货进行计价时，存货加权平均成本与现行成本存在一定差距。（ ）

T8-21 移动平均法既适用于永续盘存制，又适用于实地盘存制。（ ）

T8-22 个别计价法有可能使企业利用计价方法调节损益。（ ）

T8-23 仓库发出材料用于产品生产时，应借记“营业成本”科目，贷记“原材料”科目。（ ）

T8-24 企业在生产过程中发生的各种耗费，形成制造产品的成本。（ ）

T8-25 产品制造成本中的直接材料和直接人工属于直接费用，制造费用属于间接费用。（ ）

T8-26 生产过程中发生的直接费用计入产品的制造成本，间接费用计入管理费用。（ ）

T8-27 本期发生的生产费用应全部计入完工产品成本。（ ）

T8-28 企业在生产过程中为生产产品发生的各种耗费构成制造产品的成本。（ ）

T8-29 “生产成本”科目借方余额表示期末在产品成本。（ ）

8.2.2 单项选择题

S8-1 成本计算是（ ）。

A. 确定成本范围的重要方法　　B. 确定成本计量标准的主要方法

C. 确定核算对象的主要方法　　D. 确定补偿尺度的重要方法

S8-2 某企业外购A，B两种材料，A材料买价200 000万元，B材料300 000万元，两种材料共发生运杂费5 000元。如果运杂费按材料的买价分摊，则B材料的取得成本为（ ）元。

A. 302 500　　B. 305 000

C. 303 000　　D. 300 000

S8-3 某企业自制产品，领用材料的成本为100 000元，人工费用为10 000元，制造费用为8 000元。如果不考虑其他因素的影响，自制产品的成本为（ ）元。

A. 100 000　　B. 110 000

C. 118 000　　D. 108 000

S8-4 某企业购进固定资产的买价为50 000元，增值税6 500元，运输费100元，包装费80元，途中保险费50元。该项固定资产的取得成本为（ ）元。

A. 50 000　　B. 56 730

C. 50 130　　　　D. 50 230

S8 - 5　企业采用永续盘存制对存货进行核算时，存货账簿平时记录的内容是（　　）。

A. 对各项财产物资的增加数和减少数，都不在账簿中登记

B. 只在账簿中登记财产物资的减少数，不登记财产物资的增加数

C. 只在账簿中登记财产物资的增加数，不登记财产物资的减少数

D. 对各项财产物资的增加数和减少数，都要根据会计凭证在账簿中登记

S8 - 6　企业采用实地盘存制对存货进行核算时，存货账簿平时记录的内容是（　　）。

A. 只在账簿中登记财产物资的减少数，不登记财产物资的增加数

B. 只在账簿中登记财产物资的增加数，不登记财产物资的减少数

C. 对各项财产物资的增加数和减少数，都要根据会计凭证登记入账

D. 通过财产清查据以确定财产物资增加数和减少数，并据此登记入账

S8 - 7　在物价不断下跌的情况下，体现谨慎性原则的存货计价方法是（　　）。

A. 个别计价法　　　　B. 先进先出法

C. 后进先出法　　　　D. 加权平均法

S8 - 8　在物价上涨的情况下，体现谨慎性原则的存货计价方法是（　　）。

A. 个别计价法　　　　B. 先进先出法

C. 后进先出法　　　　D. 加权平均法

S8 - 9　下列各项中，体现人为因素较多的存货计价方法是（　　）。

A. 个别计价法　　　　B. 先进先出法

C. 后进先出法　　　　D. 加权平均法

S8 - 10　下列各项中，只能在期末计算发出存货成本的计价方法是（　　）。

A. 个别计价法　　　　B. 先进先出法

C. 后进先出法　　　　D. 加权平均法

S8 - 11　某企业 A 材料期初结存 200 件，单价 100 元，金额为 20 000 元；本期购进 500 件，单价 100 元；本期发出 600 件，毁损 10 件。采用永续盘存制时，本期发出材料的成本为（　　）元。

A. 60 000　　　　B. 61 000

C. 51 000　　　　D. 50 000

S8 - 12　某企业 A 材料期初结存 200 件，单价 100 元，金额为 20 000 元；本期购进 500 件，单价 100 元；期末结存（盘点）90 件。采用实地盘存制时，本期发出材料的成本为（　　）元。

A. 60 000　　　　B. 61 000

C. 51 000　　　　D. 50 000

S8-13 某企业A材料的有关资料见下表。

A材料明细账

金额单位：元
数量单位：件

20××年		摘要	收入			发出			结存		
月	日		数量	单价	金额	数量	单价	金额	数量	单价	金额
8	1	月初结存							100	10	1 000
	10	购进	200	10.50	2 100						
	18	发出				200					
	20	购进	400	11	4 400						
	25	发出				200					
	30	发出				200					

如果该企业采用先进先出法，发出材料的成本为（　　）元。

A. 6 600　　B. 6 500

C. 6 400　　D. 6 429

S8-14 依据第13题的资料，如果该企业采用后进先出法，发出材料的成本为（　　）元。

A. 6 400　　B. 6 429

C. 6 500　　D. 6 413

S8-15 依据第13题的资料，如果该企业采用加权平均法，发出材料的成本为（　　）元。

A. 6 400　　B. 6 429

C. 6 500　　D. 6 413

S8-16 依据第13题的资料，如果该企业采用移动平均法，发出材料的成本为（　　）元。

A. 6 400　　B. 6 429

C. 6 500　　D. 6 413

S8-17 结转已售产品成本时，应借记的科目是（　　）。

A. “主营业务成本”　　B. “生产成本”

C. “本年利润”　　D. “主营业务收入”

S8-18 企业为生产产品而发生各项费用，对此费用进行归集应设置的会计科目是（　　）。

A. “库存商品”　　B. “生产成本”

C. “管理费用”　　D. “主营业务成本”

S8-19 生产产品领用材料100 000元，厂部领用1 000元。如果不考虑其他因素的影响，应记入“生产成本”科目的金额为（　　）元。

A. 100 000　　B. 110 000
C. 111 000　　D. 11 000

S8－20　某企业生产A产品，本期领用材料50 000元，发放工资20 000元，提取折旧10 000元，其他制造费用15 000元，设“生产成本——A产品”期初余额15 000元，期末余额20 000元，则完工产品成本为（　　）元。

A. 110 000　　B. 95 000
C. 90 000　　D. 80 000

8.2.3　多项选择题

M8－1　下列各项中，属于成本计算内容的有（　　）。

A. 资产采购成本计算　　B. 商品销售成本计算
C. 负债成本计算　　D. 产品生产成本计算
E. 所有者权益成本计算

M8－2　下列各项中，包括在外购材料取得成本中的有（　　）。

A. 买价　　B. 定额内的途中损耗
C. 运杂费　　D. 非正常损耗
E. 入库前的挑选整理费

M8－3　下列各项中，会因材料取得成本计算的正确性受到影响的有（　　）。

A. 资产结存价值　　B. 净利润
C. 资产发出价值　　D. 费用
E. 投入资本价值

M8－4　下列各项中，应列入产品制造成本的有（　　）。

A. 入库前的整理费　　B. 领用材料成本
C. 保管费　　D. 制造费用
E. 人工费用

M8－5　下列各项中，包括在固定资产取得成本中的有（　　）。

A. 买价　　B. 运输费
C. 修理费　　D. 保险费
E. 安装费

M8－6　下列各项中，用于归集资产取得成本的账户有（　　）。

A. 在途物资　　B. 主营业务成本
C. 生产成本　　D. 在建工程
E. 库存商品

M8-7 下列各项中，属于存货盘存制度的有（ ）。

A. 永续盘存制　　B. 权责发生制
C. 实地盘存制　　D. 收付实现制
E. 历史成本

M8-8 永续盘存制下，存货账簿上平时登记的内容有（ ）。

A. 期初余额　　B. 本期增加额
C. 本期减少额　　D. 期末余额
E. 增减数量

M8-9 实地盘存制下，计算发出存货成本包括的内容有（ ）。

A. 正常耗用　　B. 非正常耗用
C. 毁损金额　　D. 增加金额
E. 结存金额

M8-10 下列各项中，属于发出存货计价方法的有（ ）。

A. 个别计价法　　B. 先进先出法
C. 后进先出法　　D. 加权平均法
E. 移动平均法

M8-11 在物价持续上涨或下跌时期，下列存货计价方法中对实现利润影响较大的有（ ）。

A. 加权平均法　　B. 先进先出法
C. 后进先出法　　D. 移动平均法
E. 个别计价法

M8-12 在对发出存货进行计价时，下列各因素中已知的有（ ）。

A. 期初存货价值　　B. 本期增加存货价值
C. 期末存货价值　　D. 本期减少存货价值
E. 存货总价值

M8-13 企业对发出材料进行核算，编制结转分录时可能涉及的会计科目有（ ）。

A. “材料采购”　　B. “原材料”
C. “生产成本”　　D. “管理费用”
E. “制造费用”

M8-14 下列各项中，包括在产品制造成本中的有（ ）。

A. 直接材料　　B. 制造费用
C. 直接人工　　D. 管理费用
E. 销售费用

M8-15 下列各项中，属于直接构成产品成本的材料有（ ）。

A. 主要原材料　　B. 辅助材料
C. 车间一般耗用材料　　D. 燃料
E. 生产设备用的备件

M8－16　下列各项中，属于直接构成产品成本的人工费用有（　　）。

A. 产品生产工人的工资　　B. 产品生产工人的福利费
C. 车间管理人员的工资　　D. 车间管理人员的福利费
E. 行政管理人员的工资

M8－17　下列各项中，属于制造费用的有（　　）。

A. 车间管理人员的工资　　B. 生产用固定资产折旧费
C. 生产用设备的修理费　　D. 生产产品的水电费
E. 企业照明用电的电费

8.2.4　课程思政思考题

1. 选择不同的成本计算方法，会得出不一样的利润，这是否意味着会计人员具有天然调节利润的优势？会计人员在选择会计方法时应遵循什么原则？

2. 浪费（过度消耗）是否构成资产的成本？如何从资产的成本来理解人生的成本？

3. 根据本章章后案例“点亮心灵的成本”回答：什么是有形的成本？什么是无形的成本？为什么说有时无形成本更能左右企业的发展？

4. 根据本章章后案例“点亮心灵的成本”回答：见识、远见、信念（或初心）对于企业的发展意味着什么？

5. 根据本章章后案例“点亮心灵的成本”回答：当高质量遭遇高成本时企业该如何决策？企业需要履行社会责任吗？

6. 根据本章章后案例“点亮心灵的成本”回答：公司是否可以在为金字塔底层人群不断提供低价、高质量、绿色能源照明的同时，兼顾社会公益与企业可持续发展？

8.3　练习题参考答案

8.3.1　判断题

T8－1　√	T8－2　×	T8－3　×
T8－4　√	T8－5　√	T8－6　√
T8－7　×	T8－8　√	T8－9　×
T8－10　×	T8－11　×	T8－12　×

T8-13 √	T8-14 ×	T8-15 ×
T8-16 ×	T8-17 √	T8-18 √
T8-19 ×	T8-20 √	T8-21 ×
T8-22 √	T8-23 ×	T8-24 ×
T8-25 √	T8-26 ×	T8-27 ×
T8-28 √	T8-29 √	

8.3.2 单项选择题

S8-1 D	S8-2 C	S8-3 C
S8-4 D	S8-5 D	S8-6 B
S8-7 B	S8-8 C	S8-9 A
S8-10 D	S8-11 A	S8-12 B
S8-13 C	S8-14 C	S8-15 B
S8-16 D	S8-17 A	S8-18 B
S8-19 A	S8-20 C	

8.3.3 多项选择题

M8-1 ABD	M8-2 ABCE	M8-3 ABCD
M8-4 BDE	M8-5 ABDE	M8-6 ACD
M8-7 AC	M8-8 ABCDE	M8-9 ABC
M8-10 ABCDE	M8-11 BC	M8-12 AB
M8-13 BCDE	M8-14 ABC	M8-15 ABD
M8-16 AB	M8-17 ABCD	

8.3.4 课程思政思考题（略）

8.4 教材课后部分习题参考答案

8.4.1 思考题（略）

8.4.2 练习题

E8-1 计算原材料的入账价值。

京南实业有限公司于20×6年3月采购的一批原材料成本等于原材料的购

买价格加上运输费用。为购买原材料支付的增值税不是原材料的采购成本。因此：

$$
\begin{aligned}
\text{原材料的入账价值} &= \text{买价}(3\ 000\ 000)+\text{运输费用}(150\ 000)\\
&=3\ 150\ 000(\text{元})
\end{aligned}
$$

E8-2 计算固定资产的入账价值。

京北科技股份有限公司20×6年购入一套需安装调试的机器设备的成本等于机器设备的购买价格加上装卸费再加上安装调试阶段支付的工程项目组的工资。为购买机器设备支付的增值税不构成机器设备的购置成本。

$$
\begin{aligned}
\begin{matrix}\text{固定资产(机器}\\ \text{设备)的入账价值}\end{matrix} &= \begin{matrix}\text{设备金额}\\ (4\ 000\ 000)\end{matrix}+\begin{matrix}\text{装卸费用}\\ (8\ 600)\end{matrix}+\begin{matrix}\text{项目组工资}\\ (90\ 000)\end{matrix}\\
&=4\ 098\ 600(\text{元})
\end{aligned}
$$

E8-3 练习发出存货的核算。

(1) 先进先出法。中原食品有限公司某品牌挂面在先进先出法下已销售的挂面成本（主营业务成本）和期末余额（结存金额）计算如下：

先进先出法

金额单位：元
数量单位：箱

20×8年		摘要	收入			发出			结存		
月	日		数量	单价	金额	数量	单价	金额	数量	单价	金额
9	9	采购	3 000	600	1 800 000				3 000	600	1 800 000
	10	销售				1 600	600	960 000	1 400	600	840 000
	15	采购	2 000	700	1 400 000				1 400 2 000	600 700	840 000 1 400 000
	16	销售				1 200	600	720 000	200 2 000	600 700	120 000 1 400 000
	20	采购	1 000	800	800 000				200 2 000 1 000	600 700 800	120 000 1 400 000 800 000
	21	销售				200 1 800	600 700	120 000 1 260 000	200 1 000	700 800	140 000 800 000
		本月合计	6 000		4 000 000	4 800		3 060 000	1 200		940 000

从上表可知，采用先进先出法计算的本期销货成本（主营业务成本）为3 060 000元，期末结存余额为940 000元。

(2) 加权平均法。中原食品有限公司某品牌挂面加权平均法下已销售的挂面成本（主营业务成本）和期末余额（结存金额）计算如下：

全月一次加权平均法

金额单位：元
数量单位：箱

20×8年		摘要	收入			发出			结存		
月	日		数量	单价	金额	数量	单价	金额	数量	单价	金额
9	9	采购	3 000	600	1 800 000				3 000	600	1 800 000
	10	销售				1 600			1 400		
	15	采购	2 000	700	1 400 000				3 400		
	16	销售				1 200			2 200		
	20	采购	1 000	800	800 000				3 200		
	21	销售				2 000			1 200		
		本月合计	6 000		4 000 000	4 800	666.67	3 200 016	1 200	666.67	799 984

全月一次加权平均单位成本＝[(3 000×600)＋(2 000×700)＋(1 000×800)]/6 000

≈666.67(元/箱)

从上表可知，在全月一次加权平均法下：

已销售挂面的成本＝4 800×666.67

＝3 200 016(元)

库存挂面的成本＝4 000 000－3 200 016

＝799 984(元)

实务中一般使用上月计算出来的全月一次加权平均单位成本，这样就可以计算每一次发出存货的成本。本题使用本月计算出来的加权平均单位成本。

采用全月一次加权平均法计算的本期销货成本（主营业务成本）为3 200 016元，期末结存余额为799 984元。

(3) 移动加权平均法。中原食品有限公司某品牌挂面移动加权平均法下已销售的挂面成本（主营业务成本）和期末余额（结存金额）计算如下：

移动加权平均法

金额单位：元
数量单位：箱

20×8年		摘要	收入			发出			结存		
月	日		数量	单价	金额	数量	单价	金额	数量	单价	金额
9	9	采购	3 000	600	1 800 000				3 000	600	1 800 000
	10	销售				1 600	600	960 000	1 400	600	840 000
	15	采购	2 000	700	1 400 000				3 400	658.82	2 240 000
	16	销售				1 200	658.82	790 584	2 200	658.82	1 449 416
	20	采购	1 000	800	800 000				3 200	702.94	2 249 416
	21	销售				2 000	702.94	1 405 880	1 200	702.94	843 536
		本月合计	6 000		4 000 000	4 800		3 156 464	1 200	702.94	843 536

移动加权平均法下，每进一次货需要计算一次加权平均成本。

9月15日计算的加权平均单位成本＝(840 000＋1 400 000)/(1 400＋2 000)

＝658.82(元/箱)

9月16日销售挂面的成本＝1 200×658.82＝790 584(元)

9月20日计算的加权平均单位成本＝(1 449 416＋800 000)/(2 200＋1 000)

＝702.94(元/箱)

9月21日销售挂面的成本＝2 000×702.94＝1 405 880(元)

从上表可知，在移动加权平均法下：

已销售挂面的成本＝960 000＋790 584＋1 405 880

＝3 156 464(元)

库存挂面的成本＝4 000 000－3 156 464

＝843 536(元)

采用移动加权平均法计算的本期销货成本（主营业务成本）为3 156 464元，期末结存余额为843 536元。有尾差8元，可并入本期销货成本（体现谨慎性原则），本期销货成本则为3 156 472元。

（4）后进先出法。中原食品有限公司某品牌挂面在后进先出法下已销售的挂面成本（主营业务成本）和期末余额（结存金额）计算如下：

后进先出法

金额单位：元
数量单位：箱

20×8年		摘要	收入			发出			结存		
月	日		数量	单价	金额	数量	单价	金额	数量	单价	金额
9	9	采购	3 000	600	1 800 000				3 000	600	1 800 000
	10	销售				1 600	600	960 000	1 400	600	840 000
	15	采购	2 000	700	1 400 000				1 400 2 000	600 700	840 000 1 400 000
	16	销售				1 200	700	840 000	1 400 800	600 700	840 000 5 600 000
	20	采购	1 000	800	800 000				1 400 800 1 000	600 700 800	840 000 5 600 000 800 000
	21	销售				1 000 800 200	800 700 600	800 000 560 000 120 000	1 200	600	720 000
		本月合计	6 000		4 000 000	4 800		3 280 000	1 200	600	720 000

从上表可知，采用后进先出法计算的本期销货成本（主营业务成本）为3 280 000元，期末结存余额为720 000元。

8.4.3 案例题

1. 答：所谓“痛点”，就是目前市场有需求，但还未形成有效的供给。如果企业能够解决这个“痛点”，就会成为企业的生意。“低消费市场”是一个单一细分市场，主要由低收入人群形成的低消费能力市场。

BOP群体的“痛点”在于越穷的人为照明支付的成本越高，每月需要花费5美元购入不可重复使用的蜡烛和煤油灯；同时，还需支付较高的安全成本，据调查，每年因蜡烛和煤油灯的安全问题引发的死亡人数逼近530万人。

诚信诺科技公司选择低消费市场的原因如下：

第一，与公司价值观相符。创始人出生于农村，年轻时在外打工的经历，使其更容易关注底层人群，对他们的困难能感同身受，有为低消费群体服务的强烈愿望。

第二，与公司的能力相符。初创公司的资源和能力比较适合做低消费群体需要的产品。

第三，低消费市场潜在的机会。低消费市场虽然价格低，但由于人群基数大，其潜在需求也较大。由于长期被市场忽视，生产商不足，供给能力有限，产品的市场竞争较小。低消费市场虽然个体消费能力低，但总体数量大，如果做好了，也能获得可观的利润。

第四，从企业社会责任角度来看，贫困人口作为弱势群体应当得到社会的关怀和帮助，而不是被社会遗忘。选择低消费市场体现了企业主动承担社会责任，希望为穷人解决照明问题。

第五，是一个三赢的选择。通过设计优化产品，既能满足低收入人群绿色照明的需求，又能减少疾病、环境污染甚至死亡，同时还能成就一个企业承担社会责任，是一个三方都受益的项目。

2. 答（1）对“心生成本”的理解。从会计角度，产品成本是指已经发生的资产耗费，由看得见的原材料、人工等成本组成，是因生产而发生的成本，是被动成本。

“心生成本”首先要将思维前移至设计阶段，即管理和控制成本要从设计开始。当然，设计离不开为谁生产产品这个命题，为谁生产产品既是市场需求，也是企业家的选择，饱含企业家的初心，解决为谁服务的问题。因此，从一定程度讲，成本是由“心”而生的。换句话说，“心生成本”是指产品的成本是由产品生产者的内心决定的，你想要为什么样的客户生产什么样的产品，就决定了产品的功能，产品功能在很大程度上就意味着产品成本的确定。产品成本不仅包括产品本身的材质、功能，还包括产品尺寸大小等。

诚信诺科技公司为制造一款BOP人群能够买得起、经久耐用、绿色环保的照明灯，想尽一切办法来降低成本，比如只用一颗螺丝就将产品拧紧，用可折叠的弯钩减少包装成本。此外，该企业发现产品“最后一公里”的运输困境后，想方设法将产品做小，不仅节约了材料成本，还节约了运输成本。在节约成本的同时，对产品质量却用心把关，将钱用在优良的原材料和先进技术上，选用最好的太阳能板、电池等，以保证产品实用、耐用和环保。

由此可见，成本是由“心”而生的，企业的使命、愿景、价值观，企业家的初心和情怀决定了企业应该把资金投入哪里，即企业希望为谁提供产品或服务，决定了企业的成本从何而来。用心为消费者着想，用心设计产品才能更有效地降低成本。产品成本凝聚着企业的爱心、良心和责任心。

(2) 对产品设计与成本之间关系的理解。产品设计与成本之间既是辩证统一的关系，又是决定与被决定的关系。具体而言，产品设计可以直接决定产品成本的高低。正如创始人李霞所言，产品的品质和成本有70%是由设计决定的，不能靠在生产过程中节约和压榨供应商降低。

因此，降低产品成本需要转换思维方式。一是需要战略眼光，将降低产品成本前移至设计阶段。优秀的产品设计是控制产品生产成本的源头。在材料成本上，通过设计的优化，在关键部件上使用性能最好的材料，提高产品质量，保证产品使用时长，减少回收成本，对于非关键部分，在保证产品整体质量符合要求的前提下，选择既符合经济要求也符合生产要求的材料，降低成本；在人工成本上，通过优化设计，简化产品结构，使流水线装配产品的过程更加方便便捷，减少装配误差，提高生产效率；在仓储以及物流成本上，通过设计体积较小的产品，使得在相同储存或者运输条件下能够节省空间，装载更多的产品。二是需要辩证思维，将“心”和时间用在设计上。这样势必会增加设计时间和成本，但从长期来看，优秀的产品设计可以从源头上提高产品工艺和产品品质，提高产品生产效率，大幅降低生产、安装、运输等各个环节的成本，从整体上降低产品的平均生产成本。

3. 答：太阳能LED阅读灯的成本包括原材料成本、制造费用、人工成本等。限于收集条件，只能展示原材料成本。[①] 根据实物图片，原材料成本主要包括塑料外壳、不锈钢支架、开关、LED灯、比亚迪磷酸铁锂电池、太阳能板。通过网上查找，估计单件原料成本如下：

① 原材料成本是学生参考网上报价做出的估计，实际成交价格会受很多因素影响，比如老客户、采购量等，实务中以公司采购合同确定的价格为准。

（1）塑料外壳约3元；

（2）不锈钢支架约0.9元；

（3）开关约0.2元；

（4）LED灯约4元；

（5）比亚迪磷酸铁锂电池约8元；

（6）Sun Power太阳能板约8元。

经合计，每只太阳能LED灯的原材料成本大约为24.1元，约3.5美元（按2018年12月5日的汇率计算）。

第 9 章

Chapter 9 财产清查

思维导图

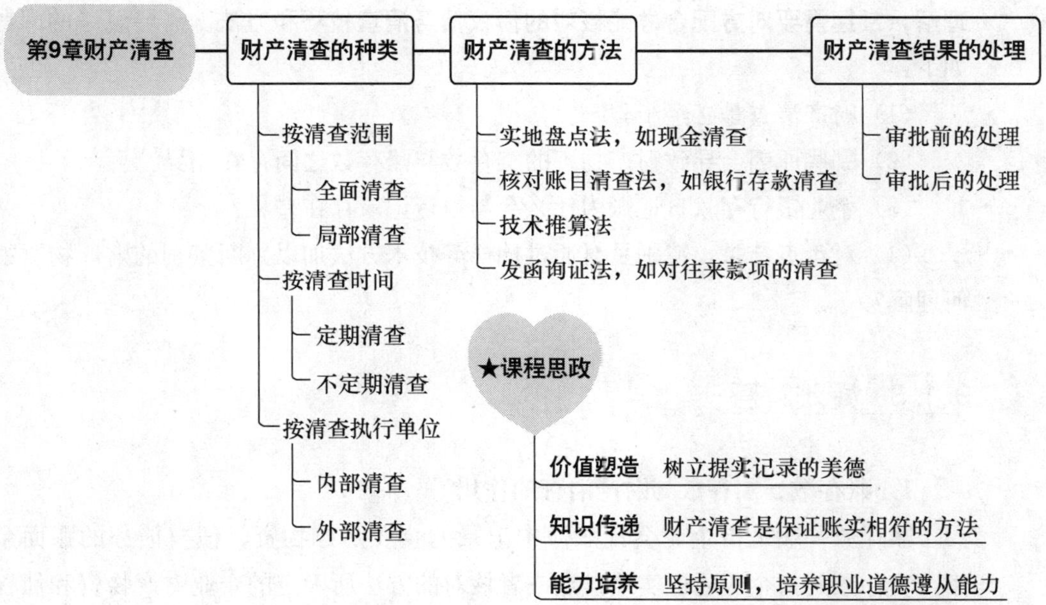

9.1 学习指导

9.1.1 学习重点

本章的学习重点是**在了解财产清查是保证账实相符的手段的基础上，理解财产清查对于编制财务报表、保证报表数据真实可靠的重要性**。掌握不同财产需要采用不同的清查方法和技巧，理解财产清查结果分两步进行处理的必要性以及为此设置的“待处理财产损溢”账户的使用方法。

9.1.2 学习难点和疑点

本章的难点是**对需要采用技术推算法才能进行盘点的财产物资的清查结果的理解，掌握需要对方配合才能核对的债权债务清查技巧和方法**。需要思考的问题如下：

（1）财产清查是必经步骤吗？

（2）哪些原因会导致财产物资的实存数与账存数之间存在差异？

（3）企业银行存款日记账为什么会与银行记录存在差异？

（4）对盘点结果，特别是对通过抽样等技术方法加以判断鉴别的财产物资如何理解？

9.1.3 疑难解答

1．账存数、实存数与财产清查的作用

账存数一般是指企业会计账簿中记录的企业财产物资、债权债务的账面余额。实存数是指企业通过实地盘点或者核对的方法所确定的企业财产物资和债权债务的实有数。通常情况下，这两者存在一定差异。

保证财务信息资料的真实性，是对会计信息最重要的质量要求。但是，由于各种主客观原因，往往会出现某些财产物资实存数与账存数不符的现象。因此，必须进行财产清查，对各项财产物资和债权债务进行定期或不定期的盘点和核对，在账实相符的基础上编制财务报表。

财产清查是通过对各项财产物资进行盘点和核对，确定其实存数，查明实存数与其账存数是否相符的一种专门方法。其作用可归纳为：

（1）确保核算资料的真实可靠；

（2）健全财产物资的管理制度；

（3）促进财产物资的安全完整及有效使用；

（4）保证结算制度的贯彻执行。

2. 财产清查的方法

财产物资的清查方法可分为两类：

（1）清查财产物资实存数的方法。这类方法主要是从数量方面对财产物资进行清查，一般包括实地盘点法和技术推算法两种。

1）实地盘点法是通过实地清点或用计量器具确定各项财产物资实存数量的方法。这种方法适用于各项实物财产物资的清查。

2）技术推算法是通过技术推算确定有关财产物资实存数量的方法。这种方法是通过量方、计尺等方法确定有关财产物资实有数量，一般适用于那些大量成堆或难以逐一清点其数量的财产，如堆放的煤或油罐中的油等。

（2）清查财产物资金额的方法。这类方法主要是从金额方面对财产物资进行清查，包括账面价值法、评估确认法、协商议价法、查询核实法等。

1）账面价值法是根据账面价值确定财产物资实存金额的方法。这种方法根据各项财产物资的实有数量和账面价值（单位价值）确定财产物资的实存金额，适用于结账前进行的财产清查。

2）评估确认法是根据资产评估的价值确定财产物资实存金额的方法。这种方法根据资产的特点，由专门的评估机构依据资产评估方法，对有关财产物资进行评估，以评估确认的价值作为财产物资的实存金额，适用于企业改组、隶属关系改变、联营、单位撤销、清产核资等情况。

3）协商议价法是根据涉及资产利益的有关各方，按照互惠互利的原则，以达成的协议价确定财产物资实存金额的方法。这种方法以协商议价作为财产物资的价值，适用于企业联营投资等情况。

4）查询核实法是依据账簿记录，以一定的查询方式，核查财产物资、货币资金、债权债务数量及其实存金额的方法。这种方法根据查询结果进行分析，以确定有关财产物资、货币资金、债权债务的实物数量和实存金额，适用于债权债务、委托代销、委托加工、出租出借的财产物资以及外埠临时存款等的查询核实。

3. 未达账项与银行存款余额调节表

未达账项是指企业和银行之间由于凭证传递等原因，导致记账时间不一致而发生的一方已经入账，另一方尚未入账的事项。未达账项一般分为以下四种情况：

（1）企业已收款记账，银行未收款未记账的款项；

（2）企业已付款记账，银行未付款未记账的款项；

（3）银行已收款记账，企业未收款未记账的款项；

（4）银行已付款记账，企业未付款未记账的款项。

上述任何一种未达账项的存在，都会使企业银行存款日记账的余额与银行开出的对账单的余额不符，月末就需要编制银行存款余额调节表加以调节使其相符。

银行存款余额调节表的编制方法主要是余额调节法。余额调节法是指编制调节表时，在双方（开户行和企业各为一方）现有银行存款余额基础上，各自加减未达账项进行调节的方法。调节的方式也有两种：一种是补记式，即双方在原有余额基础上，各自补记对方已入账而本单位尚未入账的账项（包括增加和减少款项），然后检查经过调节后的账面余额是否相等；另一种是还原式，又称冲销式，即双方在原有余额基础上，各自将本单位已入账而对方尚未入账的款项（包括增加和减少款项），从本单位原有账面余额中冲销，然后检查经过调节后的账面余额是否相等。

值得注意的是，银行存款余额调节表不能作为原始凭证进行账簿调整，只有等未达账项变成已达账项以后才能作为入账的依据。

4. 待处理财产损溢

为了核算和监督财产清查结果的账务处理情况，需设置“待处理财产损溢”账户。这个账户是一个过渡账户，使用期间是从发现账存实存不一致起到有关部门批准进行处理时为止。该账户的借方先登记发生的待处理盘亏、毁损的金额，待盘亏、毁损的原因查明并经审批后，再从该账户的贷方转入有关账户的借方；该账户的贷方先登记发生的待处理盘盈的金额，待盘盈的原因查明并经审批后，再从该账户的借方转入有关账户的贷方。

9.2 练习题

9.2.1 判断题

T9－1 财产清查是指通过对货币资金、实物资产和往来款项等财产物资进行盘点或核对，确定其实存数，查明账存数与实存数是否相符的一种专门方法。

（ ）

T9－2 在一般情况下，全面清查既可以是定期清查，也可以是不定期清查。（ ）

T9－3 局部清查一般适用于对流动性较大的财产物资和货币资金的清查。（ ）

T9－4 单位撤销时，应进行局部清查。（ ）

T9－5 实地盘点法与技术推算法相比，花费的时间少，工作量也要小得多。（ ）

T9－6 对财产物资价值量的确定，必须采用账面价值法。（ ）

T9－7 在各种实物的清查过程中，实物保管人员必须在场，参加盘点，但不宜单独承揽财产清查工作。（ ）

T9－8 对贵重物资一般要经常进行局部清查，至少应每月清查盘点一次。（ ）

T9－9 库存现金的清查是通过实地盘点法进行的。（ ）

T9－10 银行存款余额调节表是一种对账记录，因此是原始凭证。（ ）

T9－11 对未达账项进行调节后的余额表明企业可以实际支取的存款额。（ ）

T9－12 对未达账项应编制银行存款余额调节表进行调节，同时将未达账项编制记账凭证调整入账。（ ）

T9－13 银行存款余额调节表编制完毕，若调节的余额相符或差额相符，表明账簿记录基本无错误；若余额或差额不符，表明账簿记录一定有错误。（ ）

T9－14 盘盈的材料可以冲减管理费用。（ ）

T9－15 盘亏的材料一般作为营业外支出处理。（ ）

T9－16 对财产清查结果进行账务处理时，一律调整账存数。（ ）

T9－17 对财产清查结果进行账务处理时，都必须按相反方向对冲“待处理财产损溢”账户。（ ）

T9－18 “待处理财产损溢”账户是损益类账户。（ ）

T9－19 转销盘盈、盘亏的固定资产，一律作为营业外收支处理。（ ）

T9－20 某企业盘盈固定资产一项，其原值估计为5 000元，五成新，编制的会计分录为借记“固定资产”科目5 000元，贷记“累计折旧”科目2 500元，贷记“营业外收入”科目2 500元。（ ）

9.2.2 单项选择题

S9－1 在编制年度财务报表之前，企业需要（ ）财产清查。

A. 对企业重要财产进行重点

B. 对企业所有财产进行全面

C. 对企业一部分财产进行局部

D. 对企业流动性较大的财产进行全面

S9-2 下列各项中，适合现金清查采用的方法是（　　）。

A. 实地盘点法　　B. 账面价值法

C. 技术推算法　　D. 查询核实法

S9-3 下列各项中，属于技术推算法适用范围的是（　　）。

A. 流动性较大的物资　　B. 固定资产

C. 大量成堆或难以逐一清点的存货　　D. 检查账表是否相符

S9-4 银行对账单指的是（　　）。

A. 银行转来的记录　　B. 企业会计所作的记录

C. 财产清查人员所作的记录　　D. 出纳的记录

S9-5 对银行存款进行清查时，需核对的是（　　）。

A. 银行存款日记账与总账

B. 银行存款日记账与银行存款收付款凭证

C. 银行存款日记账与银行对账单

D. 银行存款总账与银行存款收付款凭证

S9-6 “待处理财产损溢”账户借方核算（　　）。

A. 发生待处理财产的盘亏或毁损数

B. 财产盘盈数

C. 发生待处理财产的盘盈数

D. 结转已批准处理的财产盘亏数或毁损数

S9-7 盘盈现金经批准处理时应借记的科目是（　　）。

A.“待处理财产损溢”　　B.“其他应付款”

C.“库存现金”　　D.“营业外收入”

S9-8 某企业银行存款日记账7月31日的余额为164 049元，对账单列出银行代收应收账款2 000元、代付水费100元。如果不考虑其他因素的影响，其调节后余额为（　　）元。

A. 164 049　　B. 166 049

C. 165 949　　D. 166 149

S9-9 20××年3月31日，D公司编制的银行存款余额调节表显示，调节后的余额均为2 596 000元，企业和银行均不存在记账错误。但经逐笔勾对，发现3月份存在以下两笔未达账项：(1) D公司购买原材料开出支票支付货款25 000元，并已登记入账，但持票人尚未向银行办理进账手续，银行尚未记账；(2) 银行已为企业收取货款60 000元，但D公司尚未收到收款通知，尚未记账。20××年 3 月 31 日，D 公司账面存款余额和银行对账单存款余额分别是（ ）元和（ ）元。

A. 2 561 000　2 656 000　　B. 2 536 000　2 621 000

C. 2 571 000　2 656 000　　D. 2 656 000　2 621 000

S9-10 盘亏的存货，报经批准处理后进行账务处理时，应该分别情况记入有关账户，但不计入（ ）。

A. 管理费用　　B. 制造费用

C. 营业外支出　　D. 其他应收款

S9-11 盘盈的存货在批准处理前，应贷记的会计科目是（ ）。

A. “待处理财产损溢”　　B. “管理费用”

C. “营业外收入”　　D. “资本公积”

S9-12 存货发生定额内损耗，应记入的会计科目是（ ）。

A. “待处理财产损溢”　　B. “管理费用”

C. “营业外支出”　　D. “其他应收款”

S9-13 盘亏的固定资产经批准后，应将其差额借记的会计科目是（ ）。

A. “待处理财产损溢”　　B. “营业外收入”

C. “营业外支出”　　D. “累计折旧”

S9-14 某企业盘亏固定资产一项，原价为 10 000 元，已提折旧 4 000 元，净值 6 000 元，则应记入“待处理财产损溢”科目的金额为（ ）元。

A. 10 000　　B. 6 000

C. 4 000　　D. 0

S9-15 某企业盘盈固定资产一项，报经批准后将其已计入待处理财产损溢的部分，贷记（ ）会计科目。

A. “营业外收入”　　B. “营业外支出”

C. “累计折旧”　　D. “以前年度损益调整”

9.2.3 多项选择题

M9-1 财产清查的作用主要体现在（ ）。

A. 保证账实相符　　B. 提高会计资料的准确性

C. 保障资产的安全　　D. 保障资产的完整

E. 加速资金周转，提高经济效益

M9-2 导致账实不符的常见原因有（ ）。

A. 收发计量器具导致的计量误差

B. 会计人员疏漏导致的错误

C. 实物资产的物理化学性能导致的误差

D. 未达账项

E. 贪污盗窃和不可抗力事件导致的毁损灭失

M9－3 财产清查按清查的范围可分为（　　）。

A. 重点清查　　B. 定期清查

C. 全面清查　　D. 局部清查

E. 内部清查

M9－4 下列各项中，属于全面清查适用范围的有（　　）。

A. 年终决算前　　B. 单位撤销

C. 资产评估　　D. 单位合并

E. 每月月末

M9－5 下列各项中，属于不定期清查适用范围的有（　　）。

A. 更换财产保管人　　B. 发生自然灾害损失

C. 发生意外损失　　D. 更换现金保管人

E. 单位撤销

M9－6 财产清查按照时间划分，可分为（　　）。

A. 全面清查　　B. 局部清查

C. 定期清查　　D. 不定期清查

E. 现金清查

M9－7 企业除了在编制财务报表之前进行定期的内部财产清查以外，还有下列（　　）等外部单位为专项目的对其进行财产清查。

A. 上级主管机关　　B. 国家审计机关

C. 司法部门　　D. 注册会计师

E. 税务机关

M9－8 财产清查的一般程序主要包括（　　）。

A. 成立清查小组

B. 确定清产对象、范围，明确清查任务

C. 制定清查方案

D. 填制盘存清单

E. 根据盘存清单填制实物、往来款项清查结果报告表

M9－9 实存账存对比表不是（　　）。

A. 登记总分类账的直接依据　　B. 调整账簿记录的记账凭证

C. 调整账簿记录的原始凭证　　D. 登记日记账的直接依据

E. 编制财务报表的直接依据

M9－10 未达账项是指（　　）。

A. 企业已收款记账，银行未收款未记账的款项
B. 企业已付款记账，银行未付款未记账的款项
C. 银行已收款记账，企业未收款未记账的款项
D. 银行已付款记账，企业未付款未记账的款项
E. 银行和企业都没有收付的款项

M9-11 下列各项中，可以作为财产清查原始凭证的有（ ）。

A. 实存账存对比表　　B. 现金盘点报告表
C. 未达账项登记表　　D. 结算款项核对登记表
E. 出纳人员赔偿现金短缺的收据

M9-12 对于存货和固定资产等各项财产物资的数量清查，一般采用的方法有（ ）。

A. 账面价值法　　B. 实地盘点法
C. 技术推算法　　D. 查询核实法
E. 评估确认法

M9-13 下列各项中，属于实地盘点法适用范围的有（ ）。

A. 各项实物财产物资　　B. 银行存款
C. 库存现金　　D. 应付账款
E. 实收资本

M9-14 下列各项中，适合采用查询核实法进行财产清查的有（ ）。

A. 应收账款　　B. 银行存款
C. 出租出借包装物　　D. 委托加工材料
E. 应付账款

M9-15 下列各项中，构成账实核对主要内容的有（ ）。

A. 现金日记账与现金实存数的核对
B. 银行存款日记账与银行对账单的核对
C. 材料明细账与材料实存数的核对
D. 应收账款明细账与债务单位对账单的核对
E. 固定资产明细账与固定资产实存数的核对

M9-16* 下列各项中，适合采用评估确认法进行财产清查的有（ ）。

A. 企业改变隶属关系　　B. 企业联营投资
C. 单位撤销　　D. 清产核资
E. 单位合并

M9-17 采用余额调节法（还原式）时，应在银行对账单余额的基础上加减的项目有（ ）。

A. 加银行已付入账企业未付入账的款项

B. 减银行已收入账企业未收入账的款项

C. 加企业已付入账银行未付入账的款项

D. 减企业已收入账银行未收入账的款项

E. 银行未入账企业未入账的收入事项

M9-18 企业进行财产清查后，与账面数进行比较后可能产生的结果有（　　）。

A. 账实一致

B. 账存数大于实存数

C. 毁损

D. 账存数小于实存数

E. 财产质量不符

M9-19 下列各项中，属于“待处理财产损溢”账户借方登记的内容有（　　）。

A. 发生的待处理财产盘亏数

B. 发生的待处理财产盘盈数

C. 批准转销的待处理财产盘亏数

D. 批准转销的待处理财产盘盈数

E. 发生的待处理财产毁损数

M9-20 存货盘亏并经批准后进行会计处理时，涉及的借方科目有（　　）。

A.“管理费用”

B.“其他应收款”

C.“应付职工薪酬”

D.“营业外支出”

E.“待处理财产损溢”

M9-21 固定资产盘亏、经批准处理前涉及的借方科目可能有（　　）。

A.“固定资产”

B.“累计折旧”

C.“其他应收款”

D.“营业外支出”

E.“待处理财产损溢”

9.2.4 课程思政思考题

1. 财产清查是保证账实相符、财务报告数据真实的前提。如何理解定期清产与不定期清查的意义？你认为自己的财产是否也需要进行定期盘点清查？

2. 财产清查对反腐倡廉有什么作用？

3. 如何杜绝实务中企业以白条抵库、私设“小金库”的行为？

4. 如何将传统资产盘点方法与数字经济下的高科技技术相结合来提升财产清查的质量？

9.3 练习题参考答案

9.3.1 判断题

T9－1 √	T9－2 √	T9－3 √
T9－4 ×	T9－5 ×	T9－6 ×
T9－7 √	T9－8 √	T9－9 √
T9－10 ×	T9－11 ×	T9－12 ×
T9－13 √	T9－14 √	T9－15 ×
T9－16 √	T9－17 √	T9－18 ×
T9－19 ×	T9－20 ×	

9.3.2 单项选择题

S9－1 B	S9－2 A	S9－3 C
S9－4 A	S9－5 C	S9－6 A
S9－7 A	S9－8 C	S9－9 B
S9－10 B	S9－11 A	S9－12 B
S9－13 C	S9－14 B	S9－15 D

9.3.3 多项选择题

M9－1 ABCDE	M9－2 ABCDE	M9－3 CD
M9－4 ABCD	M9－5 ABCDE	M9－6 CD
M9－7 ABCDE	M9－8 ABCDE	M9－9 ABDE
M9－10 ABCD	M9－11 AB	M9－12 BC
M9－13 AC	M9－14 ACDE	M9－15 ABCDE
M9－16 ABCDE	M9－17 CD	M9－18 ABD
M9－19 ADE	M9－20 ABD	M9－21 BE

9.3.4 课程思政思考题（略）

9.4 教材课后部分习题参考答案

9.4.1 思考题（略）

9.4.2 练习题

E9-1 练习存货盘亏的账务处理。

第一步，先将盘亏的原材料（实际数小于账面数）进行冲减，使其账实相符；同时，记入“待处理财产损溢——待处理流动资产损溢”的借方，等待查明原因进行处理。会计分录如下：

借：待处理财产损溢——待处理流动资产损溢 18 000

　贷：原材料——甲材料 18 000

第二步，根据题中给定的盘亏原因，做如下处理：

（1）材料短缺中，属于定额内合理损耗的部分。

借：管理费用 300

　贷：待处理财产损溢——待处理流动资产损溢 300

（2）非正常损失部分，作为残料收回部分增加“原材料”，保险公司赔款记入“其他应收款——保险公司”，剩余部分作“营业外支出”处理。会计分录如下：

借：原材料 260

　　其他应收款——保险公司 17 000

　　营业外支出——非常损失 440

　贷：待处理财产损溢——待处理流动资产损溢 17 700

E9-2 练习货币资金、实物清查的账务处理。

（1）填制库存现金盘点报告表。

库存现金盘点报告表

20×6年11月30日

实存金额（元）	账存金额（元）	对比结果（打“√”）		备注（处理意见）
		溢余	短缺	
32 000	30 000	（√）	（ ）	记入“其他应付款”

负责人签章：（李某）　　盘点人签章：（王某）　　出纳人签章：（张某）

（2）填制银行存款余额调节表。

20×6 年 11 月 30 日　　　　金额单位：元

项目	金额	项目	金额
企业银行存款日记账余额	280 000	银行对账单余额	350 000
（+）银行已收，企业未收 （-）银行已付，企业未付	130 000 18 000	（+）企业已收，银行未收 （-）企业已付，银行未付	50 000 8 000
调节后存款余额	392 000	调节后存款余额	392 000

（3）编制固定资产盘亏报经批准前和批准后的会计分录。

1）批准前。

借：待处理财产损溢——待处理非流动资产损溢　　18 000

　　累计折旧　　10 000

　贷：固定资产——Y 设备　　28 000

2）批准后。

借：营业外支出　　18 000

　贷：待处理财产损溢——待处理非流动资产损溢　　18 000

第 10 章

Chapter 10 账项调整

思维导图

- 第10章账项调整
  - 账项调整的目的
    - 使会计数据更接近实际
  - 账项调整的依据
    - 权责发生制
    - 配比原则
  - 账项调整的项目
    - 递延项目
      - 预付项目
      - 预收项目
    - 应计项目
      - 应计费用
      - 应计收入
    - 估计项目
    - 实地盘存制销货成本的调整

★课程思政

- **价值塑造** 树立权利与义务对等的理念
- **知识传授** 会计按期间计算利润时，需要编制调整分录
- **能力培养** 培养因果思维和专业判断能力

10.1 学习指导

10.1.1 学习重点

本章的学习重点是在对“为何要从企业持续不断的经营周期中截取一个片段（按会计期间）来反映企业的财务状况和经营成果”这个问题做出合理解释的基础上，来理解**编制财务会计报告之前一定要进行账项调整的目的以及账项调整的理论依据，掌握递延项目、应计项目、估计项目的调整方法和调整分录的编制**。

10.1.2 学习难点和疑点

本章的难点是**如何理解现代财务会计按照权利与义务来确认收入和费用，而不是按照资金的实际收付来确认收入和费月**。需要思考的问题如下：

（1）按照受益期进行账项调整的会计信息是否就一定优于按现金的收付期确认的收入和费用？

（2）由权责发生制衍生出来的配比原则和三种配比方式该如何选择和使用？

（3）如何进行本期收入和费用的调整？

（4）如何理解调整分录中的会计科目？

10.1.3 疑难解答

1. 为什么要分期计算利润，分期对外报告

马克思在《资本论》中对簿记的发展过程及其重要性有过深刻的阐述，“过程越是按照社会规模进行，越是失去纯粹私人的性质，作为对过程的监督和观念上的总括的簿记就越是必要；因此，簿记对资本主义生产，比对手工业和农民的分散生产更为必要”①。

手工业一般以家庭作坊为主，不需要分期计算，也无须报告，一般规模不大，所有账目记在心里就可以了。即使较大的家族企业也是如此，只有政府要征税时，才分期计算损益。

---

① 马克思．资本论：第2卷．北京：人民出版社，2004.

从德国福格尔家族1527—1553年编制的财产目录来看，福格尔家先后进行了5次大决算，除1527年是间隔17年才进行损益决算外，其余基本上都是6年或7年的期间损益计算。因为当时奥格斯堡的城市法明确规定，任何一位银行家、商人，每隔6年均得提交有关财产税的申报单。①

农业受自然环境影响，严格按照春播、夏种、秋收、冬藏的自然规律，年复一年地进行轮作，其产品绝大部分保鲜时间短、不易储藏，生产多少基本就消费多少，消费不了只好自行分解，回归农田；一年的收成也一目了然，这种自给自足的小农经济不对农具、耕牛等进行折旧，也不需要对外报告。这便是马克思所说的分散的手工业者和农民的情况。

17世纪，随着海洋贸易的兴起，一种有期限的股份形式成了远洋贸易的主要资金来源，大家共同出资，每次航行结束就进行一次资产和利润的清算，以便在股东之间进行分配。下一次航行再吸收冒险家的资本。这种资本的非永久性、贸易活动的非连续性和合伙的有限性，自然形成了分期计算利润的需求。

但是，随着大型合伙制企业的产生，尤其是19世纪公司制企业的出现，其性质就发生了根本改变。一是资金筹措方式发生了改变，资本成了企业永久的资本；二是大量工厂的兴建、机器设备的购入带来的成本分摊成了一个不能回避的问题，股东的回报也不能等到歇业清算时才进行计算。

股份有限公司将股东与企业隔离开来，股东手上只有一张证明投资的纸，用股东投资的钱购买的资产是企业的资产，因为法律赋予了企业法人资格，拥有自然人一样的民事行为能力。这种所有权与经营权相分离的状况，也催生了单独向股东汇报的财务报告，在工业革命发生最早的英国，实际业务中已广泛采用年度决算制，它表明定期损益计算在英国已成风气。比如1844年公司法出台后，英国的投资者开始期盼着“在每次例行的股东会议中都能够看到……一张‘全面而公允’的资产负债表……（并且）……指定审计师，在每次会议上都宣读对资产负债表的审计报告”（Skinner，1987）。

分期提供报告的前提是分期计算损益。分期计算损益，首先要解决如何将长期资产的成本计入每一会计期间。早在1878年英国曼彻斯特的会计员托马斯·巴特斯比（Thomas Battersby）就提出了“主要成本”的概念，认为应将折旧费用作为主要成本的项目之一。

1899年，纽约证券交易所要求上市公司定期提供财务报表，至此，定期提供财务报告就成了上市公司必须履行的义务。

综上所述，分期计算利润，分期对外报告的原因可以归纳为：一是企业存续的时间更长，出现了长期资产的概念，需要将资产在存续期间转化为费用，以正

① 文硕．西方会计史——会计发展的五次浪潮（上）．北京：经济科学出版社，2012．

确地计算出各期的损益；二是公司制尤其是股份有限公司所有权与经营权分离，需要经营者向股东定期进行报告；三是国家税收征管的需要。

2. 按权责发生制提供的信息是否优于按收付实现制提供的信息

从道理上看，按权责发生制提供的信息更合情合理，因为权利与义务的对等性是人们普遍接受的价值观。

按权责发生制提供的数据具有平滑的作用，避免了按收付实现制提供的数据的大起大落，更有利于会计信息使用者对公司业绩的预测和判断。

3. 配比原则与三种配比方式

从权责发生制衍生出一个重要的“配比原则”，使得相关的收入和相关的费用可以在同一个期间进行对比，以计算出当期的利润（亏损）。更通俗的说法是可以在同一张利润表中得到配比。配比的方式有因果配比、系统而合理的配比、期间配比。

因果配比最好理解，销售商品、提供劳务的收入与销售商品或提供劳务的成本进行配比。

采用系统而合理的方法进行配比，实质上是解决长期资产的成本所产生的当期收入如何配比的问题。

期间配比，是指那些对收入创造有巨大贡献，但又找不到合适的配比对象，将其当期发生的管理费用、销售费用和财务费用与当期的收入进行配比。

4. 如何进行本期收入和本期费用的账项调整

本期收入的调整主要涉及应计收入和预收账款。应计收入主要是指本期已经发生并符合收入确认标准，但尚未收到相应款项的收入。如应收金融机构的存款利息、应收的销售货款等。凡属于本期的收入，不管其款项是否收到，都应作为本期收入，期末将尚未收到的款项调整入账。预收账款是指企业已经收取有关款项，但未交付商品或提供劳务，需在期末按本期已完成的比例，分摊本期已确认收入的金额，并调整以前已收到款项的预收账款，即将负债转为收入。

本期费用与支出的调整主要涉及应计费用。应计费用是指那些已在本期发生，因款项未付而未登记入账的费用。如应付银行借款利息支出、保险费支出、修理费用支出等。凡属于本期的费用，不管其款项是否支付，都应作为本期费用处理。期末应将那些属于本期但尚未支付的费用调整入账。费用分摊是指企业支出的收益期超过一个会计期间，为了正确计算各个会计期间的盈亏，就需要将已受益的部分调整出来作为费用，如固定资产折旧。

5. 再话会计科目的设置及使用

严格意义上说，会计科目的设置属于企业内部核算范畴，一般的外部信息使用者无法查看，外部信息使用者只能看到企业对外公布的财务报表，因此，财务报表格式的标准化和统一相较于会计科目的标准化和统一更为重要。换句话说，会计科目的名称或称谓，只要言简意赅就可以了，比如折旧费用，在我国必须按照“谁受益，谁负担”的原则，分别在“制造费用”“销售费用”“管理费用”等账户中进行核算，而国外可能就只在一个“折旧费用”科目中核算即可，同理，工资费用只需在一个会计科目“工薪费用”中核算，而我国则需记入“生产成本”“制造费用”“销售费用”“管理费用”等账户中进行核算。这里体现出两种不同的管理风格，一个只需要一个费用总额即可，一个需要细分到不同部门不同费用科目，核算更加细致。再如，同样是土地、厂房、设备等资产，我国需要分设两个账户，因为企业对土地只有使用权，使用权在“无形资产”账下核算，厂房机器设备等在“固定资产”账下核算，国外一般只用一个科目“土地、厂场、设备”（plant equipment property），这些差异体现的是对业务的理解、管理目标和信息质量的要求不同。

一项经济业务的发生究竟选用什么会计科目，对初学者本身就具有挑战，更不用说还要根据企业独特的经济业务来设置恰当的会计科目。但随着知识的积累，我们必须具备这样的能力。否则，连简单的定期存款也无法核算。

银行存款是用于转账结算的资金，分活期存款和定期存款。定期存款是银行与存款人双方在存款时事先约定期限、利率，到期后支取本息的存款。利率确定、期限确定、到期能如数收回本金和利息，几乎没有风险，当然极端情况（银行破产）除外。表面上看，只是从活期存款账户转入定期存款账户，或者变成存款单，但定期存款实质上还是属于让渡资产使用权的行为，通过银行放贷，收取利息后再分一部分利息收入给存款人，按道理也应该算是投资收益。但按照习惯，一般不将银行存款利息作为收入，而是直接冲减财务费用。因此，仅利息就可以有三种做法：一是单独设置“利息收入”（金融机构）账户核算；二是作为“投资收益”核算；三是冲减“财务费用”。

相对应地，将短期存款变为定期存款，应该用什么会计科目核算，也涉及几种处理方法：一是在“其他货币资金”科目下设置二级账户“定期存款”；二是直接设置一个一级账户“定期存款”；三是在“银行存款”账户下设置二级账户“定期存款”。教材选择的是第一种方案，理由如下：定期存款相当于限定了用途的存款，不能随时支取，若提前支取银行则按短期存款利率计算。因此，为了有别于银行存款，便选择“其他货币资金”会计科目进行核算。

其他货币资金主要用于核算有别于现金和银行存款支取方式和管理方式的货币资金，如银行汇票存款、信用证保证金存款、存出投资款等（这些业务参见

“财务会计学”课程）。在其下设置定期存款明细账，能够很好地与银行存款区别开来。当然，其他两种方案也是可以采用的。

其实采用哪个方案不是问题的关键，关键是如何在财务报表中列报。当企业有定期存款时，一定要判断该定期存款剩余时间还有多长。短于一年到期的，应归入其他流动资产；长于一年到期的，则归入其他非流动资产，在现金流量表上也不能将这部分定期存款的本息作为现金或现金等价物列报。

此外，在采用实地盘存制下对已售存货成本调整时，设置了“购货”账户。可以说“购货”账户是专门为采用实地盘存制的企业设置的一个账户，专门用于记录平时采购存货的增加，凡是学过会计的人一看这个账户就明白这家企业采用的是实地盘存制，一般规模不大，平时只需要对购进的存货做个记录即可，减少的存货不做记录，期末进行盘点，通过公式“期初存货＋本期购货－期末存货＝销售成本”，就可以倒推出已出售（已使用）的存货成本。

由此可见，会计科目的选择或者设置需要灵活性与原则性相结合，才能如实地反映企业经济活动的全貌。不同国家、不同地区的会计科目设置及报表格式存在一定差异，但万变不离其宗。

10.2 练习题

10.2.1 判断题

T10－1 会计分期假设是账项调整的主要原因。（ ）

T10－2 账项调整的依据是权责发生制。（ ）

T10－3 账项调整的目的是使企业计算的利润更加接近实际。（ ）

T10－4 账项调整只对资产和负债进行调整，对收入和费用不会产生影响。（ ）

T10－5 收付实现制以应收应付为标准对已入账的资产和费用进行调整。（ ）

T10－6 权责发生制以实收实付为标准进行账项调整。（ ）

T10－7 递延项目是指现金已在本期收到或支付，但不在本期确认，而要推迟到以后期间确认的项目。（ ）

T10－8 预付费用是指企业已经支付，但尚未受益的费用。（ ）

T10－9 预付费用又称递延费用，是指预先支付货币资金而由其后几个会计期间共同受益的项目。（ ）

T10－10 预收收入是企业的一项资产。（ ）

T10－11 应计项目是指在现金实际收付之前确认收入或费用的项目，包括

应计费用和应计收入。（　　）

T10-12　预付费用的特点是费用支付在前，现金发生在后。（　　）

T10-13　应计费用的特点是费用确认在前，现金发生在后。（　　）

T10-14　实务中，企业每个月计提的折旧也是一种账项调整。（　　）

T10-15　按收付实现制和权责发生制调整的结果总是相等。（　　）

T10-16　权责发生制下，会计期末在计算利润之前必须进行账项调整。（　　）

T10-17　经过期末账项调整，账簿记录中有关收入和费用科目所记录的金额，便是应归属本期收入和费用的金额。（　　）

10.2.2 单项选择题

S10-1　会计的（　　）假设是会计分期假设的基础。

A. 持续经营　　B. 货币计价

C. 会计主体　　D. 币值稳定

S10-2　账项调整的直接原因是（　　）假设。

A. 持续经营　　B. 会计分期

C. 权责发生制　　D. 币值稳定

S10-3　会计期末，企业进行账项调整的依据是（　　）。

A. 权责发生制　　B. 收付实现制

C. 成本计算　　D. 会计分期

S10-4　递延项目除了预付账款外，还包括（　　）。

A. 应计费用　　B. 应计收入

C. 预收账款　　D. 利息收入

S10-5　应计项目除了应计收入外，还包括（　　）。

A. 预收账款　　B. 预付费用

C. 应计费用　　D. 利息收入

S10-6　下列项目中，（　　）属于估计项目。

A. 预付租金　　B. 预收账款

C. 利息费用　　D. 产品质量保证

S10-7　企业发生预收出租固定资产租金的业务，此项经济业务产生的影响是（　　）。

A. 资产增加，同时负债增加　　B. 资产增加，同时收入增加

C. 所有者权益增加，同时费用减少　　D. 资产增加，同时负债减少

S10-8　下列各项中，属于本期收入尚未收到款项的账项调整项目的是（　　）。

A. 银行借款利息　　B. 银行存款利息
C. 预收账款　　D. 预付账款

S10-9　下列各项中，属于本期费用尚未支付款项的账项调整项目的是（　　）。

A. 银行借款利息　　B. 银行存款利息
C. 预收账款　　D. 应收账款

10.2.3　多项选择题

M10-1　账项调整的项目有（　　）。

A. 预付账款　　B. 预收账款
C. 应计费用　　D. 应计收入
E. 坏账损失

M10-2　下列属于递延项目的有（　　）。

A. 预付账款　　B. 预收账款
C. 应计费用　　D. 应计收入
E. 固定资产折旧

M10-3　下列属于应计项目的有（　　）。

A. 估计项目　　B. 预收账款
C. 应计费用　　D. 应计收入
E. 预付账款

M10-4　费用与收入相配比的方式有（　　）。

A. 因果配比　　B. 期间配比
C. 系统而合理的配比　　D. 历史成本原则
E. 公允价值原则

M10-5　在计算固定资产折旧时，下列项目中需要估计的是（　　）。

A. 固定资产实际购买价格　　B. 固定资产报价
C. 固定资产使用年限　　D. 残值
E. 折旧率

M10-6　下列项目中需要在期末进行账项调整的是（　　）。

A. 属于本期收入，但尚未收到款项
B. 属于本期费用，但尚未支付款项
C. 本期已收款，不属于或不完全属于本期的收入部分
D. 本期已付款，不属于或不完全属于本期的费用部分
E. 期末计算应缴纳的税金

M10-7　下列各项中，属于本期收入尚未收到款项的账项调整的有（　　）。

A. 银行存款利息收入
B. 债券利息收入
C. 应付购货款
D. 银行借款利息支出
E. 预收租金收入

10.2.4 课程思政思考题

1. 如何理解权利？如何理解义务？会计中哪些会计科目核算的是权利，哪些会计科目核算的是义务？

2. 从权责发生制衍生出来的配比原则是因果逻辑思维的结果，请结合因果逻辑关系，谈一谈学习付出与收获的关系。

3. 账项调整是会计分期的需要，大学四年的学习是否需要进行分期调整？可能需要进行哪些"账项调整"？

10.3 练习题参考答案

10.3.1 判断题

T10-1 √　T10-2 √　T10-3 √
T10-4 ×　T10-5 ×　T10-6 ×
T10-7 √　T10-8 ×　T10-9 √
T10-10 ×　T10-11 √　T10-12 ×
T10-13 √　T10-14 √　T10-15 ×
T10-16 √　T10-17 √

10.3.2 单项选择题

S10-1 A　S10-2 B　S10-3 A
S10-4 C　S10-5 C　S10-6 D
S10-7 A　S10-8 B　S10-9 A

10.3.3 多项选择题

M10-1 ABCDE　M10-2 AB　M10-3 CD
M10-4 ABC　M10-5 CDE　M10-6 ABCDE
M10-7 AB

10.3.4 课程思政思考题（略）

10.4 教材课后部分习题参考答案

10.4.1 思考题（略）

10.4.2 练习题

E10-1 练习调整分录的编制。

（1）不需调整。

（2）借：管理费用　6 000

　　贷：预付费用——租金　6 000

（3）不需调整。

（4）借：预收账款　10 000

　　贷：主营业务收入　10 000

（5）借：财务费用——利息费用　200

　　贷：应付利息　200

E10-2 对比收付实现制与权责发生制。

权责发生制与收付实现制结果对比见下表。

20×7 年 1—6 月　　金额单位：元

项目		收付实现制		权责发生制	
序号	经济业务	收入	费用	收入	费用
1	借款 100 万元，半年应计利息 3 万元				30 000
2	支付全年租金 120 万元		1 200 000		600 000
3	赊购检测线 100 万元，按 10 年计提折旧				50 000
4	购进汽车 2 000 万元		20 000 000		
5	销售汽车收入 4 500 万元	45 000 000		45 000 000	
6	半年维修收入 30 万元	300 000		300 000	
7	全年租金收入 24 万元	240 000		120 000	
8	半年日常运营费 25 万元		250 000		250 000
9	已售汽车成本 4 200 万元				42 000 000
10	属于上半年的销售奖励 3 万元			30 000	
11	合计	45 540 000	21 450 000	45 450 000	42 930 000
12	利润	24 090 000		2 520 000	

10.4.3 案例题

1. 编制会计分录，见下表。

金额单位：元

经济业务	收付实现制	权责发生制
(1) 收到 5 位理发师的投资款 50 万元。	借：银行存款 500 000 贷：实收资本 500 000	借：银行存款 500 000 贷：实收资本 500 000
(2) 预收会员费 40 万元。	借：银行存款 400 000 贷：主营业务收入 400 000	借：银行存款 400 000 贷：预收账款 400 000
(3) 向银行借款 30 万元。期限 1 年，利率 4%。	借：银行存款 300 000 贷：短期借款 300 000	借：银行存款 300 000 贷：短期借款 300 000
(4) 理发业务收入 90 万元。	借：银行存款 90 0000 贷：主营业务收入 900 000	借：银行存款 900 000 贷：主营业务收入 900 000
(5) 护手业务收入 5 万元。	借：银行存款 50 000 贷：其他业务收入 50 000	借：银行存款 50 000 贷：其他业务收入 50 000
(6) 预付水电费 20 万元。	借：营业成本——水电费 200 000 贷：银行存款 200 000	借：预付账款——水电费 200 000 贷：银行存款 200 000
(7) 购买洗发水、护手霜等用品 8 万元。	借：营业成本——洗发水等 80 000 贷：银行存款 80 000	借：存货——洗发水等 80 000 贷：银行存款 80 000
(8) 结转成本 8 万元（本质上是调整分录）。		借：主营业务成本 80 000 贷：存货——洗发水等 80 000
(9) 支付新增面积两年租金 16 万元。	借：营业成本——租金 160 000 贷：银行存款 160 000	借：长期待摊费用——预付租金 160 000 贷：银行存款 160 000
(10) 支付工资 50 万元。	借：营业成本——工资 500 000 贷：银行存款 500 000	借：营业成本 500 000 贷：银行存款 500 000
(11) 缴纳所得税 3 万元。	借：所得税费用 30 000 贷：银行存款 30 000	借：所得税费用 30 000 贷：银行存款 30 000

2. 编制调整分录（为了理解理发店整个营业成本的组成，将所有成本费用通过“营业成本”账户核算）。

(1) 20×6 年已支付两年原面积租金 20 万元，20×7 年 1—6 月按配比原则应承担原面积租金 5 万元（20/4）。

借：营业成本——租金　　50 000

　　贷：长期待摊费用——预付租金　　50 000

（2）有预付卡顾客消费20万元。

借：预收账款 200 000

贷：主营业务收入 200 000

（3）调整利息费用6 000元（300 000×4%×6/12）。

借：财务费用 6 000

贷：应付利息 6 000

（4）1—6月实际应负担的水电费为18万元。

借：营业成本 180 000

贷：预付账款——水电费 180 000

（5）调整新增面积20×7年1—6月应承担的半年租金4万元（16/4）。

借：营业成本——租金 40 000

贷：长期待摊费用——预付租金 40 000

3. 分别按收付实现制和权责发生制编制利润表。

利润表

20×7年1—6月

金额单位：元

项目	收付实现制	权责发生制
营业收入	1 350 000	1 150 000
减：营业成本	940 000	856 000
其中：租金	160 000	90 000
水电费	200 000	180 000
洗发水等	80 000	80 000
利息费用		6 000
工资	500 000	500 000
税前利润	410 000	294 000
减：所得税费用	30 000	30 000
净利润	380 000	264 000

4. 按收付实现制确认的利润比按权责发生制确认的利润多116 000元。两者差异产生的原因主要是两者确认收入和费用的标准不同。收付实现制比权责发生制多确认收入20万元，主要是将会员还未消费的预收款确认为收入。费用方面收付实现制比权责发生制多确认费用84 000元（租金多确认7万元，水电费多确认2万元，利息费用少确认6 000元）。

第 11 章 Chapter 11 财务会计报告

思维导图

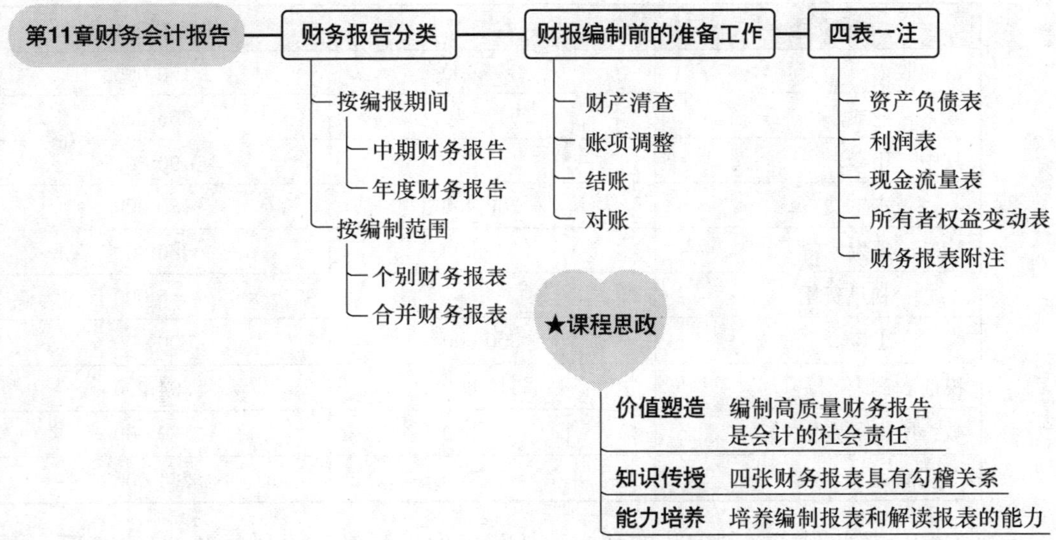

11.1　学习指导

11.1.1　学习重点

本章的学习重点是**在了解财务会计报告是会计最终产品的基础上，理解企业为什么要提供四张财务报表和附注**，掌握每一张财务报表的概念、格式和编制方法以及每一张财务报表所传达的经济信息的含义。

11.1.2　学习难点和疑点

本章的难点是**理解各报表内各个项目之间的逻辑关系以及报表之间的关联性**。需要思考的问题如下：

(1) 为什么要提供四张财务报表（资产负债表、利润表、现金流量表和所有者权益变动表），而不是其中的两张或者三张财务报表？

(2) 如果财务报表存在虚假陈述和不实数据，谁应对财务会计报告的真实性负责？

(3) 附注与财务报表主表之间是什么关系？

(4) 只提供四张主表而不提供附注是否可行？

11.1.3　疑难解答

1. 财务会计报告与附注

财务会计报告由财务报表、财务报表附注和财务情况说明书组成。财务会计报告分为年度、半年度、季度和月度财务会计报告。年度、半年度财务会计报告应当包括财务报表和财务情况说明书。财务报表是对企业财务状况、经营成果和现金流量的结构性表述，至少应当包括下列组成部分：(1) 资产负债表；(2) 利润表；(3) 现金流量表；(4) 所有者权益变动表；(5) 附注。

资产负债表是反映企业在某一特定日期的财务状况的财务报表，也称财务状况表。因其所列报的是时点数据，故又称为“静态报表”。资产负债表的作用主要有：(1) 可以提供某一日期资产的总额及其结构，表明企业拥有或控制的资源及其分布情况；(2) 可以提供某一日期负债的总额及其结构，表明企业未来需要用多少资产或劳务清偿债务以及清偿时间；(3) 可以反映所有者所拥有的权益，据以判断资本保值增值的情况以及对负债的保障程度。

利润表又称损益表，是反映企业在一定会计期间的经营成果的财务报表。因其所记载的是期间数据，故又称为“动态报表”。利润表的作用主要有：（1）反映一定会计期间收入的实现情况；（2）反映一定会计期间的费用耗费情况；（3）反映企业经济活动成果的实现情况，据以判断资本保值增值等情况。

现金流量表是指反映企业一定会计期间内现金和现金等价物的流入和流出情况的报表。

所有者权益变动表是列示所有者权益各组成部分的当期增减变动情况的报表。该表在各列中逐项列出了所有者权益的各个项目，然后在各行中逐项列出了期初余额（与上期资产负债表的数据一致）、本期增加额及其发生原因、本期减少额及其发生原因，最后列出了期末余额（与本期资产负债表数据一致）。这样，通过所有者权益变动表，就可以了解所有者权益各个项目在过去整个会计期间内增减变动的全貌。

只有编制了财务报告，才能反映企业的财务状况、经营成果、现金流量情况，才能满足会计信息使用者的需要。

附注披露与报表列示不可相互代替。企业不应以附注披露代替确认和计量，不恰当的确认和计量也不能通过充分披露相关会计政策来纠正。如果按照各项会计准则规定披露的信息不足以让报表使用者了解特定交易或事项对企业财务状况和经营成果的影响，企业还应当披露其他必要信息。

2. 资产负债表的编制

资产负债表一般提供的是两个时点的数据，又称为比较资产负债表。资产负债表中的“年初数”栏内各项目的金额，应根据上年末资产负债表的“期末数”栏内各项目的金额填列。资产负债表中的“期末数”栏内各项目的金额，应根据期末资产类、负债类、所有者权益类等账户的期末余额填列。如果企业在编制资产负债表前编制了工作底稿，可根据工作底稿中的“资产负债表”栏内各项目的金额填列。

填列方法可归纳为以下几种：

（1）直接根据总账科目的余额填列。如短期借款、应付职工薪酬、应交税费、实收资本、盈余公积等。

（2）根据几个总账科目的余额计算填列。如“货币资金”项目，应当根据“库存现金”“银行存款”“其他货币资金”等科目的期末余额计算填列。

（3）根据总账科目和明细科目的余额分析计算填列。如“长期借款”项目，通常应当根据“长期借款”总账科目余额扣除“长期借款”科目所属明细科目中将于一年内到期的部分填列。

（4）根据总账科目与其备抵科目抵销后的净额填列。如“固定资产”项目，应当根据“固定资产”科目期末余额，减去“累计折旧”科目期末余额后的金额填列。

3. 利润表的编制

利润表根据“收入－费用＝利润”这一计算公式，依照一定的标准和次序，把企业一定时期内的收入、费用和利润项目予以适当排列编制而成。

利润表按利润形成进行排列，其格式有多步式和单步式两种。

多步式利润表是通过多步计算求出当期利润的。一般分为以下几步：

（1）从营业收入出发，减去营业成本得出营业毛利。

（2）营业毛利减去税金及附加、销售费用、管理费用、研发费用、财务费用、资产减值损失、信用减值损失，加上其他收益、投资收益、公允价值变动收益、资产处置收益等得出营业利润。

（3）营业利润加上营业外收入，减去营业外支出等项目，得出利润总额，又称税前利润。

（4）利润总额减去所得税费用为企业净利润，又称税后利润。

利润表中的“本年累计数”栏反映各项目自年初起至本月末止的累计实际发生数，应根据本月数与前期累计数填列。

利润表中的“本月数”栏反映各项目的本月实际发生数，应根据收入类和费用类等账户的本期发生额填列，或根据结账前的余额填列。如果企业在编制利润表前编制了工作底稿，也可根据工作底稿中的“利润表”栏内各项目的金额填列。

4. 各财务报表项目之间的勾稽关系

所谓财务报表之间的勾稽关系，是指各报表之间在关系上存在相互依存的关系，在金额上存在一定的数量关系。

资产负债表的资产总额等于负债总额加上所有者权益总额，负债和所有者权益的增加必然带来资产的增加，负债和所有者权益的减少必然带来资产的减少。

利润表中的利润等于收入减去费用，收入的增加必然带来资产的增加或者负债的减少，费用的增加必然带来资产的减少或者负债的增加，反之亦然。利润表中的净利润是资产负债表中未分配利润的组成部分，如果是新设企业，这两个数据还是相等的。

现金流量表中经营活动现金净流量、投资活动现金净流量和筹资活动现金净流量之间也存在相互利用的关系，如果经营活动带来的现金流量不能满足经营活动和投资活动的现金流量需求，就会扩大对筹资活动现金流量的需求，且三部分的现金流量之和等于企业在这一阶段总的现金流量，期末现金和现金等价物等于资产负债表中货币资金加上现金等价物。现金流量表同时也解释了资产负债表中货币资金发生增减变动的原因。

所有者权益变动表一方面揭示了所有者权益发生变动的原因是所有者投资引起的实收资本或者股本、资本公积的增加，以及由于企业盈利带来盈余公积计提的增加和未分配利润的增加；另一方面也反映由于非经营性因素引起的所有者权益的变动如会计政策变更或者会计差错引起的前期损益调整的增减。总之，所有者权益变动表能更好地解释资产负债表中所有者权益发生变动的原因。

11.2 练习题

11.2.1 判断题

T11－1 财务会计报告，又称财务报告，由财务报表、财务报表附注和财务情况说明书组成。 （ ）

T11－2 财务报表的编制基础是持续经营。 （ ）

T11－3 为了充分发挥财务报告的作用，应当定期向投资者、债权人、有关政府部门以及其他报表使用者提供财务报告。 （ ）

T11－4 企业在编制财务报表前，一般应该进行账证核对、账账核对、账实核对，并进行期末账项调整，以保证会计信息的有用性。 （ ）

T11－5 披露财务报表就可以不披露报表附注，或者披露了报表附注就可以不披露财务报表。 （ ）

T11－6 财务报表一般都是比较财务报表。 （ ）

T11－7 资产负债表是依据“资产＝负债＋所有者权益”恒等式设计的。 （ ）

T11－8 资产负债表是反映企业在某一特定期间财务状况的报表。 （ ）

T11－9 资产负债表是动态报表。 （ ）

T11－10 资产负债表的资产按流动性大小排列：流动性小的资产排在前面，流动性大的排在后面。 （ ）

T11－11 资产负债表的格式有单步式和多步式。 （ ）

T11－12 资产负债表中的“存货”项目应根据“原材料”“库存商品”等账户的期末余额合计数填列。 （ ）

T11－13　在任何情况下，“应收账款”项目都是根据“应收账款”总账的期末余额填列的。（　　）

T11－14　利润表是“收入－费用＝利润”的扩展形式。（　　）

T11－15　利润表是反映企业在某一日期经营成果及其分配情况的报表。（　　）

T11－16　在没有增资、减资或利润分配的情况下，企业年度利润表中“利润总额”应该和年末与年初净资产的差额相等。（　　）

T11－17　利润表中的净利润一般是指企业利润总额扣除所得税费用以后的差额。（　　）

T11－18　利润表中的本年累计净利润应与“本年利润”账户的期末余额相等。（　　）

T11－19　“税金及附加”项目是根据“税金及附加”账户的期末余额填列的。（　　）

T11－20　现金流量表是指反映企业在某一时点上的现金及现金等价物流入和流出情况的财务报表。（　　）

T11－21　现金等价物是企业持有期限短、流动性强、易于转换为已知金额现金、价值变动风险很大的投资。（　　）

T11－22　从购买之日起三个月内到期的债券投资可视为现金等价物。（　　）

T11－23　所有者权益变动表是列示所有者权益各组成部分的当期增减变动情况的报表。（　　）

T11－24　只有资产负债表和利润表才有附注。（　　）

T11－25　编制财务报表后必须经有关人员签字盖章。（　　）

11.2.2　单项选择题

S11－1　关于财务报告，以下论述中错误的是（　　）。

A. 财务报告能总括、综合、清晰明了地反映会计主体的经营状况

B. 财务报告的信息使用者包括上级主管机关、投资者、债权人和内部经营管理者等

C. 为加快财务报表的编制和报送进度，可以先编制财务报表，再核对账证

D. 财务报表之间的数据是相互关联的

S11－2　财务报表中报表项目的数字，其直接来源是（　　）。

A. 原始凭证　　B. 记账凭证

C. 日记账　　D. 账簿记录

S11－3　资产负债表是主要的财务报表，它反映企业某一特定日期的（　　）。

A. 所有者权益变动　　B. 经营成果
C. 现金流量　　D. 财务状况

S11-4　下列各项中，属于资产负债表设计依据的是（　　）。
A. 会计恒等式　　B. 复式记账原理
C. 账户结构原理　　D. 收入－费用＝利润

S11-5　资产负债表的项目按类别采用左右平衡对照的结构，在此基础上的分类是（　　）。
A. 资产、负债和所有者权益
B. 收入、费用和利润
C. 资产、负债、所有者权益、收入、费用、利润
D. 资金来源、资金运用

S11-6　我国企业资产负债表采用（　　）结构。
A. 多步式　　B. 单步式
C. 报告式　　D. 账户式

S11-7　资产负债表中资产项目的顺序是按项目的（　　）排列的。
A. 重要性程度　　B. 流动性大小
C. 收益性高低　　D. 金额大小

S11-8　资产负债表中所有者权益项目的排列顺序是（　　）。
A. 未分配利润—盈余公积—资产公积—实收资本
B. 实收资本—盈余公积—资本公积—未分配利润
C. 实收资本—资本公积—盈余公积—未分配利润
D. 资本公积—盈余公积—未分配利润—实收资本

S11-9　下列报表项目中，可以直接填列的是（　　）。
A. 货币资金　　B. 应收账款
C. 短期借款　　D. 未分配利润

S11-10　下列报表项目中，需要计算填列的是（　　）。
A. 应付职工薪酬　　B. 短期借款
C. 存货　　D. 实收资本

S11-11　资产负债表中，可以根据总账科目余额直接填列的项目是（　　）。
A. 交易性金融资产　　B. 预收账款
C. 预付账款　　D. 其他应收款

S11-12　某企业“库存现金”总账借方余额3 500元，“银行存款——工商银行”明细账借方余额360 000元，“银行存款——建设银行”明细账借方余额210 000元。如果不考虑其他因素，该企业资产负债表中“货币资金”项目填列的金额为（　　）元。

A. 3 500　　B. 363 500

C. 570 000　　D. 573 500

S11-13　资产负债表中的“应收账款”项目填列的依据是（　　）。

A.“应收账款”总分类账户期末余额

B.“应收账款”总分类账户所属各明细分类账户的期末借方余额合计

C.“应收账款”和“应付账款”总分类账所属各明细分类账的期末借方余额合计

D.“应收账款”与“坏账准备”抵减后的差额

S11-14　某企业“应收账款——A公司”明细账借方余额 1 500 万元，“应收账款——B公司”明细账借方余额 1 200 万元，“应收账款——C公司”明细账借方余额 300 万元。如果不计提坏账准备，资产负债表中“应收账款”项目的金额为（　　）万元。

A. 2 400　　B. 2 700

C. 3 000　　D. 5 100

S11-15　某企业“在途物资”总账借方余额 300 万元，“生产成本”总账借方余额 560 万元，“库存商品”总账借方余额 400 万元。如果不考虑其他因素的影响，该企业资产负债表中“存货”项目的填列金额为（　　）万元。

A. 700　　B. 860

C. 1 260　　D. 1 310

S11-16　（　　）是反映企业在一定时期内经营成果的财务报表。

A. 现金流量表　　B. 资产负债表

C. 股东权益增减变动表　　D. 利润表

S11-17　企业编制利润表的依据是（　　）。

A. 借方余额账户　　B. 贷方余额账户

C. 损益类账户的发生额　　D. 盘存类账户

S11-18　下列各项中，属于利润表反映内容的是（　　）。

A. 企业在一定期间内的财务状况

B. 企业在一定期间内的经营成果

C. 企业在一定期间内的营业现金流入

D. 企业在一定期间内的营业收入、营业利润、利润分配

S11-19　多步式利润表是通过多步计算求出当期损益的，为此利润表通常把利润分解为（　　）。

A. 营业利润、利润总额和净利润

B. 毛利、营业利润和应税利润额

C. 营业收入、营业利润和可分配利润

D. 毛利、营业利润和利润总额

S11－20 下列项目排在利润表最后的是（　　）。

A. 净利润　　B. 营业利润

C. 利润总额　　D. 所得税费用

S11－21 G公司20××年1月份利润表“本期金额”栏有关数字如下：营业利润32 000元，营业外收入5 000元，营业外支出50 000元。G公司1月份利润总额为（　　）元。

A. －32 000　　B. 32 000

C. 13 000　　D. －13 000

S11－22 现金流量表中的“现金等价物”是指（　　）。

A. 3年前购买的债券在3个月之内将到期

B. 计划在3个月内将出售的交易性金融资产

C. 购买的期限短于3个月到期的债券

D. 将转让的股权投资

S11－23 在所有者权益变动表中，与企业当期经营活动无关的项目是（　　）。

A. 会计政策变更和前期差错更正的累计影响

B. 投资者投入资本

C. 向所有者分配利润

D. 提取盈余公积

11.2.3 多项选择题

M11－1 财务报表是对企业财务状况、经营成果和现金流量的结构性表述，至少应当包括（　　）。

A. 资产负债报表　　B. 利润表

C. 现金流量表　　D. 所有者权益变动表

E. 附注

M11－2 编制财务会计报告的目的之一是满足会计信息使用者的需要，会计信息使用者有（　　）。

A. 投资者　　B. 债权人

C. 上级主管部门和监管部门　　D. 企业内部管理人员

E. 会计人员

M11－3* 监管部门（证监会）要求上市公司定期披露的报表为（　　）。

A. 日报表　　B. 月度报表

C. 季度报表　　D. 半年度报表

E. 年度报表

M11-4　在编制财务报表过程中，企业管理层应当利用所有可获得的信息来评价企业自报告期末起 12 个月的持续经营能力，评价时需要考虑（　　）。

A. 宏观政策风险　　B. 市场经营风险

C. 偿债能力　　D. 财务弹性

E. 企业目前或长期的盈利能力

M11-5　财务报表编制前的准备工作包括（　　）。

A. 严格审核会计账簿的记录和有关资料

B. 进行全面的财产清查

C. 进行账项调整

D. 按规定的时间结账

E. 严格审核原始凭证记录的资料

M11-6　资产负债表作为企业主要的财务报表之一，其作用有（　　）。

A. 了解企业拥有或控制的资产总额及其构成情况

B. 评价企业的偿债能力和筹资能力

C. 考察企业资本的保全和增值情况

D. 预测企业未来的财务状况和财务安全程度等

E. 了解企业的负债和所有者权益情况

M11-7　资产负债表的下列项目中，需要根据总账科目余额减去其备抵科目后的净额填列的有（　　）。

A. 应收账款　　B. 长期股权投资

C. 存货　　D. 固定资产

E. 无形资产

M11-8　资产负债表的下列项目中，可以直接根据账户余额填列的有（　　）。

A. 应收账款　　B. 应付职工薪酬

C. 实收资本　　D. 盈余公积

E. 短期借款

M11-9　下列项目中，属于流动资产的有（　　）。

A. 库存现金　　B. 存货

C. 银行存款　　D. 无形资产

E. 应收账款

M11-10　下列各项中，属于流动负债的有（　　）。

A. 应收账款　　B. 其他应付款

C. 预付账款　　D. 其他应收款

E. 应交税费

M11-11 资产负债表中“货币资金”项目的填列依据有（ ）。

A. 库存现金　　B. 短期借款

C. 银行存款　　D. 实收资本

E. 其他货币资金

M11-12 资产负债表中“存货”项目的填列依据有（ ）。

A. 在途物资　　B. 库存商品

C. 原材料　　D. 生产成本

E. 受托加工物资

M11-13 下列各项中，属于融资形成的项目有（ ）。

A. 应收账款　　B. 短期借款

C. 应付账款　　D. 实收资本

E. 应付职工薪酬

M11-14 资产负债表中所有者权益是企业资产扣除负债后的剩余权益，反映企业在某一特定日期股东（投资者）拥有的净资产的总额，它一般按照（ ）分项列示。

A. 实收资本　　B. 资本公积

C. 盈余公积　　D. 未分配利润

E. 应付职工薪酬

M11-15 下列各项中，影响期末资产负债表中“未分配利润”项目填列依据的有（ ）。

A. 实收资本　　B. 期初未分配利润

C. 应付利润　　D. 提取盈余公积

E. 净利润

M11-16 利润表中的“营业收入”项目应根据（ ）科目的本期发生额计算填列。

A. 主营业务收入　　B. 营业外收入

C. 投资收益　　D. 其他业务收入

E. 税金及附加

M11-17 下列各项中，影响利润表中“营业利润”项目计算的因素有（ ）。

A. 主营业务收入　　B. 管理费用

C. 营业外收入　　D. 主营业务成本

E. 税金及附加

M11-18 下列各项中，属于费用项目的有（ ）。

A. 营业利润　　　　B. 所得税费用

C. 销售费用　　　　D. 利润总额

E. 净利润

M11－18 现金流量表根据现金流量产生的来源将其分为（　　）。

A. 期初结存的现金　　　　B. 经营活动产生的现金流

C. 投资活动产生的现金　　　　D. 筹资活动产生的现金流

E. 期末现金

M11－20 所有者权益变动表的主要项目包括（　　）。

A. 综合收益总额

B. 会计政策变更和前期差错更正的累计影响金额

C. 所有者投入资本和向所有者分配利润

D. 按规定提取的盈余公积

E. 所有者权益各组成部分的期初和期末余额及其调节情况

M11－21 财务报表附注是为帮助理解财务报表的内容而对报表的有关项目等所作的解释，下列各项中包括在财务报表附注中的有（　　）。

A. 所采用的主要会计处理方法

B. 会计处理方法的变更情况、变更原因以及对财务状况和经营成果的影响

C. 非经常性项目的说明

D. 财务报表中有关项目的明细资料

E. 其他有助于理解和分析财务报表需要说明的事项

11.2.4 课程思政思考题

1. 财务报告的主要内容是财务报表，财务报表是会计的最终成果，其中资产负债表又是四张财务报表的家底，是企业利润的源泉，是企业规模和能力的象征。如果将企业资产负债表换成人生的资产负债表，你的资产会有哪些呢？

2. 如果将企业资产负债表中的资产按照时间线来划分，固定资产代表过去的资产（生产能力已固化），在建工程是正在建设的资产（代表即将可确定的生产潜力），开发支出则代表企业未来的生产能力和利润潜力。请找任意一家上市公司最近 3～5 年的年度资产负债表，列表分析这三个项目的占比及变化，预测企业的未来发展。

3. 利润表是企业的最终经营成果，是收入和费用对比后的差额。在费用项目中有一个研发费用，代表企业对研发新产品的投入力度。请查找华为最近 5 年的利润表，计算华为研发费用占费用的比重，谈谈研发投入、科技创新与国家民族复兴之间的关系。

4. 请编制一张自己本学期学习投入与学习产出的利润表。

11.3 练习题参考答案

11.3.1 判断题

T11-1 √	T11-2 √	T11-3 √
T11-4 √	T11-5 ×	T11-6 √
T11-7 √	T11-8 ×	T11-9 ×
T11-10 ×	T11-11 ×	T11-12 √
T11-13 ×	T11-14 √	T11-15 ×
T11-16 √	T11-17 √	T11-18 √
T11-19 ×	T11-20 ×	T11-21 ×
T11-22 √	T11-23 √	T11-24 ×
T11-25 √		

11.3.2 单项选择题

S11-1 C	S11-2 D	S11-3 D
S11-4 A	S11-5 A	S11-6 D
S11-7 B	S11-8 C	S11-9 C
S11-10 C	S11-11 A	S11-12 D
S11-13 D	S11-14 C	S11-15 C
S11-16 D	S11-17 C	S11-18 B
S11-19 A	S11-20 A	S11-21 D
S11-22 C	S11-23 A	

11.3.3 多项选择题

M11-1 ABCDE	M11-2 ABCDE	M11-3 CDE
M11-4 ABCDE	M11-5 ABCD	M11-6 ABCDE
M11-7 ABCDE	M11-8 BCDE	M11-9 ABCE
M11-10 BE	M11-11 ACE	M11-12 ABCD

M11-13　BD	M11-14　ABCD	M11-15　BCDE
M11-16　AD	M11-17　ABDE	M11-18　BC
M11-19　BCD	M11-20　ABCDE	M11-21　ABCDE

11.3.4　课程思政思考题（略）

11.4　教材课后部分习题参考答案

11.4.1　思考题（略）

11.4.2　练习题

E11-1　练习资产负债表上项目的填列。

（1）资产负债表上列示的货币资金是三个账户（库存现金、银行存款和其他货币资金）的余额之和。

$$\begin{matrix}\text{货币资金借方}\\\text{期末余额}\end{matrix}=\begin{matrix}\text{库存现金}\\\text{借方余额}\end{matrix}+\begin{matrix}\text{银行存款}\\\text{借方余额}\end{matrix}+\begin{matrix}\text{其他货币资金}\\\text{借方余额}\end{matrix}$$

列入资产负债表货币资金项目的金额＝300＋5 000＋300＝5 600(万元)

（2）资产负债表上列示的固定资产项目的金额是固定资产账面价值。

固定资产账面价值＝固定资产借方余额－累计折旧贷方余额

列入资产负债表的固定资产金额＝6 000－1 000＝5 000(万元)

E11-2　练习利润表的编制。

1. 根据经济业务编制会计分录。

（1）记录销售收入。

借：银行存款	3 000 000	
应收账款	1 520 000	
贷：主营业务收入		4 000 000
应交税费——应交增值税（销项税额）		520 000

（2）记录部分已预收货款的销售收入。

借：预收账款	1 000 000	
银行存款	1 260 000	
贷：主营业务收入		2 000 000

应交税费——应交增值税（销项税额） 260 000

（3）收回应收账款。

借：银行存款 1 520 000

贷：应收账款 1 520 000

（4）支付广告费。

借：销售费用——广告费 50 000

贷：银行存款 50 000

（5）支付总部管理部门办公经费，计提总部办公大楼的固定资产折旧。

借：管理费用——办公费 100 000

贷：银行存款 100 000

借：管理费用——折旧费 2 000 000

贷：累计折旧 2 000 000

（6）结转商品销售成本 3 600 000 元。

借：主营业务成本 3 600 000

贷：库存商品 3 600 000

（7）转账向灾区捐赠救灾款 990 000 元。

借：营业外支出——捐赠支出 990 000

贷：银行存款 990 000

2. 编制利润表（列示出季度数据）。

利润表

编制单位：F企业　　20××年×季度　　金额单位：元

项目	金额
一、营业收入	6 000 000
减：营业成本	3 600 000
销售费用	50 000
管理费用	2 100 000
二、营业利润	250 000
减：营业外支出	990 000
三、利润总额	−740 000

E11-3 练习资产负债表的编制。

根据中兴实业有限责任公司 20×6 年 12 月 31 日有关总账账户和明细账余额编制的资产负债表如下：

资产负债表

编制单位：中兴实业有限责任公司　20×6 年 12 月 31 日　金额单位：元

资产	期末余额	负债	期末余额
货币资金	2 300 000	短期借款	6 000 000
交易性金融资产	500 000	应付账款	5 000 000
应收账款	3 000 000	预收账款	4 000 000
预付账款	500 000	其他应付款	60 000
其他应收款	60 000	应付职工薪酬	900 000
存货	230 000 000	立交税费	300 000
流动资产合计	236 360 000	流动负债合计	16 260 000
固定资产	80 000 000	长期借款	13 000 000
非流动资产合计	80 000 000	非流动负债合计	13 000 000
		实收资本	200 000 000
		盈余公积	73 600 000
		未分配利润	13 500 000
		所有者权益合计	287 100 000
资产总计	316 360 000	负债和所有者权益总计	316 360 000

E11-4　练习利润表的编制。

根据中兴实业有限责任公司 20×6 年度有关收入、费用类总账账户的发生额编制的利润表如下：

利润表

编制单位：中兴实业有限责任公司　20×6 年度　金额单位：元

项目	金额
一、营业收入	63 000 000
减：营业成本	41 700 000
税金及附加	800 000
销售费用	1 100 000
管理费用	3 600 000
财务费用	2 900 000
加：投资收益	600 000
二、营业利润	13 500 000
加：营业外收入	280 000
三、利润总额	13 780 000
减：所得税费用	3 305 000
四、净利润	10 475 000

E11-5　练习开立账户（用丁字形账），编制试算平衡表。

（1）开立丁字账。

银行存款

(5-1)	5 000 000	(5-7)	452 000
(5-4)	2 000 000	(5-8-1)	2 260 000
(5-5-1)	1 000 000	(5-8-2)	135 600
(5-6-1)	800 000	(5-9)	30 000
(5-23)	1 000 000	(5-10)	1 084 800
(5-25)	50 000	(5-11)	76 300
(5-28)	45 200	(5-13)	100 000
(5-34)	1 196 400	(5-14)	24 300
(5-38)	1 715	(5-19)	373 800
		(5-30)	106 000
		(5-31)	5 650
		(5-33)	1 002 000
		(5-37)	100 000
		(5-41-2)	554 900
		(5-44)	300 000
发生额	11 093 315	发生额	6 605 350
期末余额	4 487 965		

实收资本

		(5-1)	5 000 000
		(5-2)	3 500 000
		(5-3)	1 500 000
		(5-4)	1 111 100
发生额	0	发生额	11 111 100
		期末余额	11 111 100

资本公积——资本溢价

		(5-4)	888 900
发生额	0	发生额	888 900
		期末余额	888 900

固定资产

(5-2)	3 500 000		
(5-7)	400 000		
(5-8-3)	2 120 000		
发生额	6 020 000	发生额	0
期末余额	6 020 000		

无形资产

(5-3)	1 500 000		
发生额	1 500 000	发生额	0
期末余额	1 500 000		

短期借款

		(5-5-1)	1 000 000
发生额	0	发生额	1 000 000
		期末余额	1 000 000

财务费用

(5-5-2)	10 000	(5-40)	18 000
(5-6-2)	8 000		
发生额	18 000	发生额	18 000

应付利息

		(5-5-2)	10 000
发生额	0	发生额	10 000
		期末余额	10 000

长期借款

		(5-6-1)	800 000
		(5-6-2)	8 000
发生额	0	发生额	808 000
		期末余额	808 000

应交税费

(5-7)	52 000	(5-23)	175 500
(5-8-1)	260 000	(5-24)	432 250
(5-8-2)	15 600	(5-26)	5 850
(5-10)	124 800	(5-28)	5 200
(5-11)	6 300	(5-35-1)	581 050
(5-12)	15 600	(5-34)	12 000
(5-14)	14 300	(5-35-1)	49 750
(5-15)	85 800	(5-35-3)	49 750
(5-30)	6 000	(5-36)	3 482.5
(5-31)	650	(5-36)	1 492.5
(5-35-1)	618 800	(5-36)	995
(5-35-1)	12 000	(5-41-1)	554 900
(5-35-2)	49 750		
(5-41-2)	554 900		
发生额	1 816 500	发生额	1 872 220

在建工程

(5-8-1)	2 000 000	(5-8-3)	2 120 000
(5-8-2)	120 000		
发生额	2 120 000	发生额	2 120 000

库存现金

(5-9)	30 000	(5-11)	2 000
(5-26)	850		
发生额	30 850	发生额	2 000
期末余额	28 850		

在途物资

(5-10)	960 000	(5-16)	1 922 000
(5-11)	72 000		
(5-12)	120 000		
(5-14)	110 000		
(5-15)	660 000		
发生额	1 922 000	发生额	1 922 000

应付票据

		(5-12)	135 600
发生额	0	发生额	135 600
		期末余额	135 600

预付账款

(5-13)	100 000	(5-14)	100 000
发生额	100 000	发生额	100 000

应付账款

		(5-15)	745 800
发生额	0	发生额	745 800
		期末余额	745 800

原材料

(5-16)	1 922 000	(5-17)	1 842 000
		(5-29)	32 000
发生额	1 922 000	发生额	1 874 000
期末余额	48 000		

生产成本

(5-17)	1 842 000	(5-22)	2 384 700
(5-18)	402 000		
(5-21)	140 700		
发生额	2 384 700	发生额	2 384 700

制造费用

(5-18)	38 700	(5-21)	140 700
(5-20)	102 000		
发生额	140 700	发生额	140 700

管理费用

(5-18)	120 000	(5-40)	218 750
(5-31)	5 000		
(5-32)	93 750		
发生额	218 750	发生额	218 750

应付职工薪酬

(5-19)	373 800	(5-18)	560 700
发生额	373 800	发生额	560 700
		期末余额	186 900

累计折旧

		(5-20)	102 000
		发生额	102 000
		期末余额	102 000

库存商品

(5-22)	2 384 700	(5-27)	2 249 795
发生额	2 384 700	发生额	2 249 795
期末余额	134 905		

应收账款

(5-23)	525 500		
发生额	525 500	发生额	0
期末余额	525 500		

主营业务收入

(5-39)	4 720 000	(5-23)	1 350 000
		(5-24)	3 325 000
		(5-26)	45 000
发生额	4 720 000	发生额	4 720 000

应收票据

(5-24)	3 757 250		
发生额	3 757 250	发生额	0
期末余额	3 757 250		

预收账款

(5-26)	50 000	(5-25)	50 000
发生额	50 000	发生额	50 000

主营业务成本

(5-27)	2 249 795	(5-40)	2 249 795
发生额	2 249 795	发生额	2 249 795

其他业务收入

(5-39)	40 000	(5-28)	40 000
发生额	40 000	发生额	40 000

其他业务成本

(5-29)	32 000	(5-40)	32 000
发生额	32 000	发生额	32 000

销售费用

(5-30)	100 000	(5-40)	100 000
发生额	100 000	发生额	100 000

累计摊销

		(5-32)	93 750
		发生额	93 750
		期末余额	93 750

交易性金融资产

(5-33)	1 000 000	(5-34)	1 000 000
发生额	1 000 000	发生额	1 000 000

投资收益

(5-33)	2 000	(5-34)	196 400
(5-34)	12 000		
(5-39)	182 400		
发生额	196 400	发生额	196 400

税金及附加

(5-36)	5 970	(5-40)	5 970
发生额	5 970	发生额	5 970

营业外支出

(5-37)	100 000	(5-40)	100 000
发生额	100 000	发生额	100 000

营业外收入

(5-39)	1 715	(5-38)	1 715
发生额	1 715	发生额	1 715

本年利润

(5-40)	2 724 515	(5-39)	4 944 115
(5-41-3)	554 900		
(5-42)	1 664 700		
发生额	4 944 115	发生额	4 944 115

所得税费用

(5-41)	554 900	(5-41-3)	554 900
发生额	554 900	发生额	554 900

利润分配

(5-43)	332 940		
(5-44)	300 000	(5-42)	1 664 700
(5-45)	632 940	(5-45)	632 940
发生额	1 265 880	发生额	2 297 640
		期末余额	1 031 760

盈余公积

	(5－43)	332 940
	发生额	332 490
	期末余额	332 490

应付利润

(5－44)	300 000	(5－44)	300 000
发生额	300 000	发生额	300 000

（2）大美同心口罩有限公司 2020 年 6 月 30 日结账后试算平衡表。

大美同心口罩有限公司结账后试算平衡表

2020 年 6 月 30 日　　金额单位：元

会计科目	期初余额		本期发生额		期末余额	
	借方	贷方	借方	贷方	借方	贷方
库存现金			30 850	2 000	28 850	
银行存款			11 093 315	6 605 350	4 487 965	
应收票据			3 757 250		3 757 250	
应收账款			525 500		525 500	
在途物资			1 922 000	1 922 000	0	
预付账款			100 000	100 000	0	
原材料			1 922 000	1 874 000	48 000	
生产成本			2 384 700	2 384 700	0	
制造费用			140 700	140 700	0	
库存商品			2 384 700	2 249 795	134 905	
在建工程			2 120 000	2 120 000	0	
固定资产			6 020 000		6 020 000	
累计折旧				102 000		102 000
无形资产			1 500 000		1 500 000	
累计摊销				93 750		93 750
交易性金融资产			1 000 000	1 000 000	0	
短期借款				1 000 000		1 000 000
应付票据				135 600		135 600
应付账款				745 800		745 800
预收账款			50 000	50 000		0
应付职工薪酬			373 800	560 700		186 900
应交税费			1 816 500	1 872 220		55 720
应付利息				10 000		10 000

续表

会计科目	期初余额		本期发生额		期末余额	
	借方	贷方	借方	贷方	借方	贷方
应付利润			300 000	300 000		
长期借款				808 000		808 000
实收资本				11 111 100		11 111 100
资本公积				888 900		888 900
盈余公积				332 940		332 940
未分配利润			1 265 880	2 297 640		1 031 760
主营业务收入			4 720 000	4 720 000		0
其他业务收入			40 000	40 000		0
营业外收入			1 715	1 715		0
投资收益			196 400	196 400		0
主营业务成本			2 249 795	2 249 795	0	
其他业务成本			32 000	32 000	0	
营业外支出			100 000	100 000	0	
税金及附加			5 970	5 970	0	
销售费用			100 000	100 000	0	
管理费用			218 750	218 750	0	
财务费用			18 000	18 000	0	
所得税费用			554 900	554 900	0	
本年利润			4 944 115	4 944 115	0	
合计			51 888 840	51 888 840	16 502 470	16 502 470

11.4.3 案例题

1. 编制财务报表

如果我们想了解人大诚信店 3 个月的经营结果、财务状况和现金流量的信息，可以根据第 5 章案例题答案中的试算平衡表的数据编制简单的资产负债表、利润表和现金流量表。

现金流量表

2013 年 3 月 19 日至 6 月 30 日 金额单位：元

一、经营活动产生的现金流量	
销售文具等收到的现金	9 996
代卖水果收到的现金	20
购买文具等支付的现金	7 140
捐赠支付的现金	679
遭受损失减少的现金	2 035
经营活动产生的现金净流量	162
二、投资活动产生的现金流量	
购买固定资产支付的现金	260
投资活动产生的净现金流量	−260
三、筹资活动产生的现金流量	
收到投入的资本	3 150
现金期末余额	3 052

利润表

2013 年 3—6 月 金额单位：元

第 1 行	营业收入	10 016
第 2 行	减：营业成本	7 000
第 3 行	营业利润	3 016
第 4 行	加：营业外收入	200
第 5 行	减：营业外支出	2 714
第 6 行	利润总额	502

资产负债表

2013 年 6 月 30 日 金额单位：元

资产	库存现金	3 052	负债	—	—
	存货	140	所有者权益	实收资本	3 150
	固定资产	460		未分配利润	502
	合计	3 652		合计	3 652

2. 进一步思考

（1）利润表中的利润、现金流量表中的现金余额与资产负债表中的资产总额，简称利润、现金和资产，这三者之间相互关联并具有内在的逻辑关系。

首先，资产总额 3 652 元中包括现金 3 052 元。

其次，人大诚信店是现金交易，因此，现金余额 3 052 元中有 502 元是小店赚取的现金（利润）。

一般情况下：利润不等于现金，换句话说，利润表中的利润与资产负债表中的现金一般是不相等的。分以下三种情况：

1）如果全部是现销业务，有多少利润应该对应多少现金；

2）如果全部是赊销，利润对应的则全部是应收账款或应收票据；

3）如果部分现销、部分赊销，则利润对应的资产一部分是应收账款或应收票据，部分是现金（银行存款）。

（2）与最初投入的 3 150 元相比，人大诚信店赚了 502 元。除了利润表显示的利润总额为 502 元外，还可以通过期末净资产减去期初净资产加以验证。净资产＝资产－负债，由于人大诚信店无负债，净资产＝总资产，期初总资产为 3 150 元，期末总资产为 3 652 元，其差 502 元（3 562－3 150）即赚取的利润。因此：

收入－费用＝期末净资产－期初净资产

在没有新的投资、分红和退出投资的情况下，上述等式可以相互验证企业计算的利润是否有误。

（3）如何理解诚信？

《礼记・中庸》记载："诚者，天之道也，诚之者，人之道也。"即"诚"是天的根本属性，努力求诚以达到合乎诚的境界则是为人之道。北宋理学家程颐曰："以实之谓信。"即"信"是一种践行行为，要真诚无伪，言行一致。《论语・为政》也记载"人而无信，不知其可也"。不讲信用，在社会上就无立足之地，什么事情也做不成。诚信作为安身立命之本，是自古以来形成的传统观念和美德，以史鉴今，诚信的意义就愈发重要。

诚信是人与人之间交往、企业与企业之间交易的媒介。诚信不仅是一个伦理学的范畴，更是一个道德规范。因为任何法律条文不管有多严密，如果当事人心存恶念，就总有应对之法。

不诚信虽然可以投机取巧，使企业获得暂时的成功，但从根本上抑制了企业的可持续发展，并且败坏社会风气。在市场经济条件下，如果缺乏诚意，不讲信用，不仅违背公平交易和正当竞争的原则，更会严重影响整个经济的安全运行。

因此，从个人层面，需要每个人安分守己，踏踏实实做好人、做好事，不投机专营、不耍小聪明，做真实的自己；从企业层面，每个企业都以诚信为本，诚实经营，不欺上瞒下、不偷工、不减料、不造假，用货真价实的产品赢得消费者的认同。

只有当每个人都讲诚信，每个企业都切实做到了诚信经营，整个社会才能营造出一种积极向上、诚信为善的友好氛围，商业环境才能得到净化，从而减少纠纷和因纠纷而消耗的社会资源，降低社会的交易成本，促进经济的良性循环和持续增长。

诚信何尝不是一份更为丰厚的"利润"呢！

（4）人大诚信店的模式可以推广吗？

人大诚信店的模式作为一个试金石，在一定范围可以成立，但很难推广。这种无人照看的小摊虽然方便了同学，但不可避免会带来一定的损失，最终入不敷出，停止经营。在自律的同时，也需要强大的他律。

（5）从组织形式、管理、经营及会计等方面为人大诚信店提些建议。

人大诚信店如果要持续经营下去，应该成为一个合法的主体，到当地工商局注册成立一家公司，其组织形式需要充分考虑信用建立、风险承担、税收以及未来发展等诸多因素之后，选择独资、合伙还是有限责任公司。

人大诚信店目前所面临的最突出的管理问题是如何保障资产的安全，包括实物资产和货币资产以及如何平衡学业与经营之间的关系。

经营上，努力调查同学们的实际需求，扩大品类，适当降低价格，以此作为平台，接受更多的委托代理销售业务。

会计上要健全核算制度，可聘请学过会计的同学担任会计，为人大诚信店单独建账，独立核算，定期提供三大财务报表。

第 12 章 Chapter 12 账务处理程序

思维导图

- 第12章财务处理程序
  - 记账凭证处理程序
    - 特点：直接根据记账凭证登记总分类账
    - 适用范围：规模小、业务少、凭证不多的企业
  - 汇总记账凭证处理程序
    - 特点：根据汇总记账凭证登记总分类账
    - 适用范围：规模大、业务多的企业
  - 科目汇总表处理程序
    - 特点：根据科目汇总表登记总分类账
    - 适用范围：适合所有类型的单位

★课程思政

- **价值塑造** 树立程序即秩序的理念
- **知识传授** 财务处理程序是将凭证、账簿组织起来的方式
- **能力培养** 培养流程思维的能力

12.1　学习指导

12.1.1　学习重点

本章的学习重点是在了解会计凭证与会计账簿的有机组合是财务报表得以产生的前提的基础上，**理解企业的各种账务处理程序的特点与不同，并掌握常见的账务处理程序及适用的前提和优缺点**。

12.1.2　学习难点和疑点

本章的难点是**不同的企业应如何选择不同的账务处理程序**，不同账务处理程序会给会计工作组织和会计人员安排带来哪些变化。需要思考的问题如下：

（1）采用不同的账务处理程序是否会得到不一样的财务报表？

（2）科目汇总表核算形式是否优于汇总记账凭证核算形式？

12.1.3　疑难解答

1. 账务处理程序与财务报表

财务报表是会计的最终产品，从企业获得第一张原始凭证到财务报表的报出，其间经历的过程其实就是会计信息的加工过程。会计的三大核心程序——会计凭证填制、会计账簿登记和财务报表编制，每一个过程又都是会计信息加工、浓缩的过程。狭义的账务处理程序就是要解决从会计凭证到会计账簿应如何连接的问题，涉及会计人员的分工和工作效率问题。不管采用何种账务处理程序，都不会影响财务报表的质量，都会得到金额相同的财务报表。

账务处理程序又称会计核算组织程序、会计核算形式，是指会计凭证、会计账簿、财务报表相结合的方式，包括账簿组织和记账程序。账簿组织是指会计凭证和会计账簿的种类、格式，会计凭证与账簿之间的联系方法；记账程序是指由填制、审核原始凭证到填制、审核记账凭证，登记日记账、明细分类账和总分类账，编制财务报表的工作程序和方法等。通俗地解释，会计核算形式是指在手工记账的情形下，财务会计部门各会计人员之间的分工合作方式。

科学、合理地选择账务处理程序的意义主要有：（1）有利于规范会计工作，保证会计信息加工过程的严密性，提高会计信息质量；（2）有利于保证会计记录的完整性和正确性，增强会计信息的可靠性；（3）有利于减少不必要的会计核算环节，提高会计工作效率，保证会计信息的及时性。

常见的账务处理程序包括记账凭证账务处理程序、汇总记账凭证账务处理程序和科目汇总表账务处理程序。

2. 汇总记账凭证账务处理程序与科目汇总表账务处理程序

汇总记账凭证账务处理程序是指先根据原始凭证或汇总原始凭证填制记账凭证，定期根据记账凭证分类编制汇总收款凭证、汇总付款凭证和汇总转账凭证，再根据汇总记账凭证登记总分类账的一种账务处理程序。

科目汇总表账务处理程序，又称记账凭证汇总表账务处理程序，是指根据记账凭证定期编制科目汇总表，再根据科目汇总表登记总分类账的一种账务处理程序。

两者的区别在于：前者分别按照收款凭证、付款凭证和转账凭证定期进行汇总，再根据汇总的收款凭证、付款凭证和转账凭证登记总分类账户；后者根据记账凭证定期编制科目汇总表，再根据科目汇总表登记总分类账户。也就是说，登记总分类账户的依据一个是汇总记账凭证，一个是科目汇总表。

两种账务处理程序的特点、优缺点和适用范围对比见下表。

汇总记账凭证账务处理程序与科目汇总表账务处理程序对比

项目	汇总记账凭证账务处理程序	科目汇总表账务处理程序
特点	先根据记账凭证编制汇总记账凭证，再根据汇总记账凭证登记总分类账。	先将所有记账凭证汇总编制成科目汇总表，然后以科目汇总表为依据登记总分类账。 由于科目汇总表实际上已经对账户的情况进行了分类统计，因此，总账的登记工作就相对简单了。
优缺点	优点：减轻了登记总分类账的工作量；汇总记账凭证清晰地反映了科目之间的对应关系，便于查对和分析账目，比科目汇总表账务处理程序更合理。 缺点：当转账凭证较多时，编制汇总转账凭证的工作量较大，并且按每一贷方账户编制汇总转账凭证，不利于会计核算的日常分工。可以说，手工记账的总体工作量并未减少，只不过总账管理人员（通常是会计部门的主管领导）的工作量有明显减轻。	优点：减轻了登记总分类账的工作量，易于理解，方便学习，并可做到试算平衡。 缺点：科目汇总表不能反映各个账户之间的对应关系，不利于对账目进行检查。
适用范围	适用于规模较大、经济业务较多且大量重复使用某些会计科目的情形。	适用于所有类型的单位，尤其是经济业务较多的单位，但科目汇总表的编制工作量相当大。总体来看，手工记账的总体工作量变化不大，负责登记总账的会计人员相对轻松一些。

12.2 练习题

12.2.1 判断题

T12-1 会计账务处理程序，是指会计凭证、会计账簿和财务报表相结合的方式，包括账簿组织和记账程序。 （ ）

T12-2 企业采用的账务处理程序不同，编制财务报表的依据也不相同。 （ ）

T12-3 任何账务处理程序的第一步都必须将所有的原始凭证汇总编制为汇总原始凭证。 （ ）

T12-4 记账凭证账务处理程序适用于规模小、业务量多、凭证也较多的单位。 （ ）

T12-5 采用汇总记账凭证账务处理程序时，银行存款总账只能根据汇总银行存款收款凭证和汇总银行存款付款凭证的合计数登记。 （ ）

T12-6 按月采用汇总记账凭证账务处理程序编制财务报表时，可以不对计提折旧的转账凭证设置汇总转账凭证。 （ ）

T12-7 汇总收款凭证是按贷方科目设置，按借方科目归类，定期汇总，按月编制的。 （ ）

T12-8 汇总转账凭证是按贷方科目设置，按借方科目归类，定期汇总，按月编制的。 （ ）

T12-9 在汇总记账凭证账务处理程序下，若某一贷方科目的转账凭证数量不多，可以根据转账凭证登记总分类账。 （ ）

T12-10 汇总记账凭证可以明确反映账户之间的对应关系。 （ ）

T12-11 在汇总记账凭证账务处理程序下，现金日记账可以根据汇总收、付款凭证登记。 （ ）

T12-12 科目汇总表账务处理程序下，总分类账均应依据科目汇总表登记。 （ ）

T12-13 科目汇总表不仅可以起到试算平衡的作用，而且可以反映账户之间的对应关系。 （ ）

T12-14 科目汇总表账务处理程序下，总分类账须逐日逐笔登记。 （ ）

T12-15 采用科目汇总表账务处理程序时，总分类账的登记时间随科目汇总表的编制而定。 （ ）

12.2.2 单项选择题

S12-1 下列各种账务处理程序中，最基本的账务处理程序是（　　）。

A. 记账凭证账务处理程序　　B. 科目汇总表账务处理程序

C. 汇总记账凭证账务处理程序　　D. 分录日记账账务处理程序

S12-2 下列各项中，各种账务处理程序的主要区别是（　　）。

A. 总账的格式不同　　B. 登记总账的依据不同

C. 会计凭证的种类不同　　D. 编制财务报表的依据不同

S12-3 下列各项中，属于汇总记账凭证账务处理程序适用范围的是（　　）。

A. 规模较大、经济业务较多　　B. 规模较小、经济业务不多

C. 规模较大、经济业务不多　　D. 规模较小、经济业务较多

S12-4 下列各项中，属于记账凭证账务处理程序主要特点的是（　　）。

A. 直接根据记账凭证逐笔登记总分类账

B. 根据科目汇总表登记总分类账

C. 根据汇总记账凭证登记总分类账

D. 根据多栏式日记账登记总分类账

S12-5 汇总记账凭证账务处理程序下，汇总收款凭证编制的依据是（　　）。

A. 原始凭证　　B. 汇总原始凭证

C. 付款凭证　　D. 收款凭证

S12-6 下列各项中，属于汇总记账凭证账务处理程序特点的是（　　）。

A. 能够清楚地反映各个科目之间的对应关系

B. 不能清楚地反映各科目之间的对应关系

C. 能够综合反映企业所有的经济业务

D. 能够序时反映企业所有的经济业务

S12-7 采用汇总记账凭证账务处理程序时，“库存现金”总账中支出栏的登记依据是（　　）。

A. 现金收款凭证

B. 现金付款凭证

C. 汇总现金付款凭证的合计数

D. 汇总银行存款付款凭证的合计数

S12-8 采用汇总记账凭证账务处理程序时，总账的登记时间是（　　）。

A. 随时登记　　B. 月末一次登记

C. 随汇总记账凭证的编制时间而定　　D. 按旬登记

S12-9 科目汇总表账务处理程序中的关键环节是编制科目汇总表。企业编

制科目汇总表时汇总的范围是（　　）。

A. 全部科目的借方余额　　B. 全部科目的贷方余额

C. 全部科目的借贷方发生额　　D. 部分科目的借贷方发生额

S12-10　科目汇总表账务处理程序中的关键环节是编制科目汇总表，其编制方法是（　　）。

A. 按照相同科目的借方设置贷方归类，定期汇总其发生额

B. 按照相同科目的贷方设置借方归类，定期汇总其发生额

C. 按照相同科目的借贷方设置并归类，定期汇总其余额

D. 按照相同科目的借贷方归类，定期汇总其发生额

12.2.3　多项选择题

M12-1　会计账务处理程序，又称会计核算组织程序、会计核算形式，常见的账务处理程序包括（　　）。

A. 记账凭证账务处理程序　　B. 汇总记账凭证账务处理程序

C. 科目汇总表账务处理程序　　D. 明细账记账程序

E. 日记账记账程序

M12-2　下列各项中，构成各种账务处理程序相同点的有（　　）。

A. 根据原始凭证编制汇总原始凭证

B. 根据原始凭证及记账凭证登记明细分类账

C. 根据收付款凭证登记现金日记账

D. 根据总账和明细账编制财务报表

E. 月末将总账与明细账、日记账进行核对

M12-3　企业选择账务处理程序的意义是（　　）。

A. 有利于规范会计工作

B. 有利于保证会计记录的完整性和正确性

C. 有利于加强会计信息的可靠性

D. 提高经营管理水平

E. 简化核算手续

M12-4　下列各项中，属于记账凭证账务处理程序适用范围的有（　　）。

A. 经济业务量少　　B. 规模大

C. 凭证不多　　D. 规模小

E. 凭证较多

M12-5　下列各项中，属于记账凭证账务处理程序优点的有（　　）。

A. 容易理解、便于掌握　　B. 简化核算工作

C. 根据记账凭证登记总账　　D. 反映账户对应关系

E. 起到试算平衡的作用

M12-6　下列各项中，以记账凭证为依据，按有关科目的贷方设置，按借方科目归类的账务处理程序有（　　）。

A. 汇总收款凭证　　B. 汇总转账凭证

C. 汇总付款凭证　　D. 科目汇总表

E. 转账凭证

M12-7　在汇总记账凭证账务处理程序下，总分类账的登记依据有（　　）。

A. 汇总收款凭证　　B. 汇总付款凭证

C. 汇总转账凭证　　D. 转账凭证

E. 科目汇总表

M12-8　汇总付款凭证贷方对应的借方会计科目有（　　）。

A. 原材料　　B. 固定资产

C. 管理费用　　D. 销售费用

E. 无形资产

M12-9　采用汇总记账凭证账务处理程序时，"银行存款"总账的登记依据有（　　）。

A. 汇总现金付款凭证的合计数

B. 汇总银行存款付款凭证的合计数

C. 汇总现金收款凭证的合计数

D. 汇总银行存款收款凭证的合计数

E. 汇总转账凭证

M12-10　在汇总记账凭证账务处理程序下，对付款凭证的编制要求有（　　）。

A. 一个借方科目与一个贷方科目对应

B. 一个借方科目与几个贷方科目对应

C. 一个贷方科目与一个借方科目对应

D. 一个贷方科目与几个借方科目对应

E. 一个贷方科目与一个贷方科目对应

M12-11　在汇总记账凭证账务处理程序下，"主营业务收入"总账登记的依据有（　　）。

A. 汇总现金收款凭证中"主营业务收入"专栏的合计数

B. 汇总银行存款收款凭证中"主营业务收入"专栏的合计数

C. 转账凭证

D. 收款凭证

E. 按营业收入设置的汇总转账凭证的合计数

M12-12　下列各项中，属于科目汇总表作用的有（　　）。

A. 试算平衡

B. 反映各科目的借贷方本期发生额

C. 反映各科目之间的对应关系

D. 反映各科目的期末余额

E. 减轻登记总账的工作量

12.2.4 课程思政思考题

1. 账务处理程序的核心是如何将会计凭证与会计账簿有机联系起来，以最有效的方式编制财务报表。请举例说明在生活或学习中遵守程序或者秩序带来的好处。

2. 分工合作、协调配合是提高工作效率的内在机制，请举例说明在某次小组作业中你所承担的角色或者工作，以及对整个小组完成任务的贡献。

12.3 练习题参考答案

12.3.1 判断题

T12-1　√	T12-2　×	T12-3　√
T12-4　×	T12-5　×	T12-6　√
T12-7　×	T12-8　√	T12-9　√
T12-10　√	T12-11　×	T12-12　√
T12-13　×	T12-14　×	T12-15　√

12.3.2 单项选择题

S12-1　A	S12-2　B	S12-3　A
S12-4　A	S12-5　D	S12-6　A
S12-7　C	S12-8　C	S12-9　C
S12-10　D		

12.3.3 多项选择题

M12-1　ABC	M12-2　ABCDE	M12-3　ABCE

M12-4　ACD　　M12-5　ACD　　M12-6　BC
M12-7　ABC　　M12-8　ABCDE　　M12-9　BD
M12-10　CD　　M12-11　ABCE　　M12-12　ABE

12.3.4　课程思政思考题（略）

12.4　教材课后部分习题参考答案

E12-1　练习记账凭证账务处理程序下的账务处理。

1. 根据经济业务编制记账凭证。

（1）付款凭证。

贷方科目：银行存款　　20××年4月2日　　银付第1号

摘要	借方总账科目	借方明细科目	账页	金额
购进甲材料100吨，单价400元	在途物资	甲材料		40 000
合计				40 000

会计主管：　记账：　出纳：　审核：　制单：

（2）转账凭证。

20××年4月5日　　转字第1号

摘要	总账科目	明细科目	账页	借方金额	贷方金额
购进乙材料400吨，未付款，单价150元	在途物资	乙材料		60 000	
	应付账款	某单位			60 000
合计				60 000	60 000

会计主管：　记账：　审核：　制单：

（3）转账凭证。

20××年4月15日　　转字第2号

摘要	总账科目	明细科目	账页	借方金额	贷方金额
领用甲、乙材料	生产成本	A产品		58 000	
		B产品		57 500	
	管理费用			4 000	
	原材料	甲材料			52 000
		乙材料			67 500
合计				119 500	119 500

会计主管：　记账：　审核：　制单：

(4) 付款凭证。

贷方科目：库存现金　　20××年 4 月 16 日　　现付第 1 号

摘要	借方总账科目	借方明细科目	账页	金额
支付日常零星开支	管理费用	其他费用		2 000
合计				2 000

会计主管：　记账：　出纳：　审核：　制单：

(5) 付款凭证。

贷方科目：银行存款　　20××年 4 月 17 日　　银付第 2 号

摘要	借方总账科目	借方明细科目	账页	金额
支付广告费	销售费用	广告费		12 000
合计				12 000

会计主管：　记账：　出纳：　审核：　制单：

(6) 付款凭证。

贷方科目：银行存款　　20××年 4 月 20 日　　银付第 3 号

摘要	借方总账科目	借方明细科目	账页	金额
提取现金，以备发放工资	库存现金			50 000
合计				50 000

会计主管：　记账：　出纳：　审核：　制单：

(7) 付款凭证。

贷方科目：库存现金　　20××年 4 月 20 日　　现付第 2 号

摘要	借方总账科目	借方明细科目	账页	金额
发放工资	应付职工薪酬			50 000
合计				50 000

会计主管：　记账：　出纳：　审核：　制单：

(8) 付款凭证。

贷方科目：银行存款　　20××年 4 月 25 日　　银付第 4 号

摘要	借方总账科目	借方明细科目	账页	金额
支付水电费	制造费用	水电费		6 500
	管理费用			1 500
合计				8 000

会计主管：　记账：　出纳：　审核：　制单：

（9）收款凭证。

借方科目：　银行存款　　　　20××年4月25日　　　　银收第1号

摘要	贷方总账科目	贷方明细科目	账页	金额
销售A产品	主营业务收入			180 000
合计				180 000

会计主管：　　记账：　　出纳：　　审核：　　制单：

（10）收款凭证和转账凭证。

借方科目：银行存款　　　　20××年4月26日　　　　银收第2号

摘要	贷方总账科目	贷方明细科目	账页	金额
销售B产品	主营业务收入			60 000
合计				60 000

会计主管：　　记账：　　出纳：　　审核：　　制单：

20××年4月26日　　　　转字第3号

摘要	总账科目	明细科目	账页	借方金额	贷方金额
销售B产品未收款	应收账款			40 000	
	主营业务收入				40 000
合计				40 000	40 000

会计主管：　　记账：　　审核：　　制单：

（11）付款凭证。

贷方科目：银行存款　　　　20××年4月28日　　　　银付第5号

摘要	借方总账科目	借方明细科目	账页	金额
支付销售费用	销售费用			3 000
合计				3 000

会计主管：　　记账：　　出纳：　　审核：　　制单：

（12）转账凭证。

20××年4月30日　　　　转字第4号

摘要	总账科目	明细科目	账页	借方金额	贷方金额
分配工资	生产成本	A产品		30 000	
		B产品		15 000	
	管理费用			5 000	
	应付职工薪酬				50 000
合计				50 000	50 000

会计主管：　　记账：　　审核：　　制单：

（13）转账凭证。

20××年 4 月 30 日　　转字第 5 号

摘要	总账科目	明细科目	账页	借方金额	贷方金额
计提固定资产折旧	制造费用	折旧费		5 000	
	管理费用	折旧费		1 000	
	累计折旧				6 000
合计				6 000	6 000

会计主管：　　记账：　　审核：　　制单：

（14）转账凭证。

20××年 4 月 30 日　　转字第 6 号

摘要	总账科目	明细科目	账页	借方金额	贷方金额
结转制造费用	生产成本	A 产品		7 000	
	制造费用	B 产品		4 500	11 500
合计				11 500	11 500

会计主管：　　记账：　　审核：　　制单：

20××年 4 月 30 日　　转字第 7 号

摘要	总账科目	明细科目	账页	借方金额	贷方金额
结转完工产品成本	库存商品	A 产品		216 000	
		B 产品		120 000	
	生产成本	A 产品			216 000
		B 产品			120 000
合计				336 000	336 000

会计主管：　　记账：　　审核：　　制单：

（15）转账凭证。

20××年 4 月 30 日　　转字第 8 号

摘要	总账科目	明细科目	账页	借方金额	贷方金额
计算应纳消费税	税金及附加			28 000	
	应交税费	应交消费税			28 000
合计				28 000	28 000

会计主管：　　记账：　　审核：　　制单：

（16）转账凭证。

20××年4月30日　　　　转字第9号

摘要	总账科目	明细科目	账页	借方金额	贷方金额
结转材料采购成本	原材料	甲材料		40 000	
		乙材料		60 000	
	在途物资				100 000
合计				100 000	100 000

会计主管：　　记账：　　审核：　　制单：

（17）转账凭证。

20××年4月30日　　　　转字第10号

摘要	总账科目	明细科目	账页	借方金额	贷方金额
结转本月收入	主营业务收入			280 000	
	本年利润				280 000
合计				280 000	280 000

会计主管：　　记账：　　审核：　　制单：

（18）转账凭证。

20××年4月30日　　　　转字第11号

摘要	总账科目	明细科目	账页	借方金额	贷方金额
结转销售产品成本	主营业务成本			200 000	
	库存商品	A产品			120 000
		B产品			80 000
合计				200 000	200 000

会计主管：　　记账：　　审核：　　制单：

（19）转账凭证。

20××年4月30日　　　　转字第12号

摘要	总账科目	明细科目	账页	借方金额	贷方金额
结转成本费用	本年利润			256 500	
	主营业务成本				200 000
	税金及附加				28 000
	管理费用				13 500
	销售费用				15 000
合计				256 500	256 500

会计主管：　　记账：　　审核：　　制单：

（20）转账凭证。

20××年 4 月 30 日　　转字第 13 号

摘要	总账科目	明细科目	账页	借方金额	贷方金额
计算应纳所得税	所得税费用			10 000	
	应交税费	应交所得税			10 000
合计				10 000	10 000

会计主管：　记账：　审核：　制单：

20××年 4 月 30 日　　转字第 14 号

摘要	总账科目	明细科目	账页	借方金额	贷方金额
结转所得税	本年利润			10 000	
	所得税费用				10 000
合计				10 000	10 000

会计主管：　记账：　审核：　制单：

（21）转账凭证。

20××年 4 月 30 日　　转字第 15 号

摘要	总账科目	明细科目	账页	借方金额	贷方金额
应分配利润	利润分配			10 000	
	应付利润				10 000
合计				10 000	10 000

会计主管：　记账：　审核：　制单：

（22）转账凭证。

20××年 4 月 30 日　　转字第 16 号

摘要	总账科目	明细科目	账页	借方金额	贷方金额
应提法定盈余公积	利润分配	提取法定盈余公积		10 000	
	盈余公积	法定盈余公积			10 000
合计				10 000	10 000

会计主管：　记账：　审核：　制单：

2. 根据收付款凭证逐日逐笔登记现金日记账和银行存款日记账。

现金日记账

20××年		凭证		摘要	对方科目	借方	贷方	余额
月	日	字	号					
4	1			期初余额				3 500
	16	现付	1	零星开支	管理费用		2 000	
				本日合计			2 000	1 500
	20	银付	3	提取现金	银行存款	50 000		
		现付	2	发放工资	应付职工薪酬		50 000	
				本日合计		50 000	50 000	1 500
	30			本月合计		50 000	52 000	1 500

银行存款日记账

20××年		凭证		摘要	对方科目	借方	贷方	余额
月	日	字	号					
4	1			期初余额				300 000
	2	银付	1	购进材料	在途物资		40 000	
				本日合计			40 000	260 000
	17	银付	2	支付广告费	销售费用		12 000	
				本日合计			12 000	248 000
	20	银付	3	提现金	库存现金		50 000	
				本日合计			50 000	198 000
	25	银付	4	支付水电费	制造费用等		8 000	
	25	银收	1	销售 A 产品	主营业务收入	180 000		
				本日合计		180 000	8 000	370 000
	26	银收	2	销售 B 产品	主营业务收入	60 000		
				本日合计		60 000		430 000
	28	银付	5	支付销售费用	销售费用		3 000	
				本日合计			3 000	427 000
	30			本月合计		240 000	113 000	427 000

3. 根据原始凭证、记账凭证登记材料明细账（其他明细账的登记此处从略）。

甲材料明细账

单位：吨

20××年		摘要	收入			发出			结存		
月	日		数量	单价	金额	数量	单价	金额	数量	单价	金额
4	1	期初余额							1 500	400	600 000
	15	发出				130	400	52 000	1 370	400	548 000
	30	结转采购成本	100	400	40 000				1 470	400	588 000
	30	本月合计	100	400	40 000	130	400	52 000	1 470	400	588 000

乙材料明细账

单位：吨

20××年		摘要	收入			发出			结存		
月	日		数量	单价	金额	数量	单价	金额	数量	单价	金额
4	1	期初余额							2 000	150	300 000
	15	发出				450	150	67 500	1 550	150	232 500
	30	结转采购成本	400	150	60 000				1 950	150	292 500
	30	本月合计	400	150	60 000	450	150	67 500	1 950	150	292 500

4. 根据记账凭证逐笔登记总分类账。

会计科目：库存现金

20××年		凭证		摘要	借方	贷方	借或贷	余额
月	日	字	号					
4	1			期初余额			借	3 500
	16	现付	1	支付费用		2 000	借	1 500
	20	银付	3	提取现金	50 000		借	51 500
	20	现付	2	发放工资		50 000	借	1 500
	30			本月发生额及余额	50 000	52 000	借	1 500

会计科目：银行存款

20××年		凭证		摘要	借方	贷方	借或贷	余额
月	日	字	号					
4	1			期初余额			借	300 000
	2	银付	1	购进材料		40 000	借	260 000
	17	银付	2	支付广告费		12 000	借	248 000
	20	银付	3	提取现金		50 000	借	198 000
	25	银付	4	支付水电费		8 000	借	190 000
	25	银收	1	销售 A 产品	180 000		借	370 000
	26	银收	2	销售 B 产品	60 000		借	430 000
	28	银付	5	支付销售费用		3 000	借	427 000
	30			本月发生额及余额	240 000	113 000	借	427 000

会计科目：应收账款

20××年		凭证		摘要	借方	贷方	借或贷	余额
月	日	字	号					
4	1			期初余额			借	200 000
	26	转	3	销售B产品	40 000		借	240 000
	30			本月发生额及余额	40 000		借	240 000

会计科目：其他应收款

20××年		凭证		摘要	借方	贷方	借或贷	余额
月	日	字	号					
4	1			期初余额			借	22 000
	30			本月发生额及余额	0	0	借	22 000

会计科目：在途物资

20××年		凭证		摘要	借方	贷方	借或贷	余额
月	日	字	号					
4	1			期初余额				0
	2	银付	1	购进甲材料	40 000		借	40 000
	5	转	1	购进乙材料	60 000		借	100 000
	30	转	9	结转采购成本		100 000	平	0
	30			本月发生额及余额	100 000	100 000	平	0

会计科目：原材料

20××年		凭证		摘要	借方	贷方	借或贷	余额
月	日	字	号					
4	1			期初余额			借	900 000
	15	转	2	发出材料		119 500	借	780 500
	30	转	9	结转采购成本	100 000		借	880 500
	30			本月发生额及余额	100 000	119 500	借	880 500

会计科目：库存商品

20××年		凭证		摘要	借方	贷方	借或贷	余额
月	日	字	号					
4	1			期初余额			借	600 000
	30	转	7	结转完工产品成本	336 000		借	936 000
	30	转	11	结转销售产品成本		200 000	借	736 000
	30			本月发生额及余额	336 000	200 000	借	736 000

会计科目：生产成本

20××年		凭证		摘要	借方	贷方	借或贷	余额
月	日	字	号					
4	1			期初余额			借	300 000
	15	转	2	耗用材料	115 500		借	415 500
	30	转	4	分配工资	45 000		借	460 500
	30	转	6	结转制造费用	11 500		借	472 000
	30	转	7	结转完工产品成本		336 000	借	136 000
	30			本月发生额及余额	172 000	336 000	借	136 000

会计科目：制造费用

20××年		凭证		摘要	借方	贷方	借或贷	余额
月	日	字	号					
4	1			期初余额				0
	25	银付	4	支付水电费	6 500		借	6 500
	30	转	5	计提折旧	5 000		借	11 500
	30	转	6	结转制造费用		11 500	平	0
	30			本月发生额及余额	11 500	11 500	平	0

会计科目：固定资产

20××年		凭证		摘要	借方	贷方	借或贷	余额
月	日	字	号					
4	1			期初余额			借	3 000 000
	30			本月发生额及余额	0	0	借	3 000 000

会计科目：累计折旧

20××年		凭证		摘要	借方	贷方	借或贷	余额
月	日	字	号					
4	1			期初余额			贷	1 000 000
	30	转	5	计提折旧		6 000	贷	1 006 000
	30			本月发生额及余额	0	6 000	贷	1 006 000

会计科目：短期借款

20××年		凭证		摘要	借方	贷方	借或贷	余额
月	日	字	号					
4	1			期初余额			贷	1 570 000
	30			本月发生额及余额	0	0	贷	1 570 000

会计科目：应付账款

20××年		凭证		摘要	借方	贷方	借或贷	余额
月	日	字	号					
4	1			期初余额			贷	400 000
	5	转	1	购进材料未付款		60 000	贷	460 000
	30			本月发生额及余额	0	60 000	贷	460 000

会计科目：应付职工薪酬

20××年		凭证		摘要	借方	贷方	借或贷	余额
月	日	字	号					
4	1			期初余额			贷	0
	20	现付	2	发放工资	50 000		借	50 000
	30	转	4	分配工资		50 000	平	0
	30			本月发生额及余额	50 000	50 000	平	0

会计科目：应交税费

20××年		凭证		摘要	借方	贷方	借或贷	余额
月	日	字	号					
4	1			期初余额			贷	50 000
	30	转	8	应纳消费税		28 000	贷	78 000
	30	转	13	应纳所得税		10 000	贷	88 000
	30			本月发生额及余额	0	38 000	贷	88 000

会计科目：应付利润

20××年		凭证		摘要	借方	贷方	借或贷	余额
月	日	字	号					
4	1			期初余额			贷	70 000
	30	转	15	应分配利润		10 000	贷	80 000
	30			本月发生额及余额	0	10 000	贷	80 000

会计科目：其他应付款

20××年		凭证		摘要	借方	贷方	借或贷	余额
月	日	字	号					
4	1			期初余额			贷	35 500
	30			本月发生额及余额	0	0	贷	35 500

会计科目：实收资本

20××年		凭证		摘要	借方	贷方	借或贷	余额
月	日	字	号					
4	1			期初余额			贷	2 000 000
	30			本月发生额及余额	0	0	贷	2 000 000

会计科目：盈余公积

20××年		凭证		摘要	借方	贷方	借或贷	余额
月	日	字	号					
4	1			期初余额			贷	150 000
	30	转	16	提取法定盈余公积		10 000	贷	160 000
	30			本月发生额及余额	0	10 000	贷	160 000

会计科目：本年利润

20××年		凭证		摘要	借方	贷方	借或贷	余额
月	日	字	号					
4	1			期初余额			贷	0
	30	转	10	结转收入		280 000	贷	280 000
	30	转	12	结转成本费用	256 500		贷	23 500
	30	转	14	结转所得税	10 000		贷	13 500
	30			本月发生额及余额	266 500	280 000		13 500

会计科目：利润分配

20××年		凭证		摘要	借方	贷方	借或贷	余额
月	日	字	号					
4	1			期初余额			贷	50 000
	30	转	15	应分配利润	10 000		贷	40 000
	30	转	16	应提法定盈余公积	10 000		借	30 000
	30			本月发生额及余额	20 000	0	借	30 000

会计科目：主营业务收入

20××年		凭证		摘要	借方	贷方	借或贷	余额
月	日	字	号					
4	25	银收	1	销售 A 产品		180 000	贷	180 000
	26	银收	2	销售 B 产品		60 000	贷	240 000
	26	转	3	销售 B 产品		40 000	贷	280 000
	30	转	10	结转销售收入	280 000		平	0
	30			本月发生额及余额	280 000	280 000	平	0

会计科目：主营业务成本

20××年		凭证		摘要	借方	贷方	借或贷	余额
月	日	字	号					
4	30	转	11	结转销售产品成本	200 000		借	200 000
	30	转	12	结转成本费用		200 000	平	0
	30			本月发生额及余额	200 000	200 000	平	0

会计科目：税金及附加

20××年		凭证		摘要	借方	贷方	借或贷	余额
月	日	字	号					
4	30	转	8	计算应纳消费税	28 000		借	28 000
	30	转	12	结转税金		28 000	平	0
	30			本月发生额及余额	28 000	28 000	平	0

会计科目：管理费用

20××年		凭证		摘要	借方	贷方	借或贷	余额
月	日	字	号					
4	15	转	2	领用材料	4 000		借	4 000
	16	现付	1	零星开支	2 000		借	6 000
	25	银付	4	支付水电费	1 500		借	7 500
	30	转	4	分配工资	5 000		借	12 500
	30	转	5	提取折旧	1 000		借	13 500
	30	转	12	结转成本费用		13 500	平	0
	30			本月发生额及余额	13 500	13 500	平	0

会计科目：销售费用

20××年		凭证		摘要	借方	贷方	借或贷	余额
月	日	字	号					
4	17	银付	2	支付广告费	12 000		借	12 000
	28	银付	5	支付销售费用	3 000		借	15 000
	30	转	12	结转成本费用		15 000	平	0
	30			本月发生额及余额	15 000	15 000	平	0

会计科目：所得税费用

20××年		凭证		摘要	借方	贷方	借或贷	余额
月	日	字	号					
4	30	转	13	应纳所得税	10 000		借	10 000
	30	转	14	结转所得税		10 000	平	0
	30			本月发生额及余额	10 000	10 000	平	0

5. 根据总分类账资料编制总分类账户发生额及余额试算平衡表。

试算平衡表

金额单位：元

会计科目	期初余额		本期发生额		期末余额	
	借方	贷方	借方	贷方	借方	贷方
库存现金	3 500		50 000	52 000	1 500	
银行存款	300 000		240 000	113 000	427 000	

续表

会计科目	期初余额		本期发生额		期末余额	
	借方	贷方	借方	贷方	借方	贷方
应收账款	200 000		40 000	0	240 000	
其他应收款	22 000		0	0	22 000	
在途物资	0		100 000	100 000	0	
原材料	900 000		100 000	119 500	880 500	
库存商品	600 000		336 000	200 000	736 000	
生产成本	300 000		172 000	336 000	136 000	
制造费用	0		11 500	11 500	0	
固定资产	3 000 000		0	0	3 000 000	
累计折旧		1 000 000	0	6 000		1 006 000
短期借款		1 570 000	0	0		1 570 000
应付账款		400 000	0	60 000		460 000
应付职工薪酬		0	50 000	50 000		0
应交税费		50 000	0	38 000		88 000
应付利润		70 000	0	10 000		80 000
其他应付款		35 500	0	0		35 500
实收资本		2 000 000	0	0		2 000 000
盈余公积		150 000	0	10 000		160 000
本年利润			266 500	280 000		13 500
利润分配——未分配利润		50 000	20 000	0		30 000
主营业务收入			280 000	280 000		
主营业务成本			200 000	200 000		
税金及附加			28 000	28 000		
销售费用			15 000	15 000		
管理费用			13 500	13 500		
所得税费用			10 000	10 000		
合计	5 325 500	5 325 500	1 932 500	1 932 500	5 443 000	5 443 000

6. 根据会计账簿记录（总分类账和明细分类账）编制资产负债表和利润表（略去没有数据的报表项目）。

资产负债表

编制单位：　　　　20××年 4 月 30 日　　　　金额单位：元

资产	年初数	年末数	负债及所有者权益	年初数	年末数
流动资产			流动负债		
货币资金		428 500	短期借款		1 570 000
应收账款		240 000	应付账款		460 000
其他应收款		22 000	应交税费		88 000
存货		1 752 500	其他应付款		115 500

续表

资产	年初数	年末数	负债及所有者权益	年初数	年末数
流动资产合计		2 443 000	流动负债合计		2 233 500
非流动资产			所有者权益		
固定资产		1 994 000	实收资本		2 000 000
非流动资产合计		1 994 000	盈余公积		160 000
			未分配利润		43 500
			所有者权益合计		2 203 500
资产总计		4 437 000	负债及所有者权益总计		4 437 000

利润表

编制单位：　　　　20××年4月　　　　金额单位：元

项目	本月数	本年累计数
一、营业收入	280 000	
减：营业成本	200 000	
税金及附加	28 000	
销售费用	15 000	
管理费用	13 500	
二、营业利润	23 500	
加：营业外收入	0	
减：营业外支出	0	
三、利润总额	23 500	
减：所得税费用	10 000	
四、净利润	13 500	

E12-2　练习科目汇总表账务处理程序下的账务处理。

1. 编制科目汇总表。

科目汇总表　　　　金额单位：元

会计科目	1—10日		11—20日		21—30日		本月合计	
	借方	贷方	借方	贷方	借方	贷方	借方	贷方
库存现金			50 000	52 000			50 000	52 000
银行存款		40 000		62 000	240 000	11 000	240 000	113 000
应收账款					40 000		40 000	0
其他应收款							0	0
在途物资	100 000					100 000	100 000	100 000
原材料				119 500	100 000		100 000	119 500
库存商品					336 000	200 000	336 000	200 000
生产成本			115 500		56 500	336 000	172 000	336 000
制造费用					11 500	11 500	11 500	11 500
固定资产							0	0

续表

会计科目	1—10 日		11—20 日		21—30 日		本月合计	
	借方	贷方	借方	贷方	借方	贷方	借方	贷方
累计折旧						6 000	0	6 000
短期借款							0	0
应付账款		60 000					0	60 000
应付职工薪酬			50 000			50 000	50 000	50 000
应交税费						38 000	0	38 000
应付利润						10 000	0	10 000
其他应付款							0	0
实收资本							0	0
盈余公积						10 000	0	10 000
本年利润					266 500	280 000	266 500	280 000
利润分配					20 000		20 000	0
主营业务收入					280 000	280 000	280 000	280 000
主营业务成本					200 000	200 000	200 000	200 000
税金及附加					28 000	28 000	28 000	28 000
销售费用			12 000		3 000	15 000	15 000	15 000
管理费用			6 000		7 500	13 500	13 500	13 500
所得税费用					10 000	10 000	10 000	10 000
合计	100 000	100 000	233 500	233 500	1 599 000	1 599 000	1 932 500	1 932 500

2. 根据科目汇总表登记总分类账。

表 12 - 13

会计科目：库存现金

20××年		凭证		摘要	借方	贷方	借或贷	余额
月	日	字	号					
4	1			期初余额			借	3 500
	20	科汇	1	11—20 日发生额	50 000	52 000	借	1 500
	30			本月发生额及余额	50 000	52 000	借	1 500

会计科目：银行存款

20××年		凭证		摘要	借方	贷方	借或贷	余额
月	日	字	号					
4	1			期初余额			借	300 000
	10	科汇	1	1—10 日发生额		40 000	借	260 000
	20	科汇	1	11—20 日发生额		62 000	借	198 000
	30	科汇	1	21—30 日发生额	240 000	11 000	借	427 000
	30			本月发生额及余额	240 000	113 000	借	427 000

会计科目：应收账款

20××年		凭证		摘要	借方	贷方	借或贷	余额
月	日	字	号					
4	1			期初余额			借	200 000
	30	科汇	1	21—30日发生额	40 000		借	240 000
	30			本月发生额及余额	40 000		借	240 000

会计科目：其他应收款

20××年		凭证		摘要	借方	贷方	借或贷	余额
月	日	字	号					
4	1			期初余额			借	22 000
	30			本月发生额及余额	0	0	借	22 000

会计科目：在途物资

20××年		凭证		摘要	借方	贷方	借或贷	余额
月	日	字	号					
4	1			期初余额				0
	10	科汇	1	1—10日发生额	100 000		借	100 000
	30	科汇	1	21—30日发生额		100 000	平	0
	30			本月发生额及余额	100 000	100 000	平	0

会计科目：原材料

20××年		凭证		摘要	借方	贷方	借或贷	余额
月	日	字	号					
4	1			期初余额			借	900 000
	20	科汇	1	11—20日发生额		119 500	借	780 500
	30	科汇	1	21—30日发生额	100 000		借	880 500
	30			本月发生额及余额	100 000	119 500	借	880 500

会计科目：库存商品

20××年		凭证		摘要	借方	贷方	借或贷	余额
月	日	字	号					
4	1			期初余额			借	600 000
	30	科汇	1	21—30日发生额	336 000	200 000	借	736 000
	30			本月发生额及余额	336 000	200 000	借	736 000

会计科目：生产成本

20××年		凭证		摘要	借方	贷方	借或贷	余额
月	日	字	号					
4	1			期初余额			借	300 000
	20	科汇	1	11—20日发生额	115 500		借	415 500
	30	科汇	1	21—30日发生额	56 500	336 000	借	136 000
	30			本月发生额及余额	172 000	336 000	借	136 000

会计科目：制造费用

20××年		凭证		摘要	借方	贷方	借或贷	余额
月	日	字	号					
4	1			期初余额				0
	30	科汇	1	21—30 日发生额	11 500	11 500	平	0
	30			本月发生额及余额	11 500	11 500	平	0

会计科目：固定资产

20××年		凭证		摘要	借方	贷方	借或贷	余额
月	日	字	号					
4	1			期初余额			借	3 000 000
	30			本月发生额及余额	0	0	借	3 000 000

会计科目：累计折旧

20××年		凭证		摘要	借方	贷方	借或贷	余额
月	日	字	号					
4	1			期初余额			贷	1 000 000
	30	科汇	1	21—30 日发生额		6 000	贷	1 006 000
	30			本月发生额及余额	0	6 000	贷	1 006 000

会计科目：短期借款

20××年		凭证		摘要	借方	贷方	借或贷	余额
月	日	字	号					
4	1			期初余额			贷	1 570 000
	30			本月发生额及余额	0	0	贷	1 570 000

会计科目：应付账款

20××年		凭证		摘要	借方	贷方	借或贷	余额
月	日	字	号					
4	1			期初余额			贷	400 000
	10	科汇	1	1—10 日发生额		60 000	贷	460 000
	30			本月发生额及余额	0	60 000	贷	460 000

会计科目：应付职工薪酬

20××年		凭证		摘要	借方	贷方	借或贷	余额
月	日	字	号					
4	1			期初余额				0
	20	科汇	1	11—20 日发生额	50 000		借	50 000
	30	科汇	1	21—30 日发生额		50 000	平	0
	30			本月发生额及余额	50 000	50 000	平	0

会计科目：应交税费

20××年		凭证		摘要	借方	贷方	借或贷	余额
月	日	字	号					
4	1			期初余额			贷	50 000
	30	科汇	1	21—30日发生额		38 000	贷	88 000
	30			本月发生额及余额	0	38 000	贷	88 000

会计科目：应付利润

20××年		凭证		摘要	借方	贷方	借或贷	余额
月	日	字	号					
4	1			期初余额			贷	70 000
	30	科汇	1	21—30日发生额		10 000	贷	80 000
	30			本月发生额及余额	0	10 000	贷	80 000

会计科目：其他应付款

20××年		凭证		摘要	借方	贷方	借或贷	余额
月	日	字	号					
4	1			期初余额			贷	35 500
	30			本月发生额及余额	0	0	贷	35 500

会计科目：实收资本

20××年		凭证		摘要	借方	贷方	借或贷	余额
月	日	字	号					
4	1			期初余额			贷	2 000 000
	30			本月发生额及余额	0	0	贷	2 000 000

会计科目：盈余公积

20××年		凭证		摘要	借方	贷方	借或贷	余额
月	日	字	号					
4	1			期初余额			贷	150 000
	30	科汇	1	21—30日发生额		10 000	贷	160 000
	30			本月发生额及余额	0	10 000	贷	160 000

会计科目：本年利润

20××年		凭证		摘要	借方	贷方	借或贷	余额
月	日	字	号					
4	1			期初余额			贷	0
	30	科汇	1	21—30日发生额	266 500	280 000	贷	13 500
	30			本月发生额及余额	266 500	280 000	贷	13 500

会计科目：利润分配

20××年		凭证		摘要	借方	贷方	借或贷	余额
月	日	字	号					
4	1			期初余额			贷	50 000
	30	科汇	1	21—30 日发生额	20 000		贷	30 000
	30			本月发生额及余额	20 000		贷	30 000

会计科目：主营业务收入

20××年		凭证		摘要	借方	贷方	借或贷	余额
月	日	字	号					
4	30	科汇	1	21—30 日发生额	280 000	280 000	平	0
	30			本月发生额及余额	280 000	280 000	平	0

会计科目：主营业务成本

20××年		凭证		摘要	借方	贷方	借或贷	余额
月	日	字	号					
4	30	科汇	1	21—30 日发生额	200 000	200 000	平	0
	30			本月发生额及余额	200 000	200 000	平	0

会计科目：税金及附加

20××年		凭证		摘要	借方	贷方	借或贷	余额
月	日	字	号					
4	30	科汇	1	21—30 日发生额	28 000	28 000	平	0
	30			本月发生额及余额	28 000	28 000	平	0

会计科目：管理费用

20××年		凭证		摘要	借方	贷方	借或贷	余额
月	日	字	号					
4	20	科汇	1	11—20 日发生额	6 000		借	6 000
	30	科汇	1	21—30 日发生额	7 500	13 500	平	0
	30			本月发生额及余额	13 500	13 500	平	0

会计科目：销售费用

20××年		凭证		摘要	借方	贷方	借或贷	余额
月	日	字	号					
4	20	科汇	1	11—20 日发生额	12 000		借	12 000
	30	科汇	1	21—30 日发生额	3 000	15 000	平	0
	30			本月发生额及余额	15 000	15 000	平	0

会计科目：所得税费用

20××年		凭证		摘要	借方	贷方	借或贷	余额
月	日	字	号					
4	30	科汇	1	21—30日发生额	10 000	10 000	平	0
	30			本月发生额及余额	10 000	10 000	平	0

E12－3　练习汇总记账凭证的编制。

（1）按“主营业务收入”科目贷方设立汇总转账凭证。

借：应收账款　　50 000

　贷：主营业务收入　　50 000

（2）现金汇总付款凭证。

借：销售费用　　120

　贷：库存现金　　120

（3）银行存款汇总收款凭证。

借：银行存款　　40 000

　贷：主营业务收入　　40 000

（4）按“库存商品”科目贷方设立汇总转账凭证。

借：主营业务成本　　60 000

　贷：库存商品　　60 000

（5）银行存款汇总付款凭证。

借：销售费用　　2 000

　贷：银行存款　　2 000

（6）现金汇总收款凭证。

借：库存现金　　20 000

　贷：主营业务收入　　20 000

（7）按“应交税费”科目贷方设立汇总转账凭证。

借：税金及附加　　5 500

　贷：应交税费　　5 500

第 13 章

Chapter 13 会计管理相关工作规范

思维导图

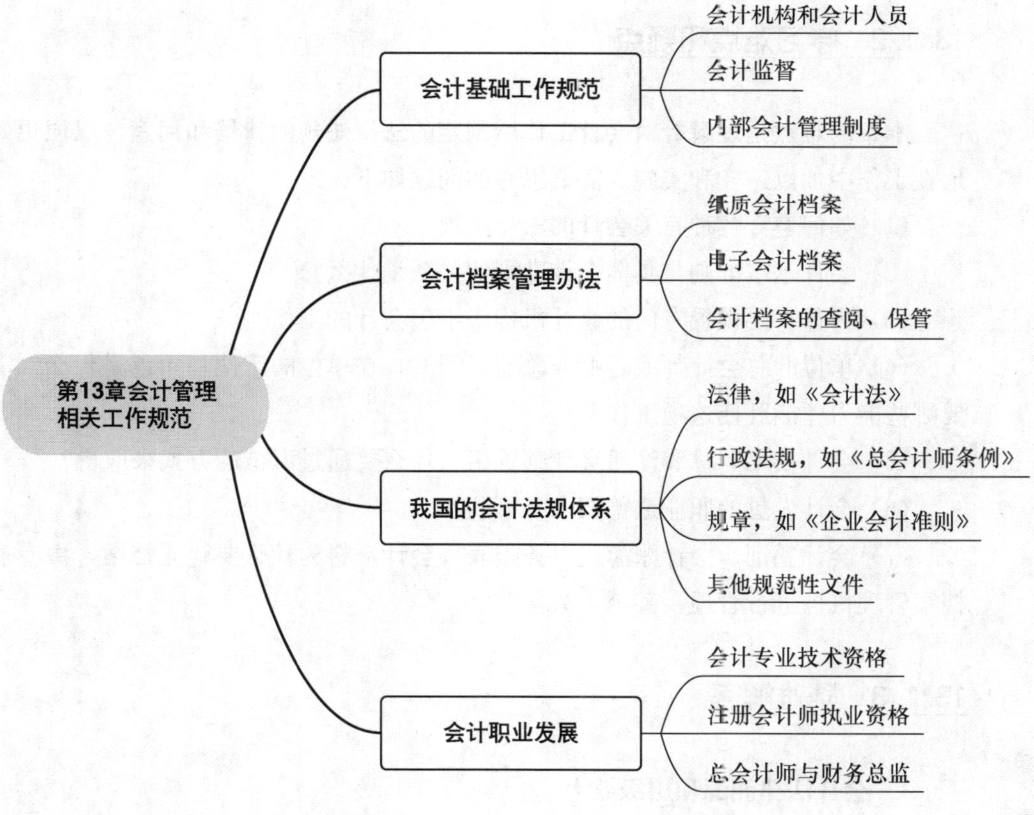

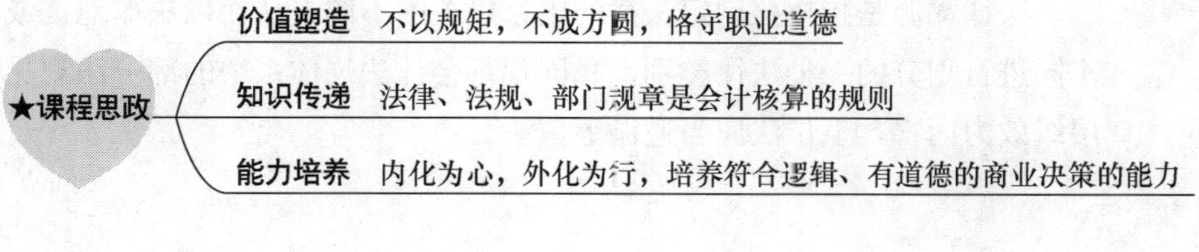

13.1 学习指导

13.1.1 学习重点

本章的学习重点是**在了解会计是在一定法律法规背景下所从事的核算和监督企业经济活动工作的基础上，认识指导会计工作的法律法规的效力和作用**。理解不同层级的与会计工作直接相关的法律法规条文的具体含义和要点。理解会计机构的设置与会计工作的分工，会计从业人员应具备的知识结构和专业素养，尤其是会计职业道德。理解从会计凭证、会计账簿、财务报表直至归档管理的工作流程和意义所在。

13.1.2 学习难点和疑点

本章的难点是**理解针对会计工作所制定的法律法规的背景和用意**，以便更好地在工作中加以遵守和实施。需要思考的问题如下：

（1）如何遵守各种有关会计的法律法规？

（2）会计基本准则与具体会计准则的关系是什么？

（3）为什么要设置专门的会计机构来组织会计的工作？

（4）单位的总会计师或者财务总监（CFO）在单位的定位和角色是什么？需要哪些能力才能胜任这项工作？

（5）会计技术职称和注册会计师资格为什么要通过考试的方式来取得？

（6）会计人员的职业道德要求有哪些？

（7）会计凭证、会计账簿、财务报表等会计资料为什么要建立档案，由专业档案管理机构进行管理，甚至永久保存？

13.1.3 疑难解答

1. 会计法律渊源和层级效力

法律渊源是指按照制定法律的国家机关的不同，从而以法律地位或法律效力不同进行划分的一种法律类别。我国现行会计法规体系中的部分法规见下表。就层级效力而言，下位法应当遵循上位法。

我国现行会计法规体系中的部分法规

法律渊源	法规示例
法律	《中华人民共和国税收征收管理法》 《中华人民共和国企业所得税法》 《中华人民共和国公司法》 《中华人民共和国会计法》 《中华人民共和国注册会计师法》
行政法规	《总会计师条例》 《企业财务会计报告条例》
规章	《企业会计准则——基本准则》 《注册会计师全国统一考试办法》
部门规范性文件	《企业会计准则第 1 号——存货》等 42 项具体会计准则 《小企业会计准则》 《会计基础工作规范》 《会计从业资格管理办法》 《会计专业技术资格考试暂行规定》 《会计档案管理办法》

上位法与下位法是根据法律位阶的不同对法律规范所作的区分。下位法应当遵循上位法，是指在效力较高的规范性文件与效力较低的规范性文件相冲突的情况下，应当使用效力较高的规范性法律文件。

2. 基本会计准则与具体会计准则

企业会计准则是财务会计确认、计量、记录和报告经济业务的专业标准，是生成和提供会计信息的依据，也是政府调控经济活动、规范经济秩序和开展国际经济交往等的重要手段。会计准则具有严密和完整的体系。我国会计准则包括基本会计准则和具体会计准则。

《企业会计准则——基本准则》主要规范了财务报告目标、会计基本假设、会计信息质量要求、会计要素的定义、会计要素的确认、计量原则、财务报告等基本问题，是制定具体会计准则的基础，对各具体准则的制定起指导和统驭的作用，以确保各具体会计准则之间的内在一致性。

具体会计准则是针对企业具体经济业务和会计事项的专业标准，如存货、无形资产、收入、所得税、财务报表列报、公允价值计量等。

我国企业会计准则由财政部制定颁布，属于部门规章，具有法律强制力。到目前为止，财政部颁布了 1 项基本准则和 42 项具体会计准则。

3. 专业技术资格考试制度和注册会计师考试制度

企业是在特定的法律环境中开展经营活动的，会计人员在履行对经营管理活动的核算和监督职能时，必然需要掌握相应的法律知识；会计工作是一项技术性很强的管理工作，从事会计工作的人需要一定的文化水平和专业知识，所以国家和社会对于从事会计工作的人员有一定的执业资格准入要求。

会计专业技术资格考试属于俗称的“职称考试”，是单位会计人员晋升职称时所参加的考试。《会计专业技术资格考试暂行规定》把会计专业技术资格分为初级资格、中级资格和高级资格。

《中华人民共和国注册会计师法》规定，注册会计师是依法取得注册会计师证书并接受委托从事审计和会计咨询、会计服务业务的执业人员。会计师事务所是依法设立并承办注册会计师业务的机构。注册会计师执行业务，应当加入会计师事务所。参加注册会计师全国统一考试成绩合格，并从事审计业务工作 2 年以上的，可以向省、自治区、直辖市注册会计师协会申请注册。通俗地说，“会计师”是供职于特定单位的会计管理人员；“注册会计师”是面向不特定的客户提供审计和会计咨询等会计专业服务的中介机构执业人员。注册会计师并不是有些刊物上所宣传的“独立职业”，而是必须在会计师事务所执业。

4. 总会计师或者 CFO 的基本条件

总会计师是单位行政领导成员，属于单位的“副总”，协助单位主要行政领导工作，直接对单位主要行政领导负责。总会计师或 CFO 作为会计机构负责人、会计主管人员应当具备下列基本条件：

（1）坚持原则，廉洁奉公；

（2）具有会计专业技术资格；

（3）主管一个单位或者单位内一个重要方面的财务会计工作时间不少于 2 年；

（4）熟悉国家财经法律、法规、规章和方针、政策，掌握本行业业务管理的有关知识；

（5）有较强的组织能力；

（6）身体状况能够适应本职工作的要求。

5. 会计职业道德

会计职业道德是指会计人员在工作中应当遵循的行为准则和规范。

会计人员在会计工作中应当遵守职业道德，树立良好的职业品质、严谨的工作作风，严守工作纪律，努力提高工作效率和工作质量。

会计人员应当热爱本职工作，努力钻研业务，使自己的知识和技能适应所从事工作的要求。

会计人员应当熟悉财经法律、法规、规章和国家统一会计制度，并结合会计进行广泛宣传。

会计人员应当按照会计法律、法规和国家统一会计制度规定的程序和要求进行会计工作，保证所提供的会计信息合法、真实、准确、及时、完整，会计人员办理会计事务应当实事求是、客观公正。

会计人员应当熟悉本单位的生产经营和业务管理情况，运用掌握的会计信息和会计方法，为改善单位内部管理、提高经济效益服务。

会计人员应当保守本单位的商业秘密。除法律规定和单位领导人同意外，不能私自向外界提供或者泄露单位的会计信息。

财政部门、业务主管部门和各单位应当定期检查会计人员遵守职业道德的情况，并作为会计人员晋升、晋级、聘任专业职务、表彰奖励的重要考核依据。会计人员违反职业道德的，由所在单位进行处罚；情节严重的，由会计证发证机关吊销其会计证。

6. 会计档案管理

财政部 2015 年发布的《会计档案管理办法》所称的会计档案，是指单位在进行会计核算等过程中接收或形成的，记录和反映单位经济业务事项，具有保存价值的文字、图表等各种形式的会计资料，包括通过计算机等电子设备形成、传输和存储的电子会计档案。

《会计法》规定，各单位对会计凭证、会计账簿、财务会计报告和其他会计资料应当建立档案，妥善保管。

单位应当加强会计档案管理工作，建立和完善会计档案的收集、整理、保管、利用和鉴定销毁等管理制度，采取可靠的安全防护技术和措施，保证会计档案的真实、完整、可用、安全。

单位的档案机构或者档案工作人员所属机构（以下统称单位档案管理机构）负责管理本单位的会计档案。单位也可以委托具备档案管理条件的机构代为管理会计档案。

会计档案保管期限最短 10 年，最长为永久，大多数为 30 年。期满后需要经过鉴定才能销毁。

13.2 练习题

13.2.1 判断题

T13-1　企业是在特定的法律环境中开展经营活动的。　（　）

T13-2 就法律层级效力而言，上位法应当遵循下位法。（ ）

T13-3 《会计法》是会计的根本大法。（ ）

T13-4 单位负责人对本单位的会计工作和会计资料的真实性、完整性负责。（ ）

T13-5 纳税人、扣缴义务人按照有关法律、行政法规和国务院财政、税务主管部门的规定设置会计账簿。（ ）

T13-6 对提供虚假的或者隐瞒重要事实的财务报告，导致股东或其他利益相关者的利益受到严重损害的企业负责人将受到刑事处罚。（ ）

T13-7 会计准则是反映经济活动、确认产权关系、规范收益分配的会计技术标准，由43项具体会计准则组成。（ ）

T13-8 注册会计师必须取得专业阶段考试合格证书和综合阶段考试科目合格证书后，才能取得财政部考试委员会颁发的注册会计师全国统一考试全科考试合格证书。（ ）

T13-9 注册会计师可以单独执业，无须加入会计师事务所。（ ）

T13-10 财务总监（CFO）由本单位主要行政领导提名，政府主管部门任命或者聘任。（ ）

T13-11 各单位聘用的会计人员必须具备一定的专业能力。（ ）

T13-12 会计人员的助理会计师和会计师的职称，只有通过会计专业技术资格考试才能获取。（ ）

T13-13 会计人员的高级职称不用考试，通过评审就可以获得。（ ）

T13-14 出纳人员不得监管审核、会计档案保管和收入、费用、债权债务账目的登记工作。（ ）

T13-15 会计人员应当保守本单位的商业秘密。（ ）

T13-16 会计人员调动或者因故离职，必须将本人所经管的会计工作全部移交给接替人员。（ ）

T13-17 会计人员无权对不真实、不合法的原始凭证不予受理。（ ）

T13-18 公司在委托注册会计师进行审计时，应当配合注册会计师的工作，如实提供会计凭证、会计账簿、财务报表和其他会计资料以及有关情况。（ ）

T13-19 公司应该建立健全内部会计管理制度。（ ）

T13-20 会计只对纸质会计资料建立会计档案，不对电子设备形成的会计资料建立电子会计档案。（ ）

T13-21 单位应当设置专门的单位档案管理机构，单位会计管理机构临时保管会计档案最长不超过3年。（ ）

T13-22 单位出纳人员可以兼管会计档案。（ ）

T13-23 本单位档案机构为方便保管会计档案，可以根据需要对其拆封重

新整理。（　）

T13－24　原始凭证和记账凭证的保管期限为 10 年。（　）

T13－25　会计账簿（总账、明细账、日记账、其他辅助性账簿）的保管期限为 30 年。（　）

T13－26　固定资产报废清理后仍需要保管 3 年。（　）

T13－27　年度财务会计报告需要永久保存。（　）

T13－28　会计档案已到保管期限需要销毁的，必须由单位档案管理机构牵头，组织单位会计、审计、纪检监察等机构或人员共同进行鉴定，鉴定确无保留价值的才准予销毁。（　）

13.2.2　单项选择题

S13－1　会计法与会计准则的关系是前者（　）后者。

A. 从属于　　B. 受监督于
C. 统驭　　D. 受控制于

S13－2　下列各项中，属于行政法规的是（　）。

A. 会计法　　B. 注册会计师法
C. 企业财务会计报告条例　　D. 企业会计准则——基本准则

S13－3　对提供虚假的或者隐瞒重要事实的财务报告，或者对依法应当披露的其他重要信息不按照规定披露，严重损害股东或者其他人利益，或者有其他严重情节的，对其直接负责的主管人员和其他直接责任人员，处（　）有期徒刑或者拘役，并处或者单处（　）的罚金。

A. 2 年　2 万元以上 20 万元以下　　B. 3 年　2 万元以上 20 万元以下
C. 5 年　5 万元以上 20 万元以下　　D. 5 年　3 万元以上 20 万元以下

S13－4　会计技术职称的获得，都需要通过会计技术资格考试，此外（　）职称还需要经过评审才能获得。

A. 会计员　　B. 助理会计师
C. 会计师　　D. 高级会计师

S13－5　（　）是可以接受委托，从事审计和会计咨询服务的职业人员。

A. 注册会计师　　B. 助理会计师
C. 会计师　　D. 高级会计师

S13－6　会计人员对不真实、不合法的原始凭证的正确处理方式是（　）。

A. 不予受理　　B. 予以退回
C. 更正补充　　D. 无权自行处理

S13－7　会计人员对于违反制度、法令的事项，不拒绝执行，又不向领导或上级机关、财政部门报告的，应（　　）。

A. 不负任何责任　　B. 单独承担责任

C. 同有关人员负连带责任　　D. 承担全部责任

S13-8 对于记载不准确的原始凭证，会计人员的正确处理方法是（　　）。

A. 不予受理　　B. 予以退回

C. 上报单位负责人　　D. 及时办理会计手续

S13-9 下列各项中，属于内部会计监督的是（　　）。

A. 对原始凭证的审核

B. 财政部门对单位会计工作的检查

C. 注册会计师对单位报表的审计

D. 税务部门对单位会计工作的检查

S13-10 各单位每年形成的会计档案，都应由（　　）按照归档的要求负责整理立卷，装订成册，依法妥善保管，不得随意销毁。

A. 行政部门　　B. 会计管理机构

C. 文书机构　　D. 档案机构

S13-11 档案部门接受保管的会计档案需要拆封整理时，正确的做法是（　　）。

A. 由原封装人员拆封整理

B. 由原财务部门拆封整理

C. 由档案部门拆封整理

D. 由档案部门会同财务部门和原经办人员共同拆封整理

S13-12 库存现金内部控制制度要求，出纳人员不得经办（　　）。

A. 各种有价证券的保管　　B. 空白收据的保管

C. 现金结算业务　　D. 会计档案的保管

S13-13 会计档案的定期保管期限中，不包括（　　）档。

A. 永久　　B. 10年

C. 20年　　D. 30年

S13-14 年度财务报表的保存期限是（　　）。

A. 5年　　B. 15年

C. 25年　　D. 永久

S13-15 企业的会计档案保管清册的保管期限一般是（　　）。

A. 5年　　B. 10年

C. 30年　　D. 永久

13.2.3　多项选择题

M13-1　我国现行法规体系中，属于法律层级的有（　　）。

A.《中华人民共和国公司法》

B.《中华人民共和国税收征收管理法》

C.《中华人民共和国所得税法》

D.《中华人民共和国会计法》

E.《中华人民共和国注册会计师法》

M13-2　下列各项中，构成会计法规内容分类的有（　　）。

A. 会计的基本法规　　B. 会计业务的法规

C. 会计机构的法规　　D. 会计人员的法规

E. 会计工作行政法规

M13-3　下列各项中，包含在会计法规范围中的有（　　）。

A. 法令　　B. 制度

C. 纪律　　D. 条例

E. 政策

M13-4　下列各项中，属于会计法规构成层次的有（　　）。

A. 会计法　　B. 会计准则

C. 财经纪律　　D. 会计制度

E. 企业内部规章制度

M13-5　我国已颁布的会计准则有（　　）。

A. 企业会计准则　　B. 小企业会计准则

C. 政府会计准则　　D. 总会计师条例

E. 事业单位会计准则

M13-6　我国企业会计准则体系由（　　）构成。

A.《企业会计准则——基本会计准则》

B. 具体会计准则

C. 会计准则解释

D. 会计准则指南

E. 事业单位会计准则

M13-7　下列各项中，属于会计专业职务名称的有（　　）。

A. 助理会计师　　B. 高级会计师

C. 总会计师　　D. 会计师

E. 会计员

M13-8 下列各项中，属于总会计师职责的有（ ）。

A. 编制和执行预算、财务收支计划、信贷计划

B. 拟定资金的筹措和使用方案

C. 进行成本费用预测、计划、控制、核算、分析和考核

D. 建立健全经济核算制度

E. 拟定本单位办理会计事务的具体方法

M13-9 下列各项中，属于总会计师工作权限的有（ ）。

A. 主管审批财务收支工作

B. 签署预算与财务收支计划、成本和费用计划

C. 组织本单位各职能部门的经济核算

D. 决定会计主管人员的任免

E. 进行经营决策

M13-10 下列各项中，属于会计人员工作岗位的有（ ）。

A. 会计主管　　B. 出纳

C. 初级会计师　　D. 往来结算

E. 固定资产核算

M13-11 《会计法》规定，担任单位会计机构负责人应当具备的基本条件有（ ）。

A. 坚持原则，廉洁奉公

B. 具有会计专业技术资格

C. 主管一个单位或者单位内一个重要方面的财务会计工作时间不少于2年

D. 熟悉国家财经法律、法规、规章和方针政策，掌握本行业业务管理的相关知识

E. 有较强的组织能力且身体健康

M13-12*　会计机构负责人、会计主管的直系亲属不得在本单位会计机构中担任出纳工作。需要回避的直系亲属为（ ）。

A. 夫妻关系　　B. 直系血亲关系

C. 三代以内旁系血亲　　D. 配偶亲关系

E. 同学

M13-13 下列各项中，（ ）是会计人员应该遵守的会计职业道德。

A. 热爱本职工作

B. 遵守法律法规和各种规章

C. 实事求是，客观公正

D. 保守企业商业秘密

E. 保证会计信息合法、真实、准确、及时和完整

M13－14　会计机构、会计人员进行会计监督的依据是（　　）。

A. 财经法律、法规、规章

B. 会计法律、法规和国家统一会计制度

C. 各省市财政厅（局）制定的具体实施办法或者补充规定

D. 各单位制定的单位内部会计管理制度

E. 各单位内部的预算、财务计划、经济计划、业务计划

M13－15　单位在接受财政、审计、税务等机关的监督时，应如实提供（　　）资料。

A. 原始凭证　　B. 记账凭证

C. 会计账簿　　D. 财务报表

E. 其他会计资料以及有关情况

M13－16　单位应当根据《会计法》和相关规章建立内部会计管理制度，主要包括（　　）。

A. 会计人员岗位责任制度　　B. 账务处理程序制度

C. 内部牵制制度　　D. 原始记录管理制度

E. 定额管理、财务审批制度等

M13－17　为了贯彻内部牵制原则，出纳人员不得从事的工作有（　　）。

A. 登记现金日记账　　B. 对本单位会计工作进行审核

C. 会计档案的保管　　D. 登记应收账款总账

E. 登记现金总账

M13－18　会计档案定期保管的期限有（　　）。

A. 3 年　　B. 5 年

C. 10 年　　D. 30 年

E. 永久

M13－19　下列会计档案中，保管年限为 30 年的有（　　）。

A. 原始凭证　　B. 记账凭证

C. 总账　　D. 明细账

E. 日记账

M13－20　下列各项中，需要永久保管的会计档案有（　　）。

A. 年度财务会计报告　　B. 会计档案移交清册

C. 会计档案保管清册　　D. 会计档案销毁清册

E. 会计档案鉴定意见书

13.2.4　课程思政思考题

1. 请谈一谈你对“不以规矩，不成方圆”的理解。

2. 一项会计工作除了《会计法》《会计准则》对其进行规范外，为什么还有《公司法》《刑法》《税法》《证券法》等对其进行规范，请从法律法规对会计的监管视角谈一谈会计必须遵从相关法律法规的认识。

3. 如果一项商业决策从经济上有利于企业，但有违道德，作为会计人员，如何帮助企业做出符合逻辑、有道德的商业决策？

4. 通过观看视频"红军诚信故事——兑换苏区布币"（请扫主教材第300页二维码），谈一谈你对"国无信不兴，人无信不立，市无信不旺，商无信不发"的认识。

5. 请对标CFO或总会计师胜任能力标准，制定自己的人生规划时间表。

6. 单位会计人员调离为什么一定要做交接工作？严格的内部控制程序是保护会计人员的一项措施吗？

7. 为什么有的会计档案要永久保存？会计档案保管制度对反腐倡廉的作用是什么？

8. 我国近两年在财务领域大力推进发票电子化和无纸化归档，对我国2030年实现碳达峰和2060年实现碳中和具有什么意义？

13.3 练习题参考答案

13.3.1 判断题

T13-1 √	T13-2 ×	T13-3 √
T13-4 √	T13-5 √	T13-6 √
T13-7 ×	T13-8 √	T13-9 ×
T13-10 ×	T13-11 √	T13-12 √
T13-13 ×	T13-14 √	T13-15 √
T13-16 √	T13-17 ×	T13-18 √
T13-19 √	T13-20 ×	T13-21 √
T13-22 ×	T13-23 ×	T13-24 ×
T13-25 √	T13-26 ×	T13-27 √
T13-28 √		

13.3.2 单项选择题

S13-1 C	S13-2 C	S13-3 B
S13-4 D	S13-5 A	S13-6 A

S13-7　C　　S13-8　B　　S13-9　A
S13-10　B　　S13-11　D　　S13-12　D
S13-13　C　　S13-14　D　　S13-15　D

13.3.3　多项选择题

M13-1　ABCDE　　M13-2　ABCD　　M13-3　ABD
M13-4　ABD　　M13-5　ABCE　　M13-6　ABCD
M13-7　ABDE　　M13-8　ABCD　　M13-9　ABC
M13-10　ABDE　　M13-11　ABCDE　　M13-12　ABCD
M13-13　ABCDE　　M13-14　ABCDE　　M13-15　ABCDE
M13-16　ABCDE　　M13-17　BCDE　　M13-18　BCDE
M13-19　ABCDE　　M13-20　ACDE

13.3.4　课程思政思考题（略）

13.4　教材课后部分习题参考答案

13.4.1　思考题（略）

13.4.2　案例题

1. 答：康美药业虚增营业收入和资产违背了会计信息的可靠性原则。可靠性是指会计信息必须是客观存在的，且具有可验证性。可靠性要求企业应当以实际发生的交易或者事项为依据进行确认、计量和报告，如实反映符合确认和计量要求的各项会计要素及其他相关信息，保证会计信息真实可靠、内容完整。

需要指出的是，康美药业表面上是违背了会计可靠性原则，实质上是违背了会计职业道德，违背了会计诚实守信的原则。虚增收入和虚增资产就是造假，是欺骗，是不诚信、不道德的违法犯罪行为，应该受到刑法的处罚。

2. 答：上市公司造假会严重侵害投资者利益。康美药业实施财务造假被曝光后，股价急剧下跌，投资者遭受重大损失。

投资者的利益得不到有效保护，投资者的信心就会受到打击，其结果必然是投资者远离这个市场。在康美药业实施财务造假中，审计师事务所未履职尽责、勤勉从业。这些都严重阻碍了资本市场的健康发展。

上市公司真实、准确、完整、及时地披露信息是证券市场健康有序运行的重要基础。财务造假严重挑战信息披露制度的严肃性，严重损害投资者利益，严重毁坏市场诚信基础，严重破坏市场信心，是证券市场的“毒瘤”，必须坚决从严从重打击。

3. 答：不会。会计人员应当按照会计法律、法规和国家统一会计制度规定的程序和要求进行会计工作，保证所提供的会计信息合法、真实、准确、及时、完整。“不做假账”是会计人员的基本职业操守。

图书在版编目（CIP）数据

《基础会计（原初级会计学）（第 11 版·立体化数字教材版）》学习指导书/朱小平，秦玉熙编著．--北京：中国人民大学出版社，2021.10

中国人民大学会计系列教材

ISBN 978-7-300-29935-8

Ⅰ．①基…　Ⅱ．①朱…②秦…　Ⅲ．①会计学-高等学校-教学参考资料　Ⅳ．①F230

中国版本图书馆 CIP 数据核字（2021）第 195161 号

国家级教学成果奖

中国人民大学会计系列教材

《基础会计（原初级会计学）（第 11 版·立体化数字教材版）》学习指导书

朱小平　秦玉熙　编著

《Jichu Kuaiji（Yuan Chuji Kuaijixue）（Di 11 Ban·Litihua Shuzi Jiaocai Ban）》Xuexi Zhidaoshu

出版发行	中国人民大学出版社		
社　址	北京中关村大街 31 号	邮政编码	100080
电　话	010－62511242（总编室）		010－62511770（质管部）
	010－82501766（邮购部）		010－62514148（门市部）
	010－62515195（发行公司）		010－62515275（盗版举报）
网　址	http://www.crup.com.cn		
经　销	新华书店		
印　刷	天津鑫丰华印务有限公司		
开　本	787 mm×1092 mm　1/16	版　次	2021 年 10 月第 1 版
印　张	22.5 插页 1	印　次	2024 年 7 月第 8 次印刷
字　数	364 000	定　价	54.00 元

中国人民大学出版社　管理分社

教师教学服务说明

中国人民大学出版社管理分社以出版工商管理和公共管理类精品图书为宗旨。为更好地服务一线教师，我们着力建设了一批数字化、立体化的网络教学资源。教师可以通过以下方式获得免费下载教学资源的权限：

★ 在中国人民大学出版社网站 www.crup.com.cn 进行注册，注册后进入“会员中心”，在左侧点击“我的教师认证”，填写相关信息，提交后等待审核。我们将在一个工作日内为您开通相关资源的下载权限。

★ 如您急需教学资源或需要其他帮助，请加入教师 QQ 群或在工作时间与我们联络。

中国人民大学出版社　管理分社

教师 QQ 群：648333426（工商管理）　114970332（财会）　648117133（公共管理）
教师群仅限教师加入，入群请备注（学校＋姓名）

联系电话：010-62515735，62515987，62515782，82501048，62514760

电子邮箱：glcbfs@crup.com.cn

通讯地址：北京市海淀区中关村大街甲 59 号文化大厦 1501 室（100872）

管理书社　　人大社财会　　公共管理与政治学悦读坊

国家级教学成果奖

《基础会计（原初级会计学）（第11版·立体化数字教材版）》模拟实训

朱小平　秦玉熙　编著

中国人民大学出版社
·北京·

目　录

模拟实训资料

目标：通过模拟实训将适用于课堂教学的会计分录和丁字形账户，融入实务中的记账凭证和会计账簿，完成从原始凭证到记账凭证，从记账凭证到会计账簿，从会计账簿到试算平衡表，从试算平衡表到财务报表编制的业务流程，并完成总分类账与明细分类账的平行登记，从而实现从理论到实际操作的转换。

模拟公司名称：小明机器人有限责任公司

法人代表：小明

账户信息：

（1）税号：91110108×52628207×

（2）开户银行：中国工商银行北京××支行

（3）银行账户：0200007609××4601392

（4）地址：北京市中关村大街××号

（5）电话：010-6251××00

公司基本情况：

（1）税收信息：公司是一般纳税人，开增值税专用发票，增值税适用税率为13%，所得税享受高科技企业优惠税率15%。

（2）公司主要产品：小明机器人1号和小明机器人2号。

（3）主要供应商：加加电子芯片有限责任公司和晶晶电池有限责任公司。

（4）主要销售商：永乐商城有限责任公司。

（5）公司付款方式：支票＋网上银行。

（6）公司收款方式：各类票据＋网上银行。

（7）会计记账基础：权责发生制。

（8）折旧政策：固定资产折旧按直线法，每月15日之前购入的，当月按整月计提折旧。

资料：

1. 小明机器人有限责任公司20××年11月30日总账科目余额及部分明细账科目余额见表1至表3。

表1 账户科目余额表

20××年11月30日　　金额单位：元

会计科目	借方余额	贷方余额
库存现金	30 000	
银行存款	1 600 000	
应收账款	0	
原材料	200 000	
库存商品	0	
生产成本	0	
其他应收款	0	
固定资产	900 000	
累计折旧		172 500
短期借款		0
应付账款		0
应交税费		0
应付职工薪酬		0
应付利息		0
实收资本		2 000 000
盈余公积——法定盈余公积		100 000
盈余公积——任意盈余公积		100 000
利润分配——未分配利润		357 500
合计	2 730 000	2 730 000

表2 原材料——主机模块　　金额单位：元

年		凭证号	摘要	增加			减少			余额		
月	日			数量	单价	金额	数量	单价	金额	数量	单价	金额
11	30		期末余额							300	500	150 000

表3 原材料——锂电池　　金额单位：元

年		凭证号	摘要	增加			减少			余额		
月	日			数量	单价	金额	数量	单价	金额	数量	单价	金额
11	30		期末余额							125	400	50 000

2. 小明机器人有限责任公司20××年12月发生了下列经济业务：

(1) 12月1日，向工商银行借入期限1年，利率为6%，金额为2 000 000元的借款。借款已到账。

(2) 12月3日，向高科设备厂购入一套模具，增值税专用发票显示的价款为600 000元，税额为78 000元，价税合计678 000元。货款已通过网上银行支付。

(3) 12月5日，向加加电子芯片有限责任公司购入主机模块2 000套（500元/套），增值税专用发票显示的价款为1 000 000元，税额为130 000元，价税合计1 130 000元。公司通过网银已将货款支付给加加电子芯片有限责任公司，主机模块已验收入库。

(4) 12月6日，向晶晶电池有限责任公司购入锂电池2 000块（400元/块），增值税专用发票显示的价款为800 000元，税额为104 000元，价税合计904 000元。电池已验收入库，货款未付。

(5) 12 月 10 日，公司通过网上银行向晶晶电池有限责任公司支付前欠货款 904 000 元。

(6) 12 月 11 日，生产小明机器人 1 号领用主机模块 1 000 套，锂电池 1 000 块；生产小明机器人 2 号领用主机模块 800 套，锂电池 800 块。

(7) 12 月 15 日，通过网上银行向北京电力有限责任公司支付电费 33 900 元（其中增值税 3 900 元，税率 13%）。管理部门承担 1 000 元，车间承担 29 000 元。

(8) 12 月 18 日，公司副总张明出差，向财务部门借现金 5 000 元。

(9) 12 月 20 日，计入当月职工薪酬总额为 380 000 元，其中生产 1 号机器人的生产工人工资 180 000 元，生产 2 号机器人的生产工人工资 100 000 元，车间管理人员工资 30 000 元，管理部门人员工资 70 000 元。

(10) 12 月 31 日，计提本月折旧 13 000 元（期初生产线原价 900 000 元，使用年限 10 年，残值为零；新购模具原价 600 000 元，使用年限 9 年，残值为 6 000 元，均采用直线法计提折旧）。

(11) 12 月 31 日，归集制造费用，将制造费用按产量分配给小明机器人 1 号（1 000 件）和小明机器人 2 号（800 件）。

(12) 12 月 31 日，小明机器人 1 号 1 000 件和小明机器人 2 号 800 件全部完工，检验合格，已验收入库，结转完工产品成本。

(13) 12 月 31 日，通过网上银行向远播广告有限责任公司支付广告费 318 000 元（其中增值税 18 000 元，税率 6%）。

(14) 12 月 31 日，向永乐商场销售小明机器人 1 号 900 件（2 000 元/件），小明机器人 2 号 700 件（1 800 元/件），增值税税率为 13%。收到永乐商场签发的转账支票一张，货款已收到。

(15) 12 月 31 日，结转已售产品成本，1 号机器人 1 008 000 元（900 件×1 120 元/件），2 号机器人 745 500 元（700 件×1 065 元/件）。

(16) 12 月 31 日，出差人员张明回财务报销差旅费，带回往返机票，合计 2 460 元，上海住宿费发票一张 1 590 元（2 天，750 元/天，增值税 90 元，税率 6%），财务在报销时按规定给予交通补助 240 元（80 元×3 天），餐费补助 300 元（100 元×3 天），差旅费合计 4 500 元，退回现金 410 元。

(17) 12 月 31 日，开出转账支票一张，金额为 380 000 元，委托银行将工资打入每位员工的工资卡。

(18) 12 月 31 日，计算本月应负担的借款利息。

(19) 12 月 31 日，计算应缴纳的所得税，所得税税率为 15%。

(20) 12 月 31 日，通过网上银行缴纳增值税 63 810 元（397 800－333 990）。

(21) 12 月 31 日，将所有收入、成本和费用转入“本年利润”账户，并将本年利润余额转入“利润分配——未分配利润”账户。

（22）按当期净利润的10%计提法定盈余公积，10%提取任意盈余公积。

（23）将所有利润分配明细账除未分配利润外，全部清零。

要求：

（1）根据公司12月发生的经济业务依次填写和审核原始凭证，编制记账凭证并连续编号。

（2）根据总账科目（见表1）开设总分类账和明细分类账，将余额过入各总账和明细账。同时根据记账凭证登记总账和明细账，计算出本期发生额和期末余额并单独登记现金日记账和银行存款日记账。

（3）编制试算平衡表。

（4）编制资产负债表和利润表。

参考答案：

1. 编制会计分录。

（1）借：银行存款	2 000 000	
贷：短期借款		2 000 000
（2）借：固定资产	600 000	
应交税费——应交增值税（进项税额）	78 000	
贷：银行存款		678 000
（3）借：原材料——主机模块	1 000 000	
应交税费——应交增值税（进项税额）	130 000	
贷：银行存款		1 130 000
（4）借：原材料——锂电池	800 000	
应交税费——应交增值税（进项税额）	104 000	
贷：应付账款—— 晶晶电池公司		904 000
（5）借：应付账款—— 晶晶电池公司	904 000	
贷：银行存款		904 000
（6）借：生产成本——1号机器人（1 000×500+1 000×400）	900 000	
——2号机器人（800×500+800×400）	720 000	
贷：原材料——主机模块（1 800×500）		900 000
—— 锂电池（1 800×400）		720 000
（7）借：管理费用	1 000	
制造费用	29 000	
应交税费——应交增值税（进项税额）	3 900	
贷：银行存款		33 900
（8）借：其他应收款——张明	5 000	
贷：库存现金		5 000

(9) 借：生产成本——1号机器人　　180 000
　　　　　　——2号机器人　　100 000
　　　制造费用　　30 000
　　　管理费用　　70 000
　　贷：应付职工薪酬　　380 000

(10) 借：制造费用　　13 000
　　贷：累计折旧　　13 000

(11) 借：生产成本——1号机器人　　40 000
　　　　　　——2号机器人　　32 000
　　贷：制造费用（29 000+30 C00+13 000）　　72 000

(12) 借：库存商品——1号机器人　　1 120 000
　　　　　　——2号机器人　　852 000
　　贷：生产成本——1号机器人　　1 120 000
　　　　　　——2号机器人　　852 000

(13) 借：销售费用　　300 000
　　　应交税费——应交增值税（进项税额）　　18 000
　　贷：银行存款　　318 000

(14) 借：银行存款　　3 457 800
　　贷：主营业务收入——1号机器人　　1 800 000
　　　　　　——2号机器人　　1 260 000
　　　应交税费——应交增值税（销项税额）　　397 800

(15) 借：主营业务成本——1号机器人　　1 008 000
　　　　　　——2号机器人　　745 500
　　贷：库存商品——1号机器人　　1 008 000
　　　　　　——2号机器人　　745 500

(16) 借：管理费用　　4 500
　　　库存现金　　410
　　　应交税费——应交增值税（进项税额）　　90
　　贷：其他应收款 ——张明　　5 000

(17) 借：应付职工薪酬　　380 000
　　贷：银行存款　　380 000

(18) 借：财务费用　　10 000
　　贷：应付利息　　10 000

(19) 借：所得税费用［(3 060 000−2 139 000)×15%］　　138 150
　　贷：应交税费——应交所得税　　138 150

（20）借：应交税费——应交增值税（已交税费） 63 810
　　贷：银行存款 63 810
（21）①借：主营业务收入——1 号机器人 1 800 000
　　——2 号机器人 1 260 000
　　贷：本年利润 3 060 000
②借：本年利润 2 277 150
　　贷：主营业务成本——1 号机器人 1 008 000
　　——2 号机器人 745 500
　　销售费用 300 000
　　管理费用 75 500
　　财务费用 10 000
　　所得税费用 138 150
③借：本年利润 782 850
　　贷：利润分配——未分配利润 782 850
（22）借：利润分配——提取法定盈余公积 78 285
　　——提取任意盈余公积 78 285
　　贷：盈余公积——法定盈余公积 78 285
　　——任意盈余公积 78 285
（23）借：利润分配——未分配利润 156 570
　　贷：利润分配——提取法定盈余公积 78 285
　　——提取任意盈余公积 78 285

2. 登记丁字形账簿。

库存现金

期初余额	30 000		
（16）	410	（8）	5 000
本期发生额	410	本期发生额	5 000
期末余额	25 410		

短期借款

		期初余额	0
		（1）	2 000 000
本期发生额	0	本期发生额	2 000 000
		期末余额	2 000 000

银行存款

期初余额	1 600 000		
（1）	2 000 000	（2）	678 000
（14）	3 457 800	（3）	1 130 000
		（5）	904 000
		（7）	33 900
		（13）	318 000
		（17）	380 000
		（20）	63 810
本期发生额	5 457 800	本期发生额	3 507 710
期末余额	3 550 090		

固定资产

期初余额	900 000		
（2）	600 000		
本期发生额	600 000	本期发生额	0
期末余额	1 500 000		

累计折旧

		期初余额	172 500
		(10)	13 000
本期发生额	0	本期发生额	13 000
		期末余额	185 500

应付账款

		期初余额	0
(5)	904 000	(4)	904 000
本期发生额	904 000	本期发生额	904 000

其他应收账款

期初余额	0		
(8)	5 000	(16)	5 000
本期发生额	5 000	本期发生额	5 000

应付职工薪酬

		期初余额	0
(17)	380 000	(9)	380 000
本期发生额	380 000	本期发生额	380 000

应付利息

		期初余额	0
		(18)	10 000
本期发生额	0	本期发生额	10 000
		期末余额	10 000

制造费用

(7)	29 000	(11)	72 000
(9)	30 000		
(10)	13 000		
本期发生额	72 000	本期发生额	72 000

管理费用

(7)	1 000	(21)	75 500
(9)	70 000		
(16)	4 500		
本期发生额	75 500	本期发生额	75 500

销售费用

(13)	300 000	(21)	300 000
本期发生额	300 000	本期发生额	300 000

财务费用

(18)	10 000	(21)	10 000
本期发生额	10 000	本期发生额	10 000

所得税费用

(19)	138 150	(21)	138 150
本期发生额	138 150	本期发生额	138 150

本年利润

(21)	2 277 150	(21)	3 060 000
(21)	782 850		
本期发生额	3 060 000	本期发生额	3 060 000

实收资本

		期初余额	2 000 000
本期发生额	0	本期发生额	0
		期末余额	2 000 000

3. 总账与明细分类账的平行登记。

原材料

期初余额	200 000		
(3)	1 000 000	(6)	1 620 000
(4)	800 000		
本期发生额	1 800 000	本期发生额	1 620 000
期末余额	380 000		

原材料——主机模块

期初余额	150 000		
(3)	1 000 000	(6)	900 000
本期发生额	1 000 000	本期发生额	900 000
期末余额	250 000		

原材料——锂电池

期初余额	50 000		
(4)	800 000	(6)	720 000
本期发生额	800 000	本期发生额	720 000
期末余额	130 000		

生产成本

(6)	1 620 000	(12)	1 972 000
(9)	280 000		
(11)	72 000		
本期发生额	1 972 000	本期发生额	1 972 000

生产成本——1号机器人

(6)	900 000	(12)	1 120 000
(9)	180 000		
(11)	40 000		
本期发生额	1 120 000	本期发生额	1 120 000

生产成本——2号机器人

(6)	720 000	(12)	852 000
(9)	100 000		
(11)	32 000		
本期发生额	852 000	本期发生额	852 000

库存商品

期初余额	0		
(12)	1 972 000	(15)	1 753 500
本期发生额	1 972 000	本期发生额	1 753 500
期末余额	218 500		

库存商品——1号机器人

期初余额	0		
(12)	1 120 000	(15)	1 008 000
本期发生额	1 120 000	本期发生额	1 008 000
期末余额	112 000		

库存商品——2号机器人

期初余额	0		
(12)	852 000	(15)	745 500
本期发生额	852 000	本期发生额	745 500
期末余额	106 500		

主营业务收入

(21)	3 060 000	(14)	3 060 000
本期发生额	3 060 000	本期发生额	3 060 000

主营业务收入——1号机器

(21)	1 800 000	(14)	1 800 000
本期发生额	1 800 000	本期发生额	1 800 000

主营业务收入——2号机器人

(21)	1 260 000	(14)	1 260 000
本期发生额	1 260 000	本期发生额	1 260 000

主营业务成本

(15)	1 753 500	(21)	1 753 500
本期发生额	1 753 500	本期发生额	1 753 500

主营业务成本——1号机器人

(15)	1 008 000	(21)	1 008 000
本期发生额	1 008 000	本期发生额	1 008 000

主营业务成本——2号机器人

(15)	745 500	(21)	745 500
本期发生额	745 500	本期发生额	745 500

应交税费

(2)	78 000	(14)	397 800
(3)	130 000	(19)	138 150
(4)	104 000		
(7)	3 900		
(13)	18 000		
(16)	90		
(20)	63 810		
本期发生额	397 800	本期发生额	535 950
		期末余额	138 150

应交税费——应交增值税（进项税额）

(2)	78 000		
(3)	130 000		
(4)	104 000		
(7)	3 900		
(13)	18 000		
(16)	90		
本期发生额	333 990	本期发生额	0
期末余额	333 990		

应交税费——应交增值税（销项税额）

		(14)	397 800
本期发生额	0	本期发生额	397 800
		期末余额	397 800

应交税费——应交增值税（已交税费）

(20)	63 810		
本期发生额	63 810	本期发生额	0
期末余额	63 810		

应交税费——应交所得税

		(19)	138 150
本期发生额	0	本期发生额	138 150

利润分配

		期初余额	357 500
(22)	156 570	(21)	782 850
(23)	156 570	(23)	156 570
本期发生额	313 140	本期发生额	939 420
		期末余额	983 780

利润分配——未分配利润

		期初余额	357 500
(23)	156 570	(21)	782 850
本期发生额	156 570	本期发生额	782 850
		期末余额	983 780

利润分配——法定盈余公积

(22)	78 285	(23)	78 285
本期发生额	78 285	本期发生额	78 285

利润分配——任意盈余公积

(22)	78 285	(23)	78 285
本期发生额	78 285	本期发生额	78 285

盈余公积

		期初余额	200 000
		(22)	156 570
本期发生额	0	本期发生额	156 570
		期末余额	356 570

盈余公积——法定盈余公积

		期初余额	100 000
		(22)	78 285
本期发生额	0	本期发生额	78 285
		期末余额	178 285

盈余公积——任意盈余公积

		期初余额	100 000
		(22)	78 285
本期发生额	0	本期发生额	78 285
		期末余额	178 285

4. 编制试算平衡表。

试算平衡表

20××年 12 月 31 日　　　　金额单位：元

会计科目	期初余额		本期发生额		期末余额	
	借方	贷方	借方	贷方	借方	贷方
库存现金	30 000		410	5 000	25 410	
银行存款	1 600 000		5 457 800	3 507 710	3 550 090	
其他应收款			5 000	5 000		
原材料	200 000		1 800 000	1 620 000	380 000	
生产成本			1 972 000	1 972 000		
制造费用			72 000	72 000		
库存商品			1 972 000	1 753 500	218 500	
固定资产	900 000		600 000		1 500 000	
累计折旧		172 500		13 000		185 500
短期借款				2 000 000		2 000 000
应付账款			904 000	904 000		
应交税费			397 800	535 950		138 150
应付职工薪酬			380 000	380 000		
应付利息				10 000		10 000
实收资本		2 000 000				2 000 000
盈余公积		200 000		156 570		356 570
利润分配		357 500	313 140	939 420		983 780
主营业务收入			3 060 000	3 060 000		
主营业务成本			1 753 500	1 753 500		
本年利润			3 060 000	3 060 000		
销售费用			300 000	300 000		
管理费用			75 500	75 500		
财务费用			10 000	10 000		
所得税费用			138 150	138 150		
合计	2 730 000	2 730 000	22 271 300	22 271 300	5 674 000	5 674 000

5. 编制财务报表（省略没有数据的报表项目）。

利润表

20××年12月

编制单位：小明机器人有限责任公司　　　　　　　　　　　　金额单位：元

项目	行次	本期发生额	上期发生额
一、营业收入		3 060 000	
减：营业成本		1 753 500	
销售费用		300 000	
管理费用		75 500	
财务费用		10 000	
二、营业利润		921 000	
三、利润总额		921 000	
减：所得税费用		138 150	
四、净利润		782 850	

企业负责人：小明之印　　主管会计工作负责人：　　会计机构负责人：

资产负债表

20××年12月31日

编制单位：小明机器人有限责任公司　　　　　　　　　　　　金额单位：元

资产	期末余额	期初余额	负债和所有者权益	期末余额	期初余额
流动资产：			流动负债：		
货币资金	3 575 500		短期借款	2 000 000	
存货	598 500		其他应付款	10 000	
流动资产合计	4 174 000		应交税费	138 150	
非流动资产：			流动负债合计	2 148 150	
固定资产	1 314 500		负债合计	2 148 150	
非流动资产合计	1 314 500		所有者权益：		
			实收资本	2 000 000	
			盈余公积	356 570	
			未分配利润	983 780	
			所有者权益合计	3 340 350	
资产总计	5 488 500		负债和所有者权益总计	5 488 500	

企业负责人：小明之印　　主管会计工作负责人：　　会计机构负责人：

模拟实训 1　填制会计凭证

要求：

请根据资料填制相关原始凭证和记账凭证，记账凭证需连续编号。

第 1 笔业务：借款

1. 原始凭证

（1）借款合同（略）。

（2）工行借款凭证。

（3）网银回单（收款）。

中国工商银行借款凭证　　No.76532912

①

年　　月　　日

<table>
<tr><td>借款人</td><td></td><td>贷款账号</td><td></td><td>存款账号</td><td colspan="11"></td></tr>
<tr><td rowspan="2">贷款金额</td><td colspan="3" rowspan="2"></td><td>亿</td><td>千</td><td>百</td><td>十</td><td>万</td><td>千</td><td>百</td><td>十</td><td>元</td><td>角</td><td>分</td></tr>
<tr><td></td><td></td><td></td><td></td><td></td><td></td><td></td><td></td><td></td><td></td><td></td></tr>
<tr><td colspan="2" rowspan="2">用途</td><td>期限</td><td>约定还款日期</td><td colspan="12"></td></tr>
<tr><td>年</td><td>贷款利率</td><td colspan="3"></td><td colspan="3">借款合同号　码</td><td colspan="6"></td></tr>
<tr><td colspan="16">上列贷款已转入借款人指定的账户。（中国工商银行股份有限北京某支行 业务专用章 (01)）

复核：　　　　记账：</td></tr>
</table>

第一联　回单

CH 098653

ICBC 中国工商银行

业务回单（收款）　凭证

年　月　日　　回单编号：

付款人户名：
付款人账号（卡号）：　付款人开户银行：
收款人户名：
收款人账号（卡号）：　收款人开户银行：
金额（大写）：　小写：
业务（产品）：　凭证种类：　凭证号码：
摘要：　用途：　币种：
交易机构：　记账柜员：　交易代码：　渠道：
批次号：　提交人：　授权人：

中国工商银行股份有限北京某支行 自助回单机专用章 (0008)

本回单为第1次打印，注意重复　打印日期：　年　月　日　打印柜员：　验证码：

2. 记账凭证

收款凭证

借方科目：银行存款　　20××年　月　日　　银收字第　号

摘要	贷方科目		金额											记账
	总账科目	明细科目	亿	千	百	十	万	千	百	十	元	角	分	√
合计														

财务主管：　记账：　出纳：　审核：　制单：　附件　张

第 2 笔业务：采购设备

1. 原始凭证

（1）设备采购合同（略）。

（2）增值税专用发票联。

（3）网银回单（付款）。

（4）设备验收单。

北京增值税专用发票　　NO

发票联

全国统一发票监制章　北京　国家税务总局监制

开票日期：

购买方	名称： 纳税人识别号： 地址、电话： 开户行及账号：	密码区					
货物或应税劳务、服务名称	规格型号	单位	数量	单价	金额	税率	税额
价税合计（大写）						（小写）¥	
销售方	名称： 纳税人识别号： 地址、电话： 开户行及账号：	备注					

第三联：发票联：购买方记账凭证

高科设备有限责任公司　12345678902215AP02　发票专用章

校验码

收款人：　　复核：　　开票人：　　销售方：（章）

ICBC　中国工商银行

业务回单（付款）　　凭证

年　月　日　　回单编号：

付款人户名：

付款人账号（卡号）：　　付款人开户银行：

收款人户名：

收款人账号（卡号）：　　收款人开户银行：

金额（大写）：　　小写：

业务（产品）：　　凭证种类：　　凭证号码：

摘要：　　用途：　　币种：

交易机构：　　记账柜员：　　交易代码：　　渠道：

批次号：　　提交人：　　授权人：

中国工商银行股份有限公司北京某支行　自助回单机专用章　（0008）

本回单为第1次打印，注意重复　　打印日期：　年　月　日　　打印柜员：　　验证码：

设备验收单

供货单位：　　　　　　　　　　　　　年　　月　　日　　　　　　　　使用部门：

设备名称	设备编号	规格/型号	单位	数量	备注

验收单位：　　　　　　　　验收人员：　　　　　　　　使用单位：
（签章）　　　　　　　　　（签章）　　　　　　　　　（签章）

2. 记账凭证

付款凭证

贷方科目：银行存款　　　　　　20××年　　月　　日　　　　　　银付字第　　号

摘　要	借方科目		金　　额											记账 ✓
	总账科目	明细科目	亿	千	百	十	万	千	百	十	元	角	分	
合　计														

财务主管：　　　　　记账：　　　　出纳：　　　　审核：　　　　制单：　　　　附件　　张

第 3 笔业务：采购原材料

1. 原始凭证

（1）原材料采购合同（略）。

（2）增值税专用发票联。

（3）网银回单（付款）。

（4）原材料入库单。

北京增值税专用发票　　NO

（全国统一发票监制章 北京 国家税务局监制）

发票联

开票日期：

购买方	名称： 纳税人识别号： 地址、电话： 开户行及账号：			密码区			
货物或应税劳务、服务名称	规格型号	单位	数量	单价	金额	税率	税额
价税合计（大写）				（小写）¥			
销售方	名称： 纳税人识别号： 地址、电话： 开户行及账号：			备注	校验码		

收款人：　　复核：　　开票人：　　销售方：（章）

第三联：发票联：购买方记账凭证

（加加电子芯片有限责任公司 5325D1467701215V03 发票专用章）

ICBC　中国工商银行　　凭证

业务回单（付款）

年　月　日　　回单编号：

付款人户名：

付款人账号（卡号）：　　付款人开户银行：

收款人户名：

收款人账号（卡号）：　　收款人开户银行：

金额（大写）：　　小写：

业务（产品）：　　凭证种类：　　凭证号码：

摘要：　　用途：　　币种：

交易机构：　　记账柜员：　　交易代码：　　渠道：

批次号：　　提交人：　　授权人：

（中国工商银行股份有限公司北京某支行 自助回单机专用章 （0008））

本回单为第1次打印，注意重复　　打印日期：　年　月　日　　打印柜员：　　验证码：

原材料入库单

供货单位： 仓库编号：

发票尾号： 年 月 日 收货单位：

编号	材料名称及规格	单位	数量	单价	金额	备注
合计						

验收单位： 复核： 记账： 仓库保管：

2. 记账凭证

付款凭证

贷方科目：银行存款 20××年 月 日 银付字第 号

摘要	借方科目		金额											记账 ✓
	总账科目	明细科目	亿	千	百	十	万	千	百	十	元	角	分	
合计														

财务主管： 记账： 出纳： 审核： 制单： 附件 张

人大初会实训

第 4 笔业务：采购原材料

1. 原始凭证

（1）原材料采购合同（略）。

（2）增值税专用发票联。

（3）原材料入库单。

北京增值税专用发票 NO

全国统一发票监制章 北京 国家税务总局监制

发票联

开票日期：

购买方	名称： 纳税人识别号： 地址、电话： 开户行及账号：			密码区				
货物或应税劳务、服务名称		规格型号	单位	数量	单价	金额	税率	税额
价税合计（大写）						（小写）¥		
销售方	名称： 纳税人识别号： 地址、电话： 开户行及账号：			备注				

收款人： 复核： 开票人： 销售方：（章）

第三联：发票联：购买方记账凭证

晶晶电池有限责任公司 12145677702215AK021 发票专用章

原材料入库单

供货单位： 仓库编号：

发票尾号： 年 月 日 收货单位：

编号	材料名称及规格	单位	数量	单价	金额	备注
合计						

验收单位： 复核： 记账： 仓库保管：

2. 记账凭证

转账凭证

20××年　　月　　日　　　　　　　　　　转字第　　号

摘　要	会计科目		√	借方金额										√	贷方金额								
	总账科目	明细科目		千	百	十	万	千	百	十	元	角	分		千	百	十	万	千	百	十	元	角	分
合　计																							

财务主管：　　　　记账：　　　　审核：　　　　制单：　　　　附件　　张

第 5 笔业务：支付前欠货款

1. 原始凭证

ICBC　中国工商银行

业务回单（付款）　凭证

年　　月　　日　　　　回单编号：

付款人户名：

付款人账号（卡号）：　　　　付款人开户银行：

收款人户名：

收款人账号（卡号）：　　　　收款人开户银行：

金额（大写）：　　　　小写：

业务（产品）：　　　　凭证种类：　　　　凭证号码：

摘要：　　　　用途：　　　　币种：

交易机构：　　　　记账柜员：　　　　交易代码：　　　　渠道：

批次号：　　　　提交人：　　　　授权人：

中国工商银行股份有限北京某支行 自助回单机专用章 （0008）

本回单为第1次打印，注意重复　　　　打印日期：　年　月　日　　　　打印柜员：　　　　验证码：

2. 记账凭证

付款凭证

贷方科目：银行存款　　　　20××年　月　日　　　　银付字第　号

摘要	借方科目		金额											记账
	总账科目	明细科目	亿	千	百	十	万	千	百	十	元	角	分	✓
合计														

财务主管：　　记账：　　出纳：　　审核：　　制单：　　附件　张

第 6 笔业务：领用原材料进行生产

1. 原始凭证

（1）领料单。

（2）发出材料汇总表（后附多张“领料单”）。

领料单

年　月　日　　　　仓库编号：

领用部门	编号	名称及规格	单位	数量	单价	金额	备注
合计							

生产部门负责人：　　仓库负责人：　　领料人员：

发出材料汇总表

年　月　日

领用部门	材料名称	用途	单位	数量	金额
合计					

会计主管：　　复核：　　制单：

2. 记账凭证

转账凭证

20××年　月　日　　转字第　号

摘要	会计科目		√	借方金额										√	贷方金额									
	总账科目	明细科目		千	百	十	万	千	百	十	元	角	分		千	百	十	万	千	百	十	元	角	分
合计																								

财务主管：　　记账：　　审核：　　制单：　　附件　张

第 7 笔业务：支付电费

1. 原始凭证

（1）增值税专用发票联。

（2）网银回单（付款）。

（3）电费分配单。

北京增值税专用发票

全国统一发票监制章 北京 国家税务局监制

发票联

NO

开票日期：

购买方	名称： 纳税人识别号： 地址、电话： 开户行及账号：			密码区			
货物或应税劳务、服务名称	规格型号	单位	数量	单价	金额	税率	税额
价税合计（大写）					（小写）¥		
销售方	名称： 纳税人识别号： 地址、电话： 开户行及账号：			备注			

收款人：　　复核：　　开票人：　　销售方：（章）

校验码

电力有限责任公司 4325C34698701215V6 发票专用章

第三联：发票联：购买方记账凭证

ICBC 中国工商银行　　凭证

业务回单（付款）

年　月　日

回单编号：

付款人户名：

付款人账号（卡号）：　　付款人开户银行：

收款人户名：

收款人账号（卡号）：　　收款人开户银行：

金额（大写）：　　小写：

业务（产品）：　　凭证种类：　　凭证号码：

摘要：　　用途：　　币种：

交易机构：　　记账柜员：　　交易代码：　　渠道：

批次号：　　提交人：　　授权人：

中国工商银行股份有限北京某支行 自助回单机专用章 （0008）

本回单为第1次打印，注意重复　　打印日期：　年　月　日　　打印柜员：　　验证码：

电费分配表

年 月 日 金额单位：元

部门	金额
生产车间	
管理部门	
合 计	

会计主管： 复核： 制单：

2. 记账凭证

付款凭证

贷方科目：银行存款 20××年 月 日 银付字第 号

摘 要	借方科目		金 额											记账✓
	总账科目	明细科目	亿	千	百	十	万	千	百	十	元	角	分	
合 计														

财务主管： 记账： 出纳： 审核： 制单： 附件 张

第 8 笔业务：出差借款

1. 原始凭证

借款单 №

年 月 日

借款单位：

今收到人民币

金额（大写） 万 千 佰 拾 元 角 分

小写 ☐ 现金 ☐ 支票 ☐ 支付宝 ☐ 微信 ☐ 其他

审核 会计 记账 出纳 经办人

第二联 交财务

现金付讫

小明机器人有限责任公司 财务专用章

2. 记账凭证

付款凭证

贷方科目：库存现金　　20××年 月 日　　现付字第 号

摘 要	借方科目		金 额											记账 ✓
	总账科目	明细科目	亿	千	百	十	万	千	百	十	元	角	分	
合 计														

财务主管：　记账：　出纳：　审核：　制单：　附件 张

第 9 笔业务：分配工资

1. 原始凭证

（1）员工花名册（略）。

（2）工资结算单。

工资结算单

年　月　日　　　　金额单位：元

部门/产品	金额
生产成本——	
生产成本——	
生产车间	
管理部门	
合计	

会计主管：　　　　复核：　　　　制单：

2. 记账凭证

转账凭证

20××年　月　日　　　　转字第　号

摘　要	会计科目		√	借方金额										√	贷方金额									
	总账科目	明细科目		千	百	十	万	千	百	十	元	角	分		千	百	十	万	千	百	十	元	角	分
合　计																								

财务主管：　　　　记账：　　　　审核：　　　　制单：　　　　附件　张

第 10 笔业务：计提折旧

1. 原始凭证

折旧计算表

年　月　日　　　　金额单位：元

使用部门	固定资产种类	固定资产原价	使用年限	残值	折旧方法	年折旧额	月折旧额
合计							

会计主管：　　　　复核：　　　　制单：

2. 记账凭证

转账凭证

20××年　月　日　　　　转字第　号

摘要	会计科目		√	借方金额										√	贷方金额									
	总账科目	明细科目		千	百	十	万	千	百	十	元	角	分		千	百	十	万	千	百	十	元	角	分
合计																								

财务主管：　　记账：　　审核：　　制单：　　附件　张

第 11 笔业务：归集并分配制造费用

1. 原始凭证

制造费用分配表

年　月　日　　　　金额单位：元

产品名称	产量	制造费用	分配率	分配金额
小明机器人1号				
小明机器人2号				
合计				

会计主管：　　　　复核：　　　　制单：

2. 记账凭证

转账凭证

20××年　月　日　　　　转字第　号

摘　要	会计科目		√	借方金额										√	贷方金额									
	总账科目	明细科目		千	百	十	万	千	百	十	元	角	分		千	百	十	万	千	百	十	元	角	分
合　计																								

财务主管：　　记账：　　审核：　　制单：　　附件　张

第 12 笔业务：产品完工

1. 原始凭证

（1）生产成本计算表。

（2）产成品入库单。

生产成本计算表

金额单位：元

产品名称	原材料	工资	制造费用	合计	产量	单位成本
合计						

会计主管：　　　　复核：　　　　制单：

产成品入库单

生产车间：　　　　年　月　日　　　　仓库编号：

编号	名称及规格	单位	数量	单价	金额	备注

检验人员：　　　　复核：　　　　记账：　　　　仓库保管：

2. 记账凭证

转账凭证

20××年　月　日　　　　　　转字第　号

摘　要	会计科目		√	借方金额										√	贷方金额									
	总账科目	明细科目		千	百	十	万	千	百	十	元	角	分		千	百	十	万	千	百	十	元	角	分
合　计																								

财务主管：　　记账：　　审核：　　制单：　　附件　张

第 13 笔业务：支付广告费

1. 原始凭证

（1）广告合同（略）。

（2）增值税专用发票联。

（3）网银回单（付款）。

北京增值税专用发票　　No

全国统一发票监制章 北京 国家税务总局监制

发票联　　　　开票日期：

购买方	名称： 纳税人识别号： 地址、电话： 开户行及账号：	密码区	

货物或应税劳务、服务名称	规格型号	单位	数量	单价	金额	税率	税额
价税合计（大写）					（小写）		

销售方	名称： 纳税人识别号： 地址、电话： 开户行及账号：	备注	

收款人：　　复核：　　开票人：　　销售方：（章）

第三联：发票联：购买方记账凭证

远播广告有限责任公司 74923578L25C346987 发票专用章

ICBC 中国工商银行

凭证

业务回单（付款）

年 月 日

回单编号：

付款人户名：

付款人账号（卡号）： 付款人开户银行：

收款人户名：

收款人账号（卡号）： 收款人开户银行：

金额（大写）： 小写：

业务（产品）： 凭证种类： 凭证号码：

摘要： 用途： 币种：

交易机构： 记账柜员： 交易代码： 渠道：

批次号： 提交人： 授权人：

中国工商银行股份有限北京某支行 自助回单机专用章 （0008）

本回单为第1次打印，注意重复 打印日期： 年 月 日 打印柜员： 验证码：

2. 记账凭证

付款凭证

贷方科目：银行存款 20××年 月 日 银付字第 号

摘要	借方科目		金额											记账
	总账科目	明细科目	亿	千	百	十	万	千	百	十	元	角	分	✓
合计														

财务主管： 记账： 出纳： 审核： 制单： 附件 张

第 14 笔业务：销售产品

1. 原始凭证

（1）收款收据。

（2）转账支票存根。

（3）进账单。

（4）增值税专用发票记账联。

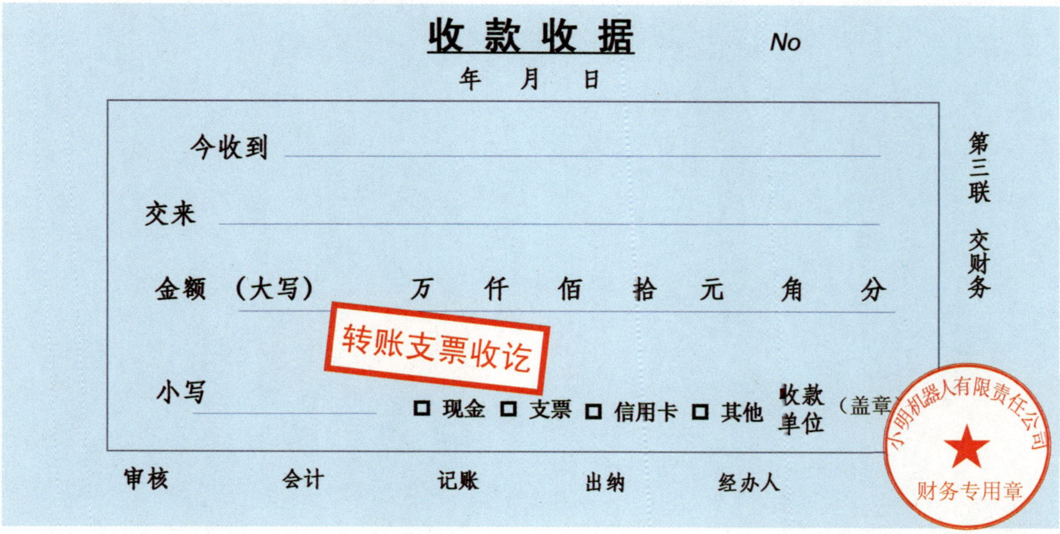
收款收据　No

年　月　日

今收到

交来

金额（大写）　万　仟　佰　拾　元　角　分

小写　□ 现金　□ 支票　□ 信用卡　□ 其他　收款单位（盖章）

审核　会计　记账　出纳　经办人

第三联　交财务

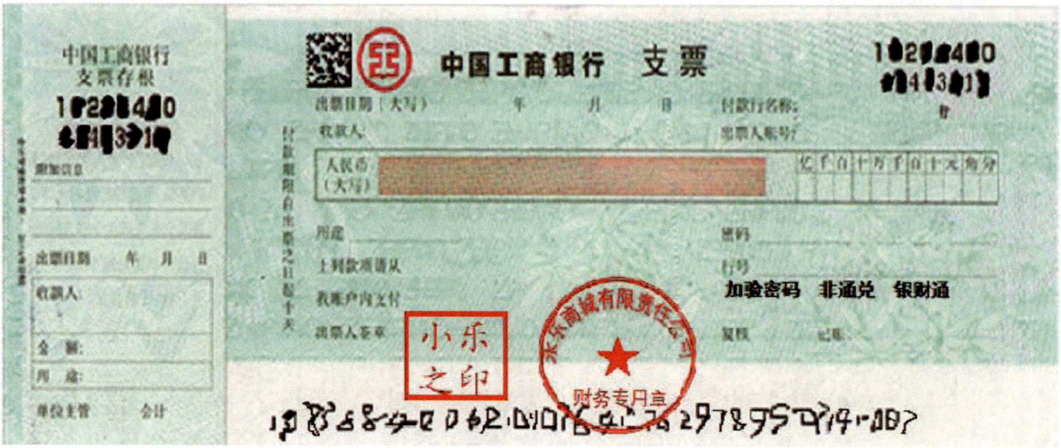
中国工商银行
支票存根
[redacted]
附加信息
出票日期　年　月　日
收款人：
金　额：
用　途：
单位主管　会计

中国工商银行　支票　[redacted]
出票日期（大写）　年　月　日　付款行名称：
收款人：　出票人账号：
人民币（大写）　亿　千　百　十　万　千　百　十　元　角　分
用途　密码
上列款项请从　行号
我账户内支付
出票人签章　复核　记账
加验密码　非通兑　银财通

ICBC　中国工商银行　**进账单（收账通知）3**

年　　月　　日

<table>
<tr><td rowspan="3">出票人</td><td>全　称</td><td></td><td rowspan="3">收款人</td><td>全　称</td><td colspan="10"></td></tr>
<tr><td>账　号</td><td></td><td>账　号</td><td colspan="10"></td></tr>
<tr><td>开户银行</td><td></td><td>开户银行</td><td colspan="10"></td></tr>
<tr><td rowspan="2">金额</td><td colspan="4" rowspan="2">人民币
（大写）</td><td>千</td><td>百</td><td>十</td><td>万</td><td>千</td><td>百</td><td>十</td><td>元</td><td>角</td><td>分</td></tr>
<tr><td></td><td></td><td></td><td></td><td></td><td></td><td></td><td></td><td></td><td></td></tr>
<tr><td colspan="2">票据种类</td><td>　　票据张数</td><td colspan="12" rowspan="3">开户银行盖章</td></tr>
<tr><td colspan="2">票据号码</td><td></td></tr>
<tr><td colspan="3">复核　　　　记账</td></tr>
</table>

此联是收款人开户银行交给收款人的收账通知

北京增值税专用发票

记账联

NO

全国统一发票监制章 北京市 国家税务总局监制

开票日期：

<table>
<tr><td>购买方</td><td colspan="3">名称：
纳税人识别号：
地址、电话：
开户行及账号：</td><td>密码区</td><td colspan="4"></td></tr>
<tr><td colspan="2">货物或应税劳务、服务名称</td><td>规格型号</td><td>单位</td><td>数量</td><td>单价</td><td>金额</td><td>税率</td><td>税额</td></tr>
<tr><td colspan="2"></td><td></td><td></td><td></td><td></td><td></td><td></td><td></td></tr>
<tr><td colspan="2">价税合计（大写）</td><td colspan="7">（小写）¥</td></tr>
<tr><td>销售方</td><td colspan="3">名称：
纳税人识别号：
地址、电话：
开户行及账号：</td><td>备注</td><td colspan="4">校验码</td></tr>
</table>

收款人：　　　复核：　　　开票人：　　　销售方：（章）

小明机器人有限责任公司 财务专用章

第一联：记账联　销货方记账凭证

2. 记账凭证

收款凭证

借方科目：银行存款　　　　20××年　月　日　　　　银收字第　号

摘　要	贷方科目		金　　额											记账
	总账科目	明细科目	亿	千	百	十	万	千	百	十	元	角	分	√
合　计														

财务主管：　　记账：　　出纳：　　审核：　　制单：　　附件　张

第 15 笔业务：结转已售产品成本

1. 原始凭证

（1）提货单。

（2）产品销售成本计算表。

提货单

提货单位：　　　　　　　　　　　　运输方式：

发票尾号：　　　　年　月　日　　　仓库：

产品名称	产品编号	规格	单位	数量	单价	金 额	备注
合计							

销售部门负责人　　　　发货人　　　　提货人　　　　制单

产品销售成本计算表

年　月　日　　　　金额单位：元

产品名称	数量	单价	金额
合　计			

会计主管：　　　　审核：　　　　制单：

2. 记账凭证

转账凭证

20××年　月　日　　　　转字第　号

摘　要	会计科目		√	借方金额										√	贷方金额									
	总账科目	明细科目		千	百	十	万	千	百	十	元	角	分		千	百	十	万	千	百	十	元	角	分
合　计																								

财务主管：　　记账：　　审核：　　制单：　　附件　张

第 16 笔业务：出差报销

1. 原始凭证

（1）收款收据。

（2）上海增值税专用发票联。

（3）机票。

（4）差旅费报销单。

（5）原始凭证粘贴单。

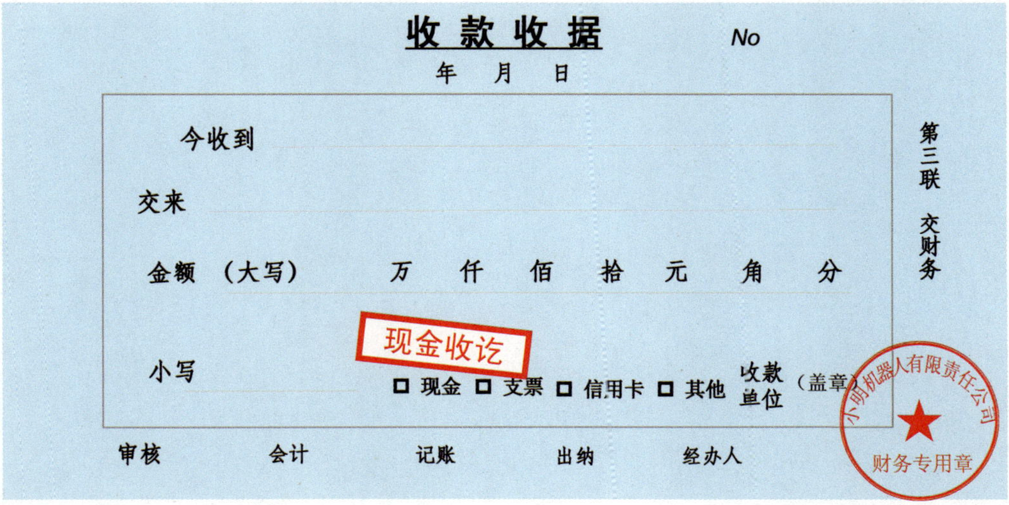

收 款 收 据　No

年　月　日

今收到

交来

金额（大写）　万　仟　佰　拾　元　角　分

小写　□现金　□支票　□信用卡　□其他　收款单位（盖章）

现金收讫

小明机器人有限责任公司 财务专用章

审核　会计　记账　出纳　经办人

第三联 交财务

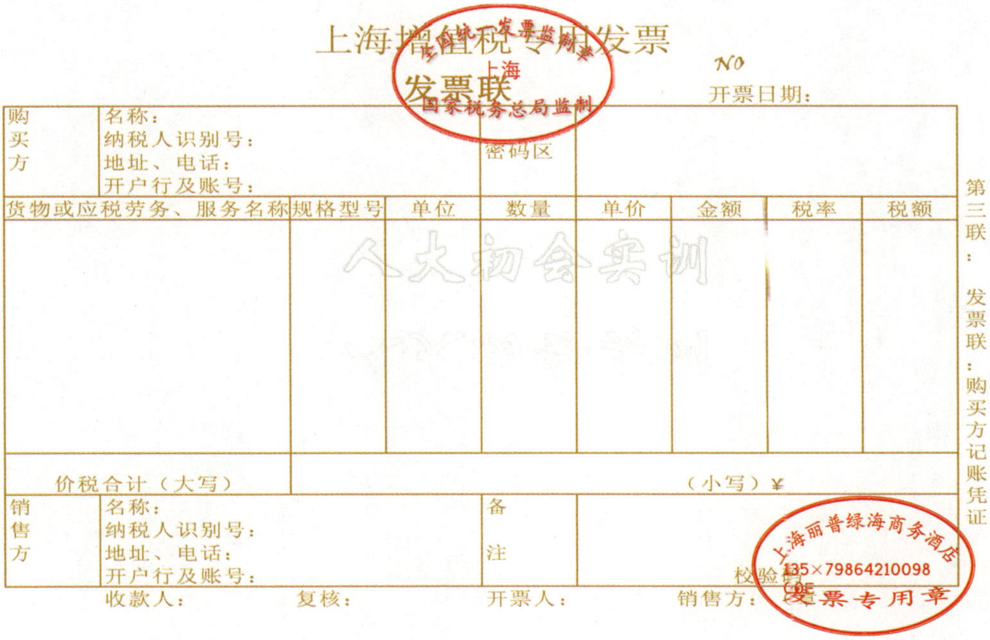

上海增值税专用发票

全国统一发票监制章 上海 国家税务总局监制

发票联　No

开票日期：

购买方	名称： 纳税人识别号： 地址、电话： 开户行及账号：		密码区				
货物或应税劳务、服务名称	规格型号	单位	数量	单价	金额	税率	税额
价税合计（大写）				（小写）¥			
销售方	名称： 纳税人识别号： 地址、电话： 开户行及账号：		备注				

收款人：　复核：　开票人：　销售方：

校验码

上海丽普绿海商务酒店 135×79864210098 发票专用章

第三联：发票联：购买方记账凭证

航空运输电子客票行程单

ITINERARY/RECEIPT OF E-TICKET FOR AIR TRANSPORT

（印章：全国统一发票监制章 国家税务总局监制）

印刷序号：SERIAL NUMBER:

旅客姓名 NAME OF PASSENGER 张明	有效身份证件号码 ID NO. 11012519 x 40424 x 56 x				签注 ENDORSEMENTS/RESTRICTIONS CARBON				
MT5NGC	承运人 CARRIER	航班号 FLIGHT	座位等级 CLASS	日期 DATE	时间 DATE	客票等级/客票类别 ARE BASIS	客票生效日期 NOT VALID BEFORM	有效截止日期 NOT VALID DATER	免费行李 ALLOW
自FROM 北京 至TO 上海 至TO 北京	国航								
至TO	票价 FARE CNY2360.00	民航发展基金 CIVILAVATONDVELEPMENTFUND 100.00YQ			燃油附加费 FUEL SURCHARGE　其他税费 OTHER TAXES			合计 TOTAL CNY 2460.00	
电子客票号 E-TICKET NO.		验证码 CK.		提示信息 INFORMATION				保险费 INSURANCE	
销售单位代号 AGENT CODE		填开单位 ISSUED BY		国航股份自助打印			填开日期 DATE OF ISSUE		

付款凭证　手写无效

（印章：中国民航电子客票 发票专用章）

差 旅 费 报 销 单

年　　月　　日　　　　编号

出差人姓名：　　　　职务：　　　　事由：　　　　出差起止日期：　　　　共计　　　　天

出发				到达				人数	交通		住宿		金额	交通补贴		金额	餐费补助		金额	其他	金额合计
月	日	时	地点	月	日	时	地点		工具	金额	标准	天数		标准	天数		标准	天数			
合计：人民币（大写）　万　仟　佰　拾　元　角　分　¥																					
预借金额 ¥　　　退/补金额 ¥　　　□支付宝　□微信　□银行卡　□现金																					

单据　　张

部门主管　　　财务主管　　　会计　　　出纳　　　领款人　　　报销人

原始凭证粘贴单

年　　月　　日

粘贴原始凭证说明：				单据类别	张数	金额
1.从左到右，先小张后大张 2.大小金额相等的粘贴在一起 3.单张薄纸只粘贴左方的表头 4.本说明部分可被粘贴覆盖						
				合计		
部门主管		会计主管				
出纳		经手人			领款人	

2. 记账凭证

收款凭证

借方科目：库存现金　　　　20××年　月　日　　　　现收字第　号

摘　要	贷方科目		金　　额											记账
	总账科目	明细科目	亿	千	百	十	万	千	百	十	元	角	分	√
合　计														

财务主管：　　记账：　　出纳：　　审核：　　制单：　　附件　张

转账凭证

20××年 月 日 转字第 号

摘要	会计科目		√	借方金额										√	贷方金额									
	总账科目	明细科目		千	百	十	万	千	百	十	元	角	分		千	百	十	万	千	百	十	元	角	分
合计																								

财务主管： 记账： 审核： 制单： 附件 张

第 17 笔业务：付工资

1. 原始凭证

（1）转账支票。

（2）员工花名册（略）。

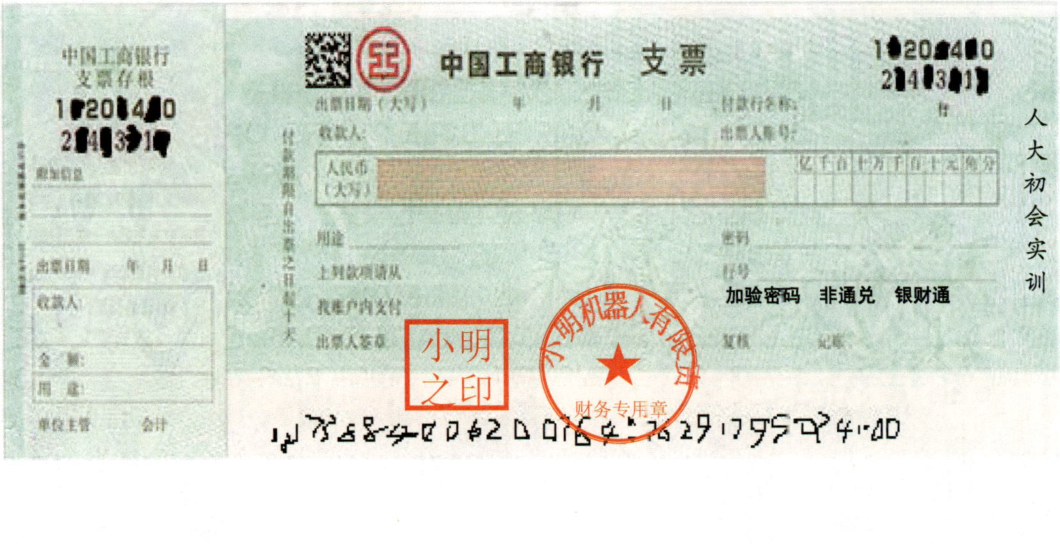
中国工商银行
支票存根
[redacted]
附加信息
出票日期 年 月 日
收款人：
金 额：
用 途：
单位主管 会计

中国工商银行 支票 [redacted]
出票日期（大写） 年 月 日 付款行名称：
收款人： 出票人账号：
人民币（大写） 亿 千 百 十 万 千 百 十 元 角 分
付款期限自出票之日起十天
用途 密码
上列款项请从 行号
我账户内支付 加验密码 非通兑 银财通
出票人签章 小明之印 小明机器人有限公司 财务专用章 复核 记账
人大初会实训

2. 记账凭证

付款凭证

贷方科目：银行存款　　20××年　月　日　　银付字第　号

摘　要	借方科目		金　额											记账
	总账科目	明细科目	亿	千	百	十	万	千	百	十	元	角	分	✓
合　计														

财务主管：　记账：　出纳：　审核：　制单：　附件　张

第 18 笔业务：计提利息

1. 原始凭证

（1）借款合同（略）。

（2）利息计算单。

利息计算表

币种：　年　月　日　金额单位：元

开户行：			账号：		
计息项目	起息日	结息日	本金	利率	利息
合计（大写）	佰　拾　万　仟　佰　拾　元　角　分				

会计主管：　审核：　制单：

2. 记账凭证

转账凭证

20××年　　月　　日　　　　　　　　　　　　　　　　　　转字第　　号

摘　要	会计科目		√	借方金额										√	贷方金额									
	总账科目	明细科目		千	百	十	万	千	百	十	元	角	分		千	百	十	万	千	百	十	元	角	分
合　计																								

财务主管：　　　　记账：　　　　审核：　　　　制单：　　　　附件　　张

第 19 笔业务：计算所得税

1. 原始凭证

中华人民共和国企业所得税年度纳税申报表（A类）（实训简化）

税款所属时间：　　年　　月　　日至　　年　　月　　日

纳税人识别号：　　　　　　　　　　　纳税人名称：

金额单位：人民币（列至角分）

谨申明：此纳税申报表是根据《中华人民共和国企业所得税法》、《中国人民共和国企业所得税法实施条例》、有关税收政策以及国家统一会计制度的规定填报的，是真实的、可靠的、完整的。

法定代表人（签章）：　　年　月　日

行次	类别	项　目	金额
1	利润总额计算	一、营业收入	
2		减：营业成本	
3		税金及附加	
4		销售费用	
5		管理费用	
6		财务费用	
7		二、营业利润	
8		加：营业外收入	
9		减：营业外支出	
10		三、利润总额	
11	应纳税所得额计算	加：纳税调整增加	
12		减：纳税调整减少	
13		四、纳税调整后所得	
14		减：所得减免	
15		减：弥补以前年度亏损	
16		五、应纳税所得额	
17		税率（15%）	
18		六、实际应纳税所得额（16×17）	

2. 记账凭证

转账凭证

20××年　　月　　日　　　　　　　　　　转字第　　号

摘　要	会计科目		√	借方金额										√	贷方金额								
	总账科目	明细科目		千	百	十	万	千	百	十	元	角	分		千	百	十	万	千	百	十	元	角	分
合　计																							

财务主管：　　　记账：　　　审核：　　　制单：　　　附件　　张

第 20 笔业务：缴纳增值税

1. 原始凭证

（1）增值税进（销）项税额汇总表。
（2）增值税专用发票（抵扣联）封面。
（3）增值税专用发票抵扣联（共有 6 张）。
（4）增值税及附加税费纳税申报表。
（5）中国工商银行电子缴税付款凭证。
（6）中华人民共和国税收完税证明。

增值税进（销）项税额汇总表

年　月　日　　　　　　　　金额单位：元

项　目	借　方	贷　方
进项税额		
销项税额		
合　计		

会计主管：　　　审核：　　　制单：

增值税专用发票（抵扣联）封面

日期 年 月 日至 年 月 日			
单位名称		汇总抵扣金额	
本月总册数		本册编号	
本册张数		验票人	
报送日期 年 月 日		经办人	

北京增值税专用发票

抵扣联

全国统一发票监制章 北京 国家税务总局监制

NO

开票日期：

购买方	名称： 纳税人识别号： 地址、电话： 开户行及账号：		密码区				
货物或应税劳务、服务名称	规格型号	单位	数量	单价	金额	税率	税额
价税合计（大写）				（小写）¥			
销售方	名称： 纳税人识别号： 地址、电话： 开户行及账号：		备注	校验码			

收款人： 复核： 开票人： 销售方：（章）

加加电子芯片有限责任公司 5325D1467701215V03 发票专用章

第二联：抵扣联 购买方抵扣凭证

北京增值税专用发票

全国统一发票监制章
抵扣联
北京
国家税务总局监制

NO

开票日期：

购买方	名称： 纳税人识别号： 地址、电话： 开户行及账号：			密码区				
货物或应税劳务、服务名称		规格型号	单位	数量	单价	金额	税率	税额
价税合计（大写）					（小写）			
销售方	名称： 纳税人识别号： 地址、电话： 开户行及账号：			备注				

收款人： 复核： 开票人： 销售方：（章）

第二联：抵扣联 购买方抵扣凭证

电力有限责任公司
4325C34698701215V6
校验码
发票专用章

北京增值税专用发票

全国统一发票监制章
抵扣联
北京
国家税务总局监制

NO

开票日期：

购买方	名称： 纳税人识别号： 地址、电话： 开户行及账号：			密码区				
货物或应税劳务、服务名称		规格型号	单位	数量	单价	金额	税率	税额
价税合计（大写）					（小写）			
销售方	名称： 纳税人识别号： 地址、电话： 开户行及账号：			备注				

收款人： 复核： 开票人： 销售方：（章）

第二联：抵扣联 购买方抵扣凭证

远播广告有限责任公司
74923578L25C346987
校验码
发票专用章

北京增值税专用发票

全国统一发票监制章 国家税务总局监制

抵扣联 北京

NO

开票日期：

购买方	名称： 纳税人识别号： 地址、电话： 开户行及账号：			密码区				
货物或应税劳务、服务名称		规格型号	单位	数量	单价	金额	税率	税额
价税合计（大写）					（小写）¥			
销售方	名称： 纳税人识别号： 地址、电话： 开户行及账号：			备注				

收款人： 复核： 开票人： 销售方：（章）

晶晶电池有限责任公司 2145677702215AK021 发票专用章

校验码

第二联：抵扣联 购买方抵扣凭证

北京增值税专用发票

全国统一发票监制章 国家税务总局监制

抵扣联 北京

NO

开票日期：

购买方	名称： 纳税人识别号： 地址、电话： 开户行及账号：			密码区				
货物或应税劳务、服务名称		规格型号	单位	数量	单价	金额	税率	税额
价税合计（大写）					（小写）¥			
销售方	名称： 纳税人识别号： 地址、电话： 开户行及账号：			备注				

收款人： 复核： 开票人： 销售方：（章）

高科设备有限责任公司 12345678902215AP02 发票专用章

校验码

第二联：抵扣联 购买方抵扣凭证

上海增值税专用发票

NO

全国统一发票监制章
上海
国家税务总局监制

抵扣联

开票日期：

购买方	名称： 纳税人识别号： 地址、电话： 开户行及账号：	密码区					
货物或应税劳务、服务名称	规格型号	单位	数量	单价	金额	税率	税额
价税合计（大写）				（小写）¥			
销售方	名称： 纳税人识别号： 地址、电话： 开户行及账号：	备注		校验码			

收款人： 复核： 开票人： 销售方：（章）

第二联：抵扣联 购买方抵扣凭证

上海丽普绿海商务酒店
135×79864210098
发票专用章

附件 1

增值税及附加税费申报表

（一般纳税人适用）

根据国家税收法律法规及增值税相关规定制定本表。纳税人不论有无销售额，均应按税务机关核定的纳税期限填写本表，并向当地税务机关申报。

税款所属时间：自　年　月　日至　年　月　日　　　填表日期：　年　月　日

金额单位：元（列至角分）

纳税人识别号（统一社会信用代码）：□□□□□□□□□□□□□□□□□□□□

所属行业：

纳税人名称		法定代表人姓名		注册地址		生产经营地址	
开户银行及账号		登记注册类型		电话号码			

	项目	栏次	一般项目		即征即退项目	
			本月数	本年累计	本月数	本年累计
销售额	（一）按适用税率计税销售额	1				
	其中：应税货物销售额	2				
	应税劳务销售额	3				
	纳税检查调整的销售额	4				
	（二）按简易办法计税销售额	5				
	其中：纳税检查调整的销售额	6				
	（三）免、抵、退办法出口销售额	7			—	—
	（四）免税销售额	8			—	—
	其中：免税货物销售额	9			—	—
	免税劳务销售额	10			—	—
税款计算	销项税额	11				
	进项税额	12				
	上期留抵税额	13				—
	进项税额转出	14				
	免、抵、退应退税额	15			—	—
	按适用税率计算的纳税检查应补缴税额	16			—	—
	应抵扣税额合计	17＝12＋13－14－15＋16		—		—
	实际抵扣税额	18（如 17＜11，则为 17，否则为 11）				
	应纳税额	19＝11－18				
	期末留抵税额	20＝17－18				—
	简易计税办法计算的应纳税额	21				
	按简易计税办法计算的纳税检查应补缴税额	22			—	—
	应纳税额减征额	23				
	应纳税额合计	24＝19＋21－23				

税款缴纳	期初未缴税额（多缴为负数）	25				
	实收出口开具专用缴款书退税额	26			—	—
	本期已缴税额	27＝28＋29＋30＋31				
	①分次预缴税额	28		—		—
	②出口开具专用缴款书预缴税额	29		—	—	—
	③本期缴纳上期应纳税额	30				
	④本期缴纳欠缴税额	31				
	期末未缴税额（多缴为负数）	32＝24＋25＋26－27				
	其中：欠缴税额（≥0）	33＝25＋26－27		—		—
	本期应补（退）税额	34＝24－28－29		—		—
	即征即退实际退税额	35	—	—		
	期初未缴查补税额	36			—	—
	本期入库查补税额	37			—	—
	期末未缴查补税额	38＝16＋22＋36－37			—	—
附加税费	城市维护建设税本期应补（退）税额	39			—	—
	教育费附加本期应补（退）费额	40			—	—
	地方教育附加本期应补（退）费额	41			—	—

声明：此表是根据国家税收法律法规及相关规定填写的，本人（单位）对填报内容（及附带资料）的真实性、可靠性、完整性负责。

纳税人（签章）：　　　　年　月　日

经办人： 经办人身份证号： 代理机构签章： 代理机构统一社会信用代码：	受理人： 受理税务机关（章）： 受理日期：　　年　月　日

中国工商银行电子缴税付款凭证

ICBC 中国工商银行

凭证

缴税日期 年 月 日 凭证字号：

纳税人全称及纳税人识别号：
付款人全称：
付款人账号： 征收机关名称： 北京市海淀区国家税务局
付款人开户银行： 征收国库（银行）名称： 国家金库北京市海淀区支库
小写（合计）金额：
大写（合计）金额： 缴款书交易流水号：
税票号码：

税费名称	所属日期	实缴金额（单位：元）
增值税		

国税已开具售付汇证明

中国工商银行股份有限 北京紫竹院支行 业务专用章 0X82G75X801X

第1次打印 打印时间：

客户回单联 验证码 复核： 记账：

中华人民共和国
税收完税证明

国家税务总局 税收票证监制章

国

(151) 京国证00030201

填发日期： 年 月 日 税务机关：北京市海淀区国家税务局第一税务所

纳税人识别号			纳税人名称		
原凭证号	税种	品目名称	税款所属时间	入（退）库日期	实缴（退）金额
金额合计	（大写）				
税务机关盖章 北京市海淀区国家税务局 征税专用章	填票人		备注		

第一联（收据）交纳税人作完税证明

妥善保管、手写无效

2. 记账凭证

付款凭证

贷方科目：银行存款　　　　20××年　月　日　　　　银付字第　号

摘要	借方科目		金额											记账✓
	总账科目	明细科目	亿	千	百	十	万	千	百	十	元	角	分	
合计														

财务主管：　　记账：　　出纳：　　审核：　　制单：　　附件　张

第 21 笔业务：结转收入、成本和费用

1. 原始凭证

损益类账户发生额汇总表

金额单位：元

项目	借方	贷方
主营业务收入		
主营业务成本		
销售费用		
管理费用		
财务费用		
所得税费用		
合计		

会计主管：　　审核：　　制单：

2. 记账凭证

转账凭证

20××年　　月　　日　　　　　　　　转字第　　号

摘要	会计科目		√	借方金额										√	贷方金额									
	总账科目	明细科目		千	百	十	万	千	百	十	元	角	分		千	百	十	万	千	百	十	元	角	分
合计																								

财务主管:　　　　记账:　　　　审核:　　　　制单:　　　　附件　　张

转账凭证

20××年　　月　　日　　　　　　　　转字第　　号

摘要	会计科目		√	借方金额										√	贷方金额									
	总账科目	明细科目		千	百	十	万	千	百	十	元	角	分		千	百	十	万	千	百	十	元	角	分
合计																								

财务主管:　　　　记账:　　　　审核:　　　　制单:　　　　附件　　张

转账凭证

20××年　　月　　日　　　　　　　　　　　　转字第　　号

摘　要	会计科目		√	借方金额										√	贷方金额									
	总账科目	明细科目		千	百	十	万	千	百	十	元	角	分		千	百	十	万	千	百	十	元	角	分
合　计																								

财务主管:　　　　记账:　　　　审核:　　　　制单:　　　　附件　　张

第 22 笔业务：提取盈余公积

1. 原始凭证

（1）会议决议（略）。

（2）利润分配计算表。

利润分配计算表

年　月　日　　　　　　　　金额单位：元

项　目	当年税后利润	计提比例	金 额	备 注

会计主管:　　　　复核:　　　　制单:

2. 记账凭证

转账凭证

20××年　　月　　日　　　　　　　　　　　　转字第　　号

摘　要	会计科目		√	借方金额										√	贷方金额									
	总账科目	明细科目		千	百	十	万	千	百	十	元	角	分		千	百	十	万	千	百	十	元	角	分
合　计																								

财务主管:　　　　记账:　　　　审核:　　　　制单:　　　　附件　　张

第 23 笔业务：结转利润分配明细账

1. 原始凭证

利润分配明细账汇总表

金额单位：元

项　目	借　方	贷　方
未分配利润		
提取法定盈余公积		
提取任意盈余公积		
合　计		

会计主管:　　　　审核:　　　　制单:

2. 记账凭证

转账凭证

20××年　月　日　　　　　　　　转字第　号

摘要	会计科目		√	借方金额										√	贷方金额									
	总账科目	明细科目		千	百	十	万	千	百	十	元	角	分		千	百	十	万	千	百	十	元	角	分
合计																								

财务主管：　　记账：　　审核：　　制单：　　附件　张

3. 会计凭证封面

全部凭证填制完成后，请加封面装订成册。

会计凭证封面

册	本月共　册
号	第　册
数	本册共　份

自　年　月　日起至　月　日　止

记账凭证种类		凭证起讫号数	附原始凭证张数
收款凭证	银收	共　张　自第　号至第　号	
	现收	共　张　自第　号至第　号	
付款凭证	银付	共　张　自第　号至第　号	
	现付	共　张　自第　号至第　号	
转账凭证		共　张　自第　号至第　号	
备注			

20　年　月　日

会计主管：　　复核：　　装订员：

模拟实训2　登记总分类账和明细分类账

要求：

根据记账凭证登记总分类账和明细分类账。

（1）总分类账24个，其中，库存现金和银行存款不登记总分类账，在模拟实训3中登记日记账。

总分类账

科目名称：

年		凭证编号	摘要	借方										贷方										借或贷	余额									
月	日			千	百	十	万	千	百	十	元	角	分	千	百	十	万	千	百	十	元	角	分		千	百	十	万	千	百	十	元	角	分

总分类账

科目名称：

年		凭证编号	摘要	借方										贷方										借或贷	余额									
月	日			千	百	十	万	千	百	十	元	角	分	千	百	十	万	千	百	十	元	角	分		千	百	十	万	千	百	十	元	角	分

总分类账

科目名称：

年		凭证	摘要	借方										贷方										借或贷	余额									
月	日	编号		千	百	十	万	千	百	十	元	角	分	千	百	十	万	千	百	十	元	角	分		千	百	十	万	千	百	十	元	角	分

总分类账

科目名称：

年		凭证	摘要	借方										贷方										借或贷	余额									
月	日	编号		千	百	十	万	千	百	十	元	角	分	千	百	十	万	千	百	十	元	角	分		千	百	十	万	千	百	十	元	角	分

总分类账

科目名称：

年		凭证编号	摘要	借方										贷方										借或贷	余额									
月	日			千	百	十	万	千	百	十	元	角	分	千	百	十	万	千	百	十	元	角	分		千	百	十	万	千	百	十	元	角	分

总分类账

科目名称：

年		凭证编号	摘要	借方										贷方										借或贷	余额									
月	日			千	百	十	万	千	百	十	元	角	分	千	百	十	万	千	百	十	元	角	分		千	百	十	万	千	百	十	元	角	分

总分类账

科目名称：

年		凭证编号	摘要	借方										贷方										借或贷	余额									
月	日			千	百	十	万	千	百	十	元	角	分	千	百	十	万	千	百	十	元	角	分		千	百	十	万	千	百	十	元	角	分

总分类账

科目名称：

年		凭证编号	摘要	借方										贷方										借或贷	余额									
月	日			千	百	十	万	千	百	十	元	角	分	千	百	十	万	千	百	十	元	角	分		千	百	十	万	千	百	十	元	角	分

总分类账

科目名称：

年		凭证	摘要	借方										贷方										借或贷	余额									
月	日	编号		千	百	十	万	千	百	十	元	角	分	千	百	十	万	千	百	十	元	角	分		千	百	十	万	千	百	十	元	角	分

总分类账

科目名称：

年		凭证	摘要	借方										贷方										借或贷	余额									
月	日	编号		千	百	十	万	千	百	十	元	角	分	千	百	十	万	千	百	十	元	角	分		千	百	十	万	千	百	十	元	角	分

总分类账

科目名称：

年		凭证编号	摘要	借方										贷方										借或贷	余额									
月	日			千	百	十	万	千	百	十	元	角	分	千	百	十	万	千	百	十	元	角	分		千	百	十	万	千	百	十	元	角	分

总分类账

科目名称：

年		凭证编号	摘要	借方										贷方										借或贷	余额									
月	日			千	百	十	万	千	百	十	元	角	分	千	百	十	万	千	百	十	元	角	分		千	百	十	万	千	百	十	元	角	分

总分类账

科目名称：

年		凭证编号	摘要	借方										贷方										借或贷	余额									
月	日			千	百	十	万	千	百	十	元	角	分	千	百	十	万	千	百	十	元	角	分		千	百	十	万	千	百	十	元	角	分

总分类账

科目名称：

年		凭证编号	摘要	借方										贷方										借或贷	余额									
月	日			千	百	十	万	千	百	十	元	角	分	千	百	十	万	千	百	十	元	角	分		千	百	十	万	千	百	十	元	角	分

总分类账

科目名称：

年		凭证	摘要	借方										贷方										借或贷	余额									
月	日	编号		千	百	十	万	千	百	十	元	角	分	千	百	十	万	千	百	十	元	角	分		千	百	十	万	千	百	十	元	角	分

总分类账

科目名称：

年		凭证	摘要	借方										贷方										借或贷	余额									
月	日	编号		千	百	十	万	千	百	十	元	角	分	千	百	十	万	千	百	十	元	角	分		千	百	十	万	千	百	十	元	角	分

总分类账

科目名称：

年		凭证编号	摘要	借方										贷方										借或贷	余额									
月	日			千	百	十	万	千	百	十	元	角	分	千	百	十	万	千	百	十	元	角	分		千	百	十	万	千	百	十	元	角	分

总分类账

科目名称：

年		凭证编号	摘要	借方										贷方										借或贷	余额									
月	日			千	百	十	万	千	百	十	元	角	分	千	百	十	万	千	百	十	元	角	分		千	百	十	万	千	百	十	元	角	分

总分类账

科目名称：

年		凭证编号	摘要	借方										贷方										借或贷	余额									
月	日			千	百	十	万	千	百	十	元	角	分	千	百	十	万	千	百	十	元	角	分		千	百	十	万	千	百	十	元	角	分

总分类账

科目名称：

年		凭证编号	摘要	借方										贷方										借或贷	余额									
月	日			千	百	十	万	千	百	十	元	角	分	千	百	十	万	千	百	十	元	角	分		千	百	十	万	千	百	十	元	角	分

总分类账

科目名称：

年		凭证编号	摘要	借方										贷方										借或贷	余额									
月	日			千	百	十	万	千	百	十	元	角	分	千	百	十	万	千	百	一	元	角	分		千	百	十	万	千	百	十	元	角	分

总分类账

科目名称：

年		凭证编号	摘要	借方										贷方										借或贷	余额									
月	日			千	百	十	万	千	百	十	元	角	分	千	百	十	万	千	百	十	元	角	分		千	百	十	万	千	百	十	元	角	分

（2）普通明细账 10 个。

活页　　　　　　　　　　　　　　明细账

年		凭证编号	摘要	借方										贷方										借或贷	余额									
月	日			千	百	十	万	千	百	十	元	角	分	千	百	十	万	千	百	十	元	角	分		千	百	十	万	千	百	十	元	角	分

活页　　　　　　　　　　　　　　明细账

年		凭证编号	摘要	借方										贷方										借或贷	余额									
月	日			千	百	十	万	千	百	十	元	角	分	千	百	十	万	千	百	十	元	角	分		千	百	十	万	千	百	十	元	角	分

活页

明细账

年		凭证编号	摘要	借方										贷方										借或贷	余额									
月	日			千	百	十	万	千	百	十	元	角	分	千	百	十	万	千	百	十	元	角	分		千	百	十	万	千	百	十	元	角	分

活页

明细账

年		凭证编号	摘要	借方										贷方										借或贷	余额									
月	日			千	百	十	万	千	百	十	元	角	分	千	百	十	万	千	百	十	元	角	分		千	百	十	万	千	百	十	元	角	分

活页

明细账

年		凭证编号	摘要	借方										贷方										借或贷	余额									
月	日			千	百	十	万	千	百	十	元	角	分	千	百	十	万	千	百	十	元	角	分		千	百	十	万	千	百	十	元	角	分

活页

明细账

年		凭证编号	摘要	借方										贷方										借或贷	余额									
月	日			千	百	十	万	千	百	十	元	角	分	千	百	十	万	千	百	十	元	角	分		千	百	十	万	千	百	十	元	角	分

活页

明细账

年		凭证编号	摘要	借方										贷方										借或贷	余额									
月	日			千	百	十	万	千	百	十	元	角	分	千	百	十	万	千	百	十	元	角	分		千	百	十	万	千	百	十	元	角	分

活页

明细账

年		凭证编号	摘要	借方										贷方										借或贷	余额									
月	日			千	百	十	万	千	百	十	元	角	分	千	百	十	万	千	百	十	元	角	分		千	百	十	万	千	百	十	元	角	分

活页 明细账

年		凭证编号	摘要	借方										贷方										借或贷	余额									
月	日			千	百	十	万	千	百	十	元	角	分	千	百	十	万	千	百	十	元	角	分		千	百	十	万	千	百	十	元	角	分

活页 明细账

年		凭证编号	摘要	借方										贷方										借或贷	余额									
月	日			千	百	十	万	千	百	十	元	角	分	千	百	十	万	千	百	十	元	角	分		千	百	十	万	千	百	十	元	角	分

（3）数量金额式明细账 4 个。

明细账

编号＿＿＿＿ 规格＿＿＿＿ 品名＿＿＿＿ 单位＿＿＿＿ 存放地点＿＿＿＿

年		凭证编号	摘要	借方												贷方												余额											
月	日			数量	单价	千	百	十	万	千	百	十	元	角	分	数量	单价	千	百	十	万	千	百	十	元	角	分	数量	单价	千	百	十	万	千	百	十	元	角	分

明细账

编号＿＿＿＿ 规格＿＿＿＿ 品名＿＿＿＿ 单位＿＿＿＿ 存放地点＿＿＿＿

年		凭证编号	摘要	借方												贷方												余额											
月	日			数量	单价	千	百	十	万	千	百	十	元	角	分	数量	单价	千	百	十	万	千	百	十	元	角	分	数量	单价	千	百	十	万	千	百	十	元	角	分

明细账

编号＿＿＿＿＿ 规格＿＿＿＿＿ 品名＿＿＿＿＿ 单位＿＿＿＿＿ 存放地点＿＿＿＿＿

年		凭证编号	摘要	借方												贷方												余额											
月	日			数量	单价	千	百	十	万	千	百	十	元	角	分	数量	单价	千	百	十	万	千	百	十	元	角	分	数量	单价	千	百	十	万	千	百	十	元	角	分

明细账

编号＿＿＿＿＿ 规格＿＿＿＿＿ 品名＿＿＿＿＿ 单位＿＿＿＿＿ 存放地点＿＿＿＿＿

年		凭证编号	摘要	借方												贷方												余额											
月	日			数量	单价	千	百	十	万	千	百	十	元	角	分	数量	单价	千	百	十	万	千	百	十	元	角	分	数量	单价	千	百	十	万	千	百	十	元	角	分

（4）多栏式明细账 4 个。

管理费用明细账

年		凭证编号	摘要	对方科目	合计										电费										工资费用										折旧费									
月	日				千	百	十	万	千	百	十	元	角	分	千	百	十	万	千	百	十	元	角	分	千	百	十	万	千	百	十	元	角	分	千	百	十	万	千	百	十	元	角	分

制造费用明细账

年		凭证编号	摘要	对方科目	合计										电费										工资费用										差旅费									
月	日				千	百	十	万	千	百	十	元	角	分	千	百	十	万	千	百	十	元	角	分	千	百	十	万	千	百	十	元	角	分	千	百	十	万	千	百	十	元	角	分

生产成本明细账

产品名称：

年		凭证编号	摘要	对方科目	直接材料										直接人工										制造费用										合计									
月	日				千	百	十	万	千	百	十	元	角	分	千	百	十	万	千	百	十	元	角	分	千	百	十	万	千	百	十	元	角	分	千	百	十	万	千	百	十	元	角	分

生产成本明细账

产品名称：

年		凭证编号	摘要	对方科目	直接材料										直接人工										制造费用										合计									
月	日				千	百	十	万	千	百	十	元	角	分	千	百	十	万	千	百	十	元	角	分	千	百	十	万	千	百	十	元	角	分	千	百	十	万	千	百	十	元	角	分

（5）应交增值税明细账 1 个。

应交税费——应交增值税　　　明细账

月	日	凭证编号	摘要	借方专栏																		贷方专栏																	
				进项税额									已交税金									销项税额									进项税额转出								
				百	十	万	千	百	十	元	角	分	百	十	万	千	百	十	元	角	分	百	十	万	千	百	十	元	角	分	百	十	万	千	百	十	元	角	分

模拟实训 3　登记日记账

要求：

根据记账凭证登记现金日记账和银行存款日记账。

库 存 现 金 日 记 账

年		凭证	结算方式		摘 要	借 方										√	贷 方										√	余 额									
月	日	编号	类	号码		千	百	十	万	千	百	十	元	角	分		千	百	十	万	千	百	十	元	角	分		千	百	十	万	千	百	十	元	角	分
					承前页																																

银行存款日记账

年		凭证	结算方式		摘要	借方										√	贷方										√	余额									
月	日	编号	类	号码		千	百	十	万	千	百	十	元	角	分		千	百	十	万	千	百	十	元	角	分		千	百	十	万	千	百	十	元	角	分
					承前页																																

模拟实训 4　编制试算平衡表

要求：

根据总分类账户编制三栏式试算平衡表。

试算平衡表

20××年 12 月 31 日　　　　金额单位：元

会计科目	期初余额		本期发生额		期末余额	
	借方	贷方	借方	贷方	借方	贷方
库存现金						
银行存款						
其他应收款						
原材料						
生产成本						
制造费用						
库存商品						
固定资产						
累计折旧						
短期借款						
应付账款						
应交税费						
应付职工薪酬						
应付利息						
实收资本						
盈余公积						
利润分配						
主营业务收入						
主营业务成本						
本年利润						
销售费用						
管理费用						
财务费用						
所得税费用						
合计						

模拟实训5　编制财务报表

要求：

1. 根据试算平衡表中的收入、费用类账户本期发生额合计数编制利润表。

利润表

20××年12月

编制单位：小明机器人有限责任公司　　　　金额单位：元

项目	本期金额	上期金额
一、营业收入		
减：营业成本		
税金及附加		
销售费用		
管理费用		
研发费用		
财务费用		
其中：利息费用		
利息收入		
加：其他收益		
投资收益		
其中：对联营企业和合营企业投资的收益		
净敞口套期收益（损失以“—”号填列）		
公允价值变动收益（损失以“—”号填列）		
资产减值损失（损失以“—”号填列）		
信用减值损失（损失以“—”号填列）		
资产处置收益（损失以“—”号填列）		
二、营业利润（亏损以“—”号填列）		
加：营业外收入		
减：营业外支出		
三、利润总额（亏损总额以“—”号填列）		
减：所得税费用		
四、净利润（净亏损以“—”号填列）		
（一）持续经营净利润（净亏损以“—”号填列）		
（二）终止经营净利润（净亏损以“—”号填列）		
五、其他综合收益的税后净额		
（一）不能重分类进损益的其他综合收益		
（二）将重分类进损益的其他综合收益		
六、综合收益总额		
七、每股收益：		
（一）基本每股收益		
（二）稀释每股收益		

企业负责人：小明之印　　主管会计工作负责人：　　会计机构负责人：

2. 根据试算平衡表中的资产、负债、所有者权益的期末余额编制资产负债表。

资产负债表

20××年12月31日

编制单位：小明机器人有限责任公司　　　　　　　　金额单位：元

资产	期末余额	年初余额	负债和所有者权益（或股东权益）	期末余额	年初余额
流动资产：			流动负债：		
货币资金			短期借款		
交易性金融资产			交易性金融负债		
衍生金融资产			衍生金融负债		
应收票据			应付票据		
应收账款			应付账款		
预付款项			预收款项		
其他应收款			合同负债		
存货			应付职工薪酬		
合同资产			应交税费		
持有待售资产			其他应付款		
一年内到期的非流动资产			持有待售负债		
其他流动资产			一年内到期的非流动负债		
流动资产合计			其他流动负债		
非流动资产：			流动负债合计		
债权投资			非流动负债：		
其他债权投资			长期借款		
长期应收款			应付债券		
长期股权投资			其中：优先股		
其他权益工具投资			永续债		
其他非流动金融资产			长期应付款		
投资性房地产			预计负债		
固定资产			递延收益		
在建工程			递延所得税负债		
生产性生物资产			其他非流动负债		
油气资产			非流动负债合计		
无形资产			负债合计		
开发支出			所有者权益（或股东权益）：		
商誉			实收资本（或股本）		
长期待摊费用			其他权益工具		
递延所得税资产			其中：优先股		
其他非流动资产			永续债		
非流动资产合计			资本公积		
			减：库存股		
			其他综合收益		
			盈余公积		
			未分配利润		
			所有者权益（或股东权益）合计		
资产总计			负债和所有者权益（或股东权益）总计		

企业负责人：小明之印　　主管会计工作负责人：　　会计机构负责人：